우리고전 100선 17

나는 나의 법을 따르겠다―허균 선집

우리고전 100선 17

나는 나의 법을 따르겠다—허균 선집

2012년 4월 10일   초판 1쇄 발행
2016년 8월 20일   초판 4쇄 발행

편역	정길수
기획	박희병
펴낸이	한철희
펴낸곳	주식회사 돌베개
책임편집	이경아
편집	최혜리·소은주·권영민·이현화·김태권·김진구·김혜영
디자인	박정영·이은정
디자인기획	민진기디자인
표지그림	전갑배(일러스트레이터, 서울시립대학교 시각디자인대학원 교수)
등록	1979년 8월 25일 제406-2003-000018호
주소	(10881) 경기도 파주시 회동길 77-20(문발동)
전화	(031)955-5020
팩스	(031)955-5050
홈페이지	www.dolbegae.co.kr
전자우편	book@dolbegae.co.kr

ⓒ 정길수, 2012

ISBN 978-89-7199-482-5 04810
ISBN 978-89-7199-250-0 (세트)

이 책에 실린 글의 무단 전재와 복제를 금합니다.
책값은 뒤표지에 있습니다.
이 도서의 국립중앙도서관 출판시도서목록(CIP)은
e-CIP 홈페이지(http://www.nl.go.kr/cip.php)에서
이용하실 수 있습니다. (CIP제어번호:CIP2012001676)

우리고전 100선 17

나는 나의 법을 따르겠다
―
허균 선집

정길수 편역

돌베개

간행사

지금 세계화의 파도가 높다. 현재 진행되고 있는 세계화는 비단 '자본'의 문제이기만 한 것이 아니라, '문화'와 '정신'의 문제이기도 하다. 그 점에서, 세계화에 어떻게 대응할 것인가 하는 것은 우리의 생존이 걸린 사활적(死活的) 문제인 것이다. 이 총서는 이런 위기의식에서 기획되었으니, 세계화에 대한 문화적 방면에서의 주체적 대응이랄 수 있다.

생태학적으로 생물다양성의 옹호가 정당한 것처럼, 문화다양성의 옹호 역시 정당한 것이며 존중되지 않으면 안 된다. 그럼에도 세계화의 추세 속에서 문화다양성은 점점 벼랑 끝으로 내몰리고 있는 것처럼 보인다. 하지만 문화적 다양성 없이 우리가 온전하고 행복한 삶을 살 수 있겠는가. 동아시아인, 그리고 한국인으로서의 문화적 정체성은 인권(人權), 즉 인간권리의 문제이기도 하기 때문이다. 그래서 우리 고전에 대한 새로운 조명과 관심의 확대가 절실히 요망된다.

우리 고전이란 무엇을 말함인가. 그것은 비단 문학만이 아니라, 역사와 철학, 예술과 사상을 두루 망라한다. 그러므로 일반적으로 알려져 있는 것보다 훨씬 광대하고, 포괄적이며, 문제적이다.

하지만, 고전이란 건 따분하고 재미없지 않은가? 이런 생각의 상당 부분은 편견일 수 있다. 그리고 이런 편견의 형성에는 고전을 연구하는 사람들에게 큰 책임이 있다. 시대적 요구에 귀 기울이지 않은 채 딱딱하고 난삽한 고전 텍스트를 재생산해 왔으니까. 이런 점을 자성하면서 이 총서는 다음의 두 가지 점에 특히 유의하고자 한다. 하나는, 권위주의적이고 고지식한 고전의 이미지를 탈피하는 것. 둘은, 시대적 요구를 고려한다는 그럴듯한 명분을 내세워 상업주의에 영합한 값싼 엉터리 고전책을 만들지 않도록 하는 것. 요컨대, 세계 시민의 일원인 21세기 한국인이 부담감 없이 '쉽게' 접근할 수 있는, 그러면서도 품격과 아름다움과 깊이를 갖춘 우리 고전을 만드는 게 이 총서가 추구하는 기본 방향이다. 이를 위해 이 총서는, 내용적으로든 형식적으로든, 기존의 어떤 책들과도 구별되는 여러 가지 모색을 시도하고 있다. 그리하여 고등학생 이상이면 읽고 이해할 수 있도록 번역에 각별히 신경을 쓰고, 작품에 간단한 해설을 붙이기도 하는 등, 독자의 이해를 돕고자 하였다.

특히 이 총서는 좋은 선집(選集)을 만드는 데 큰 힘을 쏟고자 한다. 고전의 현대화는 결국 빼어난 선집을 엮는 일이 관건이자 종착점이기 때문이다. 이 총서는 지난 20세기에 마련된 한국 고전의 레퍼토리를 답습하지 않고, 21세기적 전망에서 한국의 고전을 새롭게 재구축하는 작업을 시도할 것이다. 실로 많은 난관이 예상된다. 하지만 최선을 다해 앞으로 나아가고자 한다. 그리하여 비록 좀 느리더라도 최소한의 품격과 질적 수준을 '끝까지' 유지하고자 한다. 편달과 성원을 기대한다.

박희병

책머리에

허균(許筠, 1569~1618)은 선조~광해군 때의 문신이자 당대를 대표하는 문인의 한 사람이었다. 권필(權韠)·이안눌(李安訥)과 어깨를 나란히 한 최고의 시인이었고, 현실에 대한 예리한 분석과 통찰이 돋보이는 논설뿐 아니라 고도의 문학 기교가 발휘된 예술 산문에도 능했던 문장가였으며, 허균을 백안시하던 이들조차 부정할 수 없었던 당대 제일의 비평가요 박학가였다.

관리로서 허균의 삶은 내내 탄핵과 파직, 재기용의 연속이었으니, 허균만큼 정치적 부침이 잦았던 이를 찾기도 쉽지 않다. 거듭된 파직의 원인은 허균의 돌출 행동에 있었다. 그럼에도 그는 누구도 범접하기 힘든 문학 역량과 박학 덕택에 파직 이후 어김없이 재기용되었다. 특히 명나라 사신을 영접하는 자리에서 고금의 역사와 문학을 논하고 짧은 시간에 수준 높은 시를 짓는 일로는 허균만 한 사람을 찾기 어려웠다. 한편 거듭된 탄핵의 사유는 실로 다양하다. 상중에 주색을 즐겼다거나 서얼 무리와 어울려 지내며 무도한 일을 벌였다거나 불교를 숭상했다는 등 사대부 사회에서는 모두 아연실색할 사건들이다. 정적(政敵)들의 과장 섞인 음해였을 수도 있다. 그러나 그는 이에 대해 일일이 변명하는 대신, 인간이 만든 예교(禮敎)로 자유를 구속할 수 없다며 자신은 하늘이 내려준 정(情)에 따라 살겠다고 일갈했다. 당대인들은 이런 허균을 '천지 사이의 한 괴물'(天地間一怪物)이라 규정했다. 허균의 만년은 더욱 드라마틱하다. 광해군 집권 중반기에 별안간 집권 세력의 핵심 인물로 부상하여 정국을 주도하며 출세가도를 달렸으니, 그의 오랜 정치적 부침이 막을 내리는가 싶었다. 그러나 그 길의 끝에는 불행이 기다리고 있었다. 허균은 역모의 수괴로 지목되어 형장의 이슬로 사라지고 말았다.

허균은 시대를 앞서간 혁명가라고도 일컬어지고, 겉과 속이 다른 간신소인배라고도 불린다. 자신의 정(情)을 개성적으로 표현하여 자기 시대의 문학을 만들어야 한다고 한 혁신주의자로 평가되는가 하면, 과거의 문학 전통을 되살리고자 한 복고주의자의 자장 안에서 허균의 문학을 조명해야 한다는 입장도 있다. 이처럼 허균은 사백 년 뒤의 독자에게까지 수많은 논란거리를 던져 주고 있는 문제적 인물이다.

허균 하면 「홍길동전」이 떠오르고, 지금도 여전히 허균에 대한 풍문은 「홍길동전」과 함께 만들어지고 있다. 그러나 이 작품을 허균이 창작한 것이 사실인지, 창작했다 하더라도 오늘날 전하는 「홍길동전」이 과연 허균의 「홍길동전」과 어떤 관계에 있는지 확실치 않다. 그렇다면 허균의 진면목은 우선 허균이 손수 엮은 시문집 『성소부부고』(惺所覆瓿藁)와 시집 『을병조천록』(乙丙朝天錄)에서 찾아야 한다. 물론 이 두 저작만으로 허균의 삶 전반을 단절 없이 이해하기는 어렵다. 허균 만년의 행적을 이해하기 위해서는 『성소부부고』의 초고나 『을병조천록』 이후의 작품이 필요한데, 안타깝게도 이는 현재 전하지 않는다. 이러한 제한 속에서 역자는 허균이 남긴 시문을 선별하여 풍문 속에 가려진 허균 삶의 섬세한 결을 한 권의 책 안에 담아 보고자 했다. 이 책을 통해 허균이라는 독특한 개인의 내면과 사회를 보는 시선의 대강이 드러나기를, 그동안 주목하지 않았던 허균의 면모를 독자들이 새로 발견하게 되기를 기대한다.

2012년 4월
정길수

차례

004 간행사
006 책머리에

271 해설
302 허균 연보
307 작품 원제
311 찾아보기

어디로 돌아갈까

- 019 백상루 1
- 021 압록강을 건너며
- 023 진산강에서
- 024 수레 위에서
- 025 대정강
- 026 신안
- 027 철산강 건너며
- 028 스님의 책 앞에 쓰다
- 029 어디로 돌아갈까
- 030 천안 가는 길
- 031 백상루 2
- 032 타향 사는 아낙의 원한
- 036 환희령
- 037 만폭동
- 039 원통사
- 041 백전암
- 042 잠 못 이룬 밤
- 043 요양의 달
- 044 삼차하 건너며
- 045 외로운 밤
- 046 언제나 나그네
- 047 설날
- 048 읽고 또 읽으리라
- 050 책 욕심 비웃지 말라

내 마음 따라

- 053 그리운 아내
- 055 봄빛
- 056 비 오는 날의 낮잠
- 057 잉어회 한입
- 059 고요한 마음
- 060 꿈에 만난 벗
- 062 게으른 관리
- 064 내 삶을 살아가리니
- 066 우습구나 내 인생
- 069 고단한 나그네 이재영
- 071 계랑을 애도하며
- 073 호남의 꿈 사라지고
- 074 의금부에 갇혀
- 075 좋구나 유배살이
- 077 유배지에서
- 079 봄날
- 081 꽃을 심으며
- 082 이탁오의 『분서』를 읽고
- 084 가는 봄을 원망하다
- 085 늙는 건 괜찮지만
- 086 양명학 책을 읽고
- 088 장본청의 심성설을 읽고
- 090 꿈이 적어져

변혁의 길

- 093　통곡의 집
- 096　호민이 두렵다
- 100　버려진 인재들
- 104　참된 학문, 참된 선비
- 108　관서와 관리를 줄이자
- 113　소인과 패거리
- 117　군대에 대하여
- 121　서쪽 오랑캐를 방비하라

내가 사랑한 사람

- 129　아내
- 133　화가 이정
- 139　권필
- 143　사명당
- 148　엄처사
- 152　손곡산인
- 157　장산인
- 162　장생
- 167　네 친구의 집
- 172　이재영에게 보낸 편지 1
- 173　이재영에게 보낸 편지 2
- 174　이재영에게 보낸 편지 3

나를 가두지 말라

- 177 나에 대한 찬미
- 179 누추한 방
- 181 『푸줏간 앞에서 크게 입맛을 다시다』에 붙인 서문
- 184 근원을 찾는 집
- 188 나를 비난하는 이들에게
- 195 개도 불성이 있다더니
- 198 깨달음의 집
- 200 꿈 풀이
- 203 나의 운명
- 209 『한정록』 서문
- 213 최천건에게 보낸 편지 1
- 216 최천건에게 보낸 편지 2

문학에 대한 나의 생각

- 221 글쓰기에 대하여
- 226 시는 어떻게 지어야 하는가
- 229 우리 문학의 계보와 나의 문학
- 236 옛날과 지금
- 238 『고시선』 서문
- 241 『당절선산』 서문
- 244 『명사가시선』 서문
- 248 『구소문략』 발문
- 250 『서유기』 발문
- 254 제자백가를 읽고

　　노자 | 열자 | 장자 | 관자 | 안자 | 상자 | 한비자 | 묵자

　　순자 | 양자 | 손자 | 회남자

허균 선집 ─ 나는 나의 법을 따르겠다

어디로 돌아갈까

백상루 1

누각은 하늘에 솟았고
아래는 장강(長江).
한가한 날에 병을 무릅쓰고
산에 올라 애오라지 머물렀네.
고개 들어 향로봉 보니
구름 위로 울긋불긋 떠 있어라.
밀랍 바른 신을 신고
정상에 올라 봐야 할 텐데.
신선 될 기약은 아득히 멀고
나그네 시름만 가만히 일어나네.
상념에 젖어 홀로 서성이는데
서편에 지는 해는 주렴에 걸렸네.
백 년도 못 사는 인생
외물(外物)에 얽매여 번민과 근심뿐.
명예도 이익도 부질없거늘
왜 빨리 그만두지 못하는 걸까.
이번에 나랏일 마치고 나면

벼슬 버리고 깊은 산으로 돌아가리라.
학을 탄 신선에게 묻노니
신선세계 가는 걸 허락해 주실는지.

―

高樓架層霄, 下有長江流. 暇日扶我病, 攀陟聊淹留. 仰看香爐峯, 紫翠雲外浮.
何當理蠟屐, 直躋最上頭. 仙期若汗漫, 黯然生覊愁. 緬想獨徘徊, 西日下簾鉤.
人生無百歲, 物役爲煩憂. 名利亦徒爾, 奈何不早休. 行將畢王事, 投紱歸巖幽.
寄語鶴上人, 肯許仍丹丘.

1597년 명나라에 구원병을 요청하기 위해 사신 가는 길에 평안도 안주(安州)의 명승지인 백상루(百祥樓)에서 쓴 시이다. 백상루 아래로는 청천강이 흐르고, 저 멀리 묘향산 향로봉이 보인다. 명예와 이익을 향한 욕망 훌훌 벗어던지고 은거하고자 하는 마음이 일생 내내 교차한다. '밀랍 바른 신'은 요즈음의 등산화에 해당한다. 허균은 이 해에 명나라를 다녀오며 쓴 시를 『정유조천록』(丁酉朝天錄)으로 묶었다. 이하 세 편의 시는 『정유조천록』에서 뽑았다.

압록강을 건너며

오늘은 길일이라
내 수레는 떠날 차비 마쳤네.
관료들 어지러이 모여들어
강가에서 앞길을 빌어 주네.
긴 강에는 연이은 배 가득하고
피리소리 북소리엔 슬픔이 흐르네.
벗이여 술잔을 비우게나
사랑하는 이들과 오늘로 이별이니.
앞길은 얼마나 아득한가
연경(燕京) 가는 길 멀기도 하지.
대장부는 먼 길 떠나는 게 귀하다지만
아녀자는 이별이 마음 아플 뿐.
사공이 일어나 노를 저으니
순식간에 벌써 강을 건너네.
고개 돌려 오래된 장성(長城) 바라보니
어둔 기운이 담장에 잠겼어라.
해 떨어져 변방은 캄캄하고

밤 깊어 나그네는 배가 고프네.
그래도 아름다운 고향의 달이
만 리 먼 길 내 뒤를 따라왔구나.

―

今日日之良, 我車儼載脂. 紛然冠蓋至, 祖道江之湄. 長波隘連舫, 簫鼓中流悲. 勸君須盡觴, 親愛從此辭. 前途杳何許, 燕薊路逶遲. 丈夫貴壯遊, 兒女徒傷離. 篙師起引棹, 頃刻越川坻. 回首古長城, 暝靄沈垣埤. 日落關塞黑, 夜深徒旅飢. 猶憐故鄕月, 萬里來相隨.

역시 1597년 명나라로 가는 길에 지은 시이다. 압록강 앞에서 조선에서의 마지막 술잔을 나누고 그 강을 건너는 서글픈 마음을 담았다. 압록강 너머는 어둡고 고향의 달은 환하다. 허균의 시 스승인 이달(李達)은 이 시를 두고 "위(魏)·진(晉) 시대의 시 짓는 법이 있어 참으로 귀하다"라고 평했다.

진산강에서

굽이진 들물에 햇빛 반짝이는데
강가에 말 타고 가는 나그네 하나.
산마다 성(城)이 있는데 옛 성가퀴 허물어졌고
마을 곳곳엔 임자 없는 베틀만 남았네.
언제나 몸을 빼서 전원에서 늙을까
여러 해 전쟁에 풀려날 길 없네.
홀로 서풍 맞으며 두 줄기 눈물 흘리나니
가을 하늘에 흰 기러기 남쪽으로 날아가네.

荒灣野水日暉暉, 江上行人一騎歸. 戰壘山山夷古堞, 村閭處處倚空機. 田園幾歲終投老, 戎馬頻年未解圍. 獨立西風雙涕淚, 秋空白雁向南飛.

1597년 명나라로 가는 길에 지은 시이다. '진산강'(鎭山江) 곧 진강(鎭江)은 단동(丹東) 쪽의 압록강을 말한다. 중국에서 돌아올 때 압록강 너머 의주 통군정(統軍亭)이 바라보이는 곳이다. 허균의 절친한 벗이자 당대 최고의 시인이던 권필(權韠)은 이 시에 대해 "몹시 절실하다"라는 평을 붙었다.

수레 위에서

가을바람 불어와 연못에 낙엽 가득하니
지친 나그네는 고향 생각에 서글퍼지네.
흰 술은 천 일 동안 취하게 못 하지만
노란 국화꽃은 한가을에 때맞춰 피었구나.
높은 성 낙조 위로 갈까마귀 다 날아가고
외딴 변방 서리 맞으며 기러기가 날아오네.
소나무 마주하고 마음속으로 하는 말
언제나 돌아가 부모님 산소를 돌보려나.

西風吹葉滿池臺, 倦客思鄕意轉哀. 白酒未成千日醉, 黃花應趁九秋開. 高城落照鴉翻盡, 絶塞新霜雁帶來. 獨對寒松心語口, 何時歸翦北山萊.

1597년 정유재란으로 평안도에서 종군하던 중에 지은 시이다. '흰 술'은 고량주를 말한다. 권필은 이 시에 대해 "만당(晩唐)의 이상은(李商隱) 풍이라 하겠지만, 또한 중당(中唐)의 유우석(劉禹錫)과 유종원(柳宗元)에 뒤지지 않는다"라는 평을 붙였다.

대정강

말 몰아 긴 강 건너다
일꾼의 노래 근심스레 듣네.
가을이라 여울 소리 더욱 거세고
저무니 나뭇잎 외려 많아라.
배는 수풀 너머로 나아가고
변방 기러기는 서리 내리기 전에 지나가네.
올해 왕명 받고 두 번째 나왔지만
뜻에 안 맞다 감히 원망 못 하겠네.

驅馬涉長河, 愁聞勞者歌. 灘聲秋更駛, 木葉晚還多. 樹外江帆進, 霜前塞雁過. 今年再乘傳, 不敢怨蹉跎.

1598년에 쓴 시이다. '대정강'(大定江)은 평안도 박천군(博川郡)에 있는 박천강(博川江)의 다른 이름이다. 이달은 이 시에 대해 "가운데 네 구절은 두보(杜甫) 같기도 하고 맹호연(孟浩然)과 잠삼(岑參) 같기도 하다"라는 평을 붙였다. 당시 허균은 평안도 의주를 오가며 쓴 시를 『무술서행록』(戊戌西行錄)으로 묶었는데, 이하 세 편은 『무술서행록』에서 뽑았다.

신안

저녁 무렵 피리 소리 흩어진 뒤
향 사르고 객점의 방문을 닫네.
변방의 강에 외기러기 아득히 날고
비바람에 외등 불빛 서늘하네.
눈 들이쳐 거문고 줄은 차가웁고
꽃 흩날려 오색찬란한 붓은 향기롭네.
인생에서 귀한 건 환한 웃음
내 고향은 어디인가?

—

向夕笙歌散, 燒香閉客房. 關河孤雁逈, 風雨一燈涼. 雪入朱絃冷, 花飄綵翰芳. 人生貴懽笑, 何地是吾鄕.

1598년 평안도 정주(定州)에서 쓴 시이다. '신안'(新安)은 정주의 옛 이름이다. 쓸쓸한 객지 풍경 속에서 안식처를 찾는 마음이 간절하다.

철산강 건너며

해질녘 옛 나루 앞
가을바람 맞으며 강 건너는 한 사람.
검은 물결 남으로 치달리고
가을빛은 북에서 밀려오네.
올해도 벌써 다 가는데
고향은 지금 어떠한지?
강 가운데서 문득 서글퍼지는데
강가에서 들려오는 어부의 노래.

―

落日臨古渡, 西風人獨過. 暝波南下疾, 秋色北來多. 徂歲已云盡, 故園今若何.
中流忽怊悵, 江上有漁歌.

1598년에 평안도 철산(鐵山)에 있는 철산강(鐵山江)에서 쓴 시이다. 외로움을 도드라져 보이게 하기 위해 공간 배경을 한껏 확장한 수법이 눈여겨볼 만하다.

스님의 책 앞에 쓰다

송화차에 절밥 먹고
속세 사람이 푸른 산 마주하니 부끄럽네.
수풀 위 달은 둥글지 않아 송라(松蘿) 길 어둡고
산 구름 막 개어 돌 누각이 서늘하네.
벼슬길에 갇힌 채 이 가을도 저무는데
선(禪) 이야기에 마음 뺏겨 밤이 다 가네.
한스러워라 영원히 쉬지 못할 내 인생
허옇게 센 머리로 오늘도 나그네 신세.

松花茗葉進僧飡, 愧把塵客對碧山. 林月未圓蘿逕暗, 岫雲初霽石樓寒. 宦遊牢落秋將老, 禪話留連夜向闌. 却恨勞生長役役, 白頭猶事馬蹄間.

이 시에는 "서담(西潭)의 운(韻)을 써서"(用西潭韻)라는 부제(副題)가 달려 있는데, '서담'은 이달의 호이다. 절에서 보내는 가을밤 풍경이 청신하다. '허옇게 센 머리'라는 표현은 물론 30세의 허균에게는 과하지만, 객지를 떠돌며 세월을 보내는 자신의 신세에 대한 한탄이 담겨 있다. 이하 두 편의 시는 1598년 황해도도사(都事) 재직 중에 쓴 시를 묶은 『좌막록』(佐幕錄)에 수록되어 있다.

어디로 돌아갈까

오랜 나그네길
송옥의 재주가 처량하구나.
부귀영화는 부질없는 꿈이건만
세상은 나를 내버려 두지 않네.
깊은 밤에 등불꽃 웃고
아득한 하늘엔 변방 기러기 서글프네.
강원도 옛집도 쇠락했으니
어디로 돌아갈까.

留滯周南客, 凄凉宋玉才. 浮榮眞是夢, 世故荏相催. 夜久釭花笑, 天長塞雁哀. 關東舊業盡, 何地賦歸來.

'송옥'(宋玉)은 전국시대(戰國時代) 초(楚)나라의 대부(大夫)로, 「고당부」(高唐賦)·「등도자호색부」(登徒子好色賦) 등의 유명한 부(賦)를 남겼다. '등불꽃'은 등잔불의 불똥이 꽃 모양을 이룬 것을 말한다. 벼슬을 위해 외지에 나와 맞이하는 가을 풍경이 쓸쓸하다. 전쟁으로 강릉의 시골집도 폐허가 되어 '돌아가리라' 노래 부를 대상조차 잃었으니 나그네 심정이 한결 서글프다.

천안 가는 길

미끌미끌 진창길에 말 더디 간다고
길동무들이여, 끌어당기며 원망 마오.
문장 있으면 적막해도 즐겁나니
낮은 관직 한스러울 것 없네.
귀한 재주 가지면 죄를 얻기 쉽고
안목 없는 이들에게 재주 보였다간 도리어 의심받네.
갈수록 집에서 멀어진다 근심하지 않노니
남쪽 땅엔 벌써 매화 소식 있다네.

―

黃泥滑滑馬行遲, 徒旅相攀莫怨咨. 自有文章娛寂寞, 肯於名位恨差池. 人中懷璧元堪罪, 暗裏投珠却見疑. 此去不愁身更遠, 梅花消息已南枝.

1601년 과거 시험관으로 호남에 가면서 지은 시이다. 허균은 당시에 지은 시를 『남정일록』(南征日錄)으로 묶었다. 큰 재주를 가진 사람이 식견 낮은 사람들 사이에서 오히려 인정받지 못하는 세태를 꼬집는 대목이 흥미롭다.

백상루 2

머나먼 땅 나그네 시름 끝없더니
백상루 올라 잠시 웃어 보네.
파도 소리 살수[1]에 울리고
산기운은 묘향산 찌르네.
역마 달리는 일 언제 끝나려나
고향 동산 꿈에서만 돌아갈 뿐.
미인도 내 한을 아는지
술잔 멈추고 이별 노래[2] 부르네.

遠客愁無緖, 登樓暫解顔. 潮聲鳴薩水, 嵐氣撲香山. 驛路何時盡, 鄕園只夢還.
佳人知我恨, 停酒唱陽關.

---

[1]_ 살수(薩水): 청천강의 옛 이름.
[2]_ 이별 노래: 원문은 "陽關"(양관)으로, 중국 고대의 악곡 「양관삼질」(陽關三迭)을 줄여 부른 말이다. '양관'은 감숙성(甘肅省) 돈황(敦煌) 서남쪽의 관문이고, '삼질'은 특정 대목을 세 번 반복해 연주하는 것을 말한다. 송별의 노래 곡조로 거듭 쓰여서 이별할 때 부르는 노래를 뜻하는 말로 흔히 사용한다.

1602년 원접사(遠接使) 이호민(李好閔)의 종사관(從事官)으로 평안도에 있을 때 백상루에서 쓴 시이다. 허균은 당시의 시를 『임인서행록』(壬寅西行錄)으로 묶었다. '원접사'란 중국에서 사신이 올 때 의주로 마중 나가 서울까지 사신 접대하는 일을 맡은 직책이다. 중국 사신과 시를 주고받아야 했으므로 시문에 빼어나고 박학다식한 이들이 차출되었는데, 그 적임자로 꼽혔던 허균이 자주 종사관 노릇을 했다.

타향 사는 아낙의 원한

동주성1_ 서편으로 차가운 해 지는데
보개산2_ 드높이 저녁 구름 띠었네.
백발의 노파가 남루한 차림으로
사립문 열고 나와 길손 맞아 하는 말.
"나는 서울 살던 아낙으로
재산 잃고 떠돌다 객지에 산다오.
임진년에 왜놈들이 서울을 함락할 때
아들 손 잡고 남편과 시어머니 따라갔소.
먼 길에 발 부르터 외진 골짜기에 숨었다가
밤이면 나와 밥을 얻고 낮에는 몰래 숨었네.
시어머니 병들어 남편이 업고 가는데
험한 산에 발병 나도 쉴 수 없었소.
비가 내려 칠흑 같은 밤
땅이 미끄러워 자빠지고 말았네.
어디서 왔나 왜놈 둘이 칼을 휘두르는데
어둠 속에서 우리 뒤를 밟았나 보오.
성난 칼에 목이 잘려

1_ 동주성(東州城): 강원도 철원에 있던 성. '동주'는 철원의 옛 이름이다.
2_ 보개산(寶蓋山): 강원도 철원군에 있는 산.

남편과 시어머니가 원한의 피 흘렸소.
아이 데리고 숲 속에 숨어 있다
울음소리 들켜 아이가 잡혀갔네.
내 한 몸 호랑이 입을 벗어났지만
경황없어 소리 한 번 못 질렀소.
이튿날 아침 가 보니 시신 둘이 있건만
뉘가 시어머닌지 뉘가 남편인지.
까마귀 솔개가 창자를 쪼고 들개가 뼈를 무니
삼태기로 묻으려 해도 도와줄 사람 없네.
천신만고 석 자 구덩이 파고
남은 뼈 수습해서 무덤을 만들었소.
혈혈단신 이내 몸 어디로 돌아갈까
이웃 아낙이 가련히 여겨 나를 돕겠다 하오.
객점(客店)에서 물 긷고 방아 찧으며
남은 밥 먹으며 해진 옷 입고 살았네.
피곤한 몸으로 노심초사 열두 해
검은 얼굴에 머리는 다 빠졌고 허리 다리 팍팍하오.
요사이 서울 소식 듣자니
붙잡혔던 내 자식 살아 돌아왔다네.
궁가(宮家)의 하인 되어

상자에는 비단이 가득 창고에는 곡식이 가득.
아내 얻고 집도 짓고 살림 풍족하다는데
타향 사는 어미는 생각도 못 하겠지.
자식이 커도 도움 얻지 못하니
그 생각 하면 한밤중에도 눈물이 가슴에 가득.
내 모습 초췌해졌고 자식은 어른 되어
만난다 한들 알아볼 수 있을지.
늙은 나야 객사한들 그만이지만
어찌해야 네 술 한 잔 아비 무덤에 올리려나.
아아! 난리 없는 시대 없다지만
나만큼 원한 품은 사람 없을 거라오."

─

東州城西寒日嚏, 寶蓋山高帶夕雲. 皤然老嫗衣藍縷, 迎客出屋開柴戶. 自言京城老客婦, 流離破産依客土. 頃者倭奴陷洛陽, 提携一子隨姑郞. 重跰百舍竄窮谷, 夜出求食晝潛伏. 姑老得病郞負行, 蹣穿岬山不遑息. 是時天雨夜深黑, 坑滑足酸顚不測. 揮刀二賊從何來, 闖暗躡蹤如相猜. 怒刃劈胸胝四裂, 子母幷命流冤血. 我挈幼兒伏林藪, 兒啼賊覺驅將去. 只餘一身脫虎口, 蒼黃不敢高聲語. 明朝來視二骸遺, 不辨姑屍與郞屍. 烏鳶啄腸狗嚙骼, 藁稭欲掩憑伊誰. 辛勤掘得三尺窆, 手拾殘骨閉幽坎. 煢煢隻影終何歸, 隣婦哀憐許相依.

遂從店裏躬井臼, 餓以殘飯衣弊衣. 勞筋煎慮十二年, 面鷙髮禿腰脚頑. 近者京城消息傳, 孤兒賊中幸生還. 投入宮家作蒼頭, 餘帛在囷筲倉稇. 娶婦作舍生計足, 不念阿孃客他州. 生兒成長不得力, 念之中宵涕橫臆. 我形已瘁兒已壯, 縱使相逢詎相識. 老身溝壑不足言, 安得汝酒澆父墳. 嗚呼何代無亂離, 未若妾身之抱冤.

1603년 금강산 유람길에 철원에서 쓴 시이다. 임진왜란으로 서울에서 강원도 철원까지 흘러와 고단한 삶을 살아온 노파의 사연이 애달프다. 이 시에는 "도도한 흐름이 좋고, 전아하고 화려하며, 옛 법도가 있다"라는 평이 달려 있는데, 평자가 누구인지는 알 수 없다. 이하 다섯 편의 시는 허균이 금강산을 유람하며 쓴 시를 묶은 『풍악기행』(楓嶽紀行)에 실려 있다.

환희령

환희령에 올라 봉래산 바라보니
아름다운 봉우리 사방에 열렸네.
아득한 햇빛 달빛에
신선 사는 금은대[1]가 빛나네.
높은 휘파람 소리에 일천 바위 흔들리고
긴 바람은 만 리 건너 불어오네.
왕자교[2]는 어디 있나
하늘 저 너머에 학이 날고 있네.

陟巘眺蓬萊, 瓊峯四面開. 蒼茫日月色, 照耀金銀臺. 高嘯千巖動, 長風萬里來.
王喬在何處, 天外鶴飛回.

1_ 금은대(金銀臺): 전설 속 신선이 사는, 금과 은으로 만든 누각.
2_ 왕자교(王子喬): 주(周)나라 영왕(靈王)의 태자로, 피리를 잘 불었으며, 훗날 신선이 되었다고 한다.

'환희령'(歡喜嶺)은 강원도 고성의 금강산 입구에서 유점사(楡岾寺)로 가는 도중에 있는 고개이다. 환희령에서 보는 금강산의 모습을 신선세계처럼 묘사했다. 이 시에는 "두 연(聯)이 헌걸스럽다"라는 평이 붙어 있는데, 여기서 '두 연'은 함련(頷聯: 제3·4구)과 경련(頸聯: 제5·6구)을 말하는 것으로 보인다.

만폭동

층층의 벼랑과 벼랑 사이 쪼개며
금강산 온 시냇물 터져 나오네.
뿜어내는 물이 날마다 용솟음쳐
물보라가 늘 아른거리네.
처음 보면 푸른 절벽 가르고
백룡 한 쌍이 날아 나오는 듯.
자세히 보면 하늘 틈 사이로
일만 빛깔 무지개가 거꾸로 걸렸지.
천둥소리 대낮에 일며
어지러이 솟은 바위에 우레 바람 부딪치네.
굽이마다 물 모여 못을 이루니
지척에서 철썩 물이 치솟네.
내 마음 뒤흔드는 장대한 광경
조물주의 솜씨 위대하구나.
강락[1]_은 석문[2]_에서 노닐었고
적선[3]_은 향로봉[4]_을 바라보았지.
궁금해라 천 년 뒤에

---

[1]_ 강락(康樂): 육조시대 송나라의 문인 사령운(謝靈運, 385~433)의 봉호(封號). 산수시의 일인자로 꼽는다.
[2]_ 석문(石門): 절강성(浙江省) 승주(嵊州)에 있는 석문산(石門山)을 말한다. 사령운이 이곳에서 노닐며 지은 시문이 유명하다.
[3]_ 적선(謫仙): 인간세계에 유배 온 신선. 여기서는 성당(盛唐)의 시인 이백(李白)을 말한다.
[4]_ 향로봉(香爐峯): 강서성(江西省) 구강(九江)에 있는 여산(廬山)의 봉우리. 이백이 향로봉에 올라 쓴 시 「여산폭포를 바라보며(望廬山瀑布)」가 유명하다.

만폭동과 겨룰 곳 과연 어딜지.

—

兩峽擘層崖, 百川潰其中. 噴流日湏洞, 濺沫常溟濛. 初驚蒼壁坼, 飛出雙白龍.
細看天縛破, 倒掛萬玉虹. 轟霆當晝起, 亂石薄雷風. 潭潭曲相瀦, 咫尺跳波通.
壯觀駴我心, 韙哉造化功. 康樂游石門, 謫仙望爐峯. 未知千載後, 此境誰雌雄.

'만폭동'(萬瀑洞)은 내금강의 골짜기로, 금강산에서도 대표적인 명승지이다. 만폭동의 장관 묘사가 일품이고, 금강산에서 노니는 자신을 천 년 전의 위대한 시인에 은근히 견주며 천 년 후의 새로운 대가를 기다리는 모습도 재미있다. 이 시에는 "최고의 득의작(得意作)이다"라는 평이 달려 있다.

원통사

사자봉 지나
원통사 가는 길.
가시넝쿨에 옷이 걸리고
칡덩굴에 발이 미끌리네.
가마 타고 서둘러 여울 건너니
단풍잎이 산길에 가득하네.
숲에는 햇빛 비치고
아지랑이 아른아른 피어오르네.

문에 들어서니 노승이 나와
반가운 얼굴로 맞이하네.
스님 하는 말이, 중형[1]과 노닐며
좋은 경치 찾아 그윽한 곳을 다 다녔다네.
그때 지은 시를 내보이니
읽다가 눈물 흐르네.
서글퍼라 형님 잃은 내 마음
아득히 구름 바라보며 그리워하네.

1_ 중형(仲兄): 허균의 둘째 형 허봉(許篈, 1551~1588)을 말한다. 문과에 급제하여 이조좌랑·창원부사 등을 지냈다. 1583년 병조판서 이이(李珥)를 탄핵하다가 오히려 함경도 갑산(甲山)에 유배되었다. 2년 뒤 유배에서 풀려났으나 도성 출입이 금지되었으며, 이후 정치에 뜻을 잃고 방랑하다가 금강산 인근 생창역(生昌驛)에서 병사했다.

取徑獅子峯, 得造圓通寺. 藤刺罥我衣, 香葛漣我履. 催藍涉石湍, 赤葉滿虛隧. 雲日映喬林, 嵐霏捲微吹. 入門老僧迎, 見我顏色喜. 言從二兄游, 探勝窮靈閟. 出示軸中詩, 讀之還拭淚. 哀哀斷絃情, 杳杳看雲思.

금강산 원통사(圓通寺)에서 쓴 시이다. 단풍잎 가득한 아름다운 산길 풍경에 이어, 15년 전 금강산에서 세월을 흘려보내다 요절한 둘째 형을 추억하며 슬픔에 잠기는 장면을 배열하고 보니 애틋한 마음이 배가되는 느낌이다. 이 시에는 "하나의 삶과 하나의 죽음을 나란히 배열한 것이 좋다"라는 평이 달려 있다.

백전암

성문[1] 같은 골짜기에 안개 자욱한데
태초의 어둠 굽어보니 한 줄기 여명.
땅 위로 험한 바위 솟으니 뜨는 해가 나직하고
하늘 높이 깎아지른 벼랑은 구름을 끊네.
산은 안팎으로 통해 뭇 봉우리 모여들고
시냇물 동서로 갈려 두 갈래로 흐르네.
암자에 한가로이 앉은 노승에겐
속세 소리[2]일랑 들리지 않네.

星門洞壑鬱蒼氛, 俯視鴻濛一氣曛. 地迥危巖低出日, 天垂削壁斷歸雲. 山通內外群峯集, 川拆東西兩派分. 菴內老禪方宴坐, 笙簫不入耳中聞.

1_ 성문(星門): 군문(軍門). 군영(軍營)의 문.
2_ 속세 소리: 원문은 "笙簫"(생소) 곧 '생황과 퉁소'인데, 세속의 즐거움을 비유하는 말이다.

내금강에 있는 암자 백전암(白田菴)에서 쓴 시이다. 이 시에는 다음과 같은 평이 달려 있다. "이 시는 웅혼하고 걸출해서 참으로 성당(盛唐)의 풍격을 갖추었으니, 왕세정(王世貞)과 이반룡(李攀龍)의 무리는 쓸 수 없는 작품이다. 다만 마지막 구절이 문득 풀어지고 늘어서서 만당(晚唐)의 풍격으로 떨어진 점이 한스럽다." 16세기 명나라 문학을 대표하는 왕세정과 이반룡도 도달할 수 없다 할 정도로 성당 시절의 풍모가 완연한 수작이라 극찬하면서도 마지막 두 구절의 느슨한 마무리를 꼬집는 비평이 예리하다.

잠 못 이룬 밤

아이 울음소리 길손 코 고는 소리에 잠 못 이루니
한 해처럼 긴 하룻밤 한층 더 서글프네.
바람은 사립문 지나 휘장을 흔들고
달빛은 창문 뚫고 침상을 비추네.
잘도 가는 세월에 늙어 가는 나
놀라워라 지나온 영욕의 인생살이.
외양간 말 울자 마부들 소란스러워
일어나 보니 은하수가 벌써 서편에 기울었네.

兒啼客鼾睡難成, 長夜如年倍愴情. 風力撼扉吹幔動, 月華穿牖到床明. 光陰冉冉身將老, 寵辱悠悠念自驚. 櫪馬漸嘶徒御鬧, 起看河漢已西傾.

허균이 47세 되던 1615년(광해군 7) 명나라에 사신 가면서 지은 시이다. 원제목은 「밤에 손가둔에서 묵으며」(夜宿孫家屯)인데, '손가둔'(孫家屯)은 중국 요녕성(遼寧省) 봉성시(鳳城市) 부근에 있던 마을 이름이다. 당시 중국을 다녀오며 지은 시는 『을병조천록』(乙丙朝天錄)으로 묶었다. 이 책은 『성소부부고』(惺所覆瓿藁) 편집 이후 별도로 편찬되어 전하는 유일한 문집이니, 현재로서는 허균의 마지막 저작인 셈이다. 이하 여덟 편의 시를 『을병조천록』에서 뽑았다.

요양의 달

이국의 보름달
깊은 가을 나그네는 요동 땅에 있네.
남쪽 길 내 고향 조그만 누각
돌아갈 꿈은 아득하고 아득하네.

―

明月殊方夜, 深秋客在遼. 小樓南陌上, 歸夢正迢迢.

1615년 9월 요동(遼東) 지역의 중심부인 요녕성 요양(遼陽)에서 쓴 시이다. 허균은 윤 8월 10일에 서울을 떠나 9월 6일에 압록강을 건너 중국으로 들어갔고, 요녕성의 세포(細浦)·통원보(通遠堡)·첨수참(甛水站)·청석령(靑石嶺)을 거쳐 9월 15일 무렵 요양에 도착했다.

삼차하 건너며

강가 흔들리는 부교(浮橋)에서 간신히 가마 타니
사내 넷이 들고 건너는데 발에서 회오리바람 이네.
다리 앞에서 말 내릴 때 생각난 어머니 말씀
"아무리 위험해도 겁먹지 말거라."

고생고생 다섯 번 요하(遼河) 건너며
지나온 스무 해 머리 벌써 희었네.
평지도 걸어 보고 험한 길도 넘어 봤으니
내 마음 어찌 풍파를 두려워하랴.

—

岸裊浮梁僅卸轎, 四夫扛渡足生飇. 逢橋下馬存慈訓, 履險緣何不目逃.
勞生五度涉遼河, 二十年來鬢已皤. 平地險巇曾踏遍, 是心寧復畏風波.

1615년 9월 20일 무렵 삼차하(三汊河)에서 쓴 시이다. '삼차하'는 요녕성 해성현(海城縣)에 있는 강 이름이다. 요녕성의 큰 강인 요하(遼河)·혼하(渾河)·태자하(太子河)가 모두 이 강에서 만나기에 '삼차하' 곧 '세 갈래 강'이라는 이름이 붙었다. 1594년 26세 때 처음 요동에 다녀온 이래 중국에 다섯 번째 사신으로 오며 험한 강을 위태롭게 건너는 모습이지만, 실은 인생에 대해 말하고 싶은 듯하다.

외로운 밤

빈 집에 틀어박혀
홀로 세밑을 맞이하네.
섬돌 위의 서리는 차가운 신에 달라붙고
창 너머 달빛은 찬 이불에 스며드네.
아파도 묻는 이 없고
새로 지은 시는 등불을 벗 삼아 읊조릴 뿐.
깨끗한 책상 위에
책 펼치면 유쾌해질 테지.

―

空宇鎖沉沉, 單居歲已陰. 砌霜粘冷屐, 牕月浸寒衾. 小疾人未問, 詩新燭伴吟.
蕭然一榻上, 攤秩且娛心.

1615년 동지 무렵에 쓴 시이다. 이국땅에서 아픈 몸으로 쓸쓸한 밤을 보내고 있지만,
오랜 벗인 책이 있으니 외로움도 서글픔도 견딜 수 있다.

언제나 나그네

젊은 시절 화려한 옷 입고 장유(壯遊)를 노래했거늘
거듭 오니 어느새 머리에 흰 눈 덮였네.
고향은 멀리 삼천 리 너머
지난 열아홉 해를 회상하네.
내 몸은 영예에도 치욕에도 편안하니
기쁨도 근심도 마음에 두지 않네.
집에 돌아가도 나그네인 건 나의 운명
오직 하늘에 거취를 맡길 뿐.

―

衣繡丁季賦壯遊, 重來不覺雪盈頭. 故鄕逍隔三千里, 陳迹回思十九秋. 已分此身安寵辱, 休將一念受歡愁. 還家作客皆吾命, 只恃天公任去留.

역시 1615년 섣달 그믐에 쓴 시이다. 허균이 북경(北京)에 처음 왔던 때가 1597년이니 열아홉 해째다. 한 해의 마지막 날에 지나온 삶을 돌아보며, 영예와 치욕 속 어느 곳에도 정착하지 못한 나그네 인생을 운명이었다고 담담하게 말하는 모습이 애잔함을 불러일으킨다.

설날

젊은 시절엔 이 날이 반가워
가벼운 외투에 말 타고 벗들과 어울렸지.
스무 해 전 일 떠올리니
삼천 리 밖 이내 신세 처량도 하군.
명예와 이익 모두 간밤의 꿈일 뿐
봄꽃 눈에 들어오니 새봄이 오나 보네.
이대로 떠나 산방(山房) 주인 되면 어떨까
내 책 일만 권을 차례대로 꽂아 놓고.

―

少日歡情待此辰, 輕裘快馬逐遊人. 尋思二十年前事, 却嘆三千里外身. 名利到頭都昨夢, 烟花入眼且新春. 何如去作山房主, 萬卷圖書次第陳.

허균이 48세 되던 1616년 설날 북경에서 쓴 시이다. 부질없는 명예와 이익 모두 버리고 산속에 서실(書室)을 지어 1만 권 장서와 함께 살고 싶다는 것이 허균의 새해 소망이었다. 그러나 허균은 이후 2년 남짓 출세 가도를 달리다 급작스레 처형되는 드라마틱한 삶을 살았다.

읽고 또 읽으리라

손꼽아 보니 돌아갈 날 가까워
외로운 나그네 마음 누그려 보네.
책 읽어 긴긴 낮 보내며
남은 추위 매서워 문은 닫았네.
세상의 맛은 늘그막에 쓰고
사람의 마음은 마지막이 어렵지.
문학도 벼슬도 모두 다 누리려다
한순간에 끝날 줄 그 누가 알까.

영예와 치욕, 슬픔과 기쁨
지나온 사십 년 돌아보네.
몸은 안락과 방종에 찌들어 나태해졌고
마음은 명예와 이욕에 물들어 쫄아들었군.
벼슬은 허깨비지만
문학이란 값을 헤아릴 수 없는 것.
어떡하면 만년에 내 마음 지킬까
옛사람의 책 읽고 또 읽으리라.

一

屈指歸期近, 覊懷强自寬. 看書消永晝, 閉戶惱餘寒. 世味衰年苦, 人情末路難. 文思兼宦興, 誰覺一時闌.

寵辱悲歡地, 回頭四十年. 身緣安肆惰, 心被利名煎. 軒冕眞同幻, 文章不直錢. 何如全晩節, 三復絶韋編.

1616년 1월 북경에서 쓴 시이다. 안락과 방종에 찌들어 몸을 망치고, 명예와 이욕을 좇다가 마음이 한없이 작아졌다는 반성이 통렬하다. 자신의 결심대로 벼슬을 떠나 독서와 저술로 만년을 보냈다면 어땠을까 하는 아쉬움이 남는다. 훗날의 참화를 떠올리면, 첫 수의 마지막 두 구절은 자신의 운명을 예언한 말이 되어 버렸다.

49

책 욕심 비웃지 말라

여러 해 연이어 중국 가는 길 비록 힘들지만
옛사람 책 많이 얻어 오는 즐거움 있네.
가진 것 죄다 털어 책 산다고 비웃지 마오
나는 장차 책벌레가 되려고 하니.

고향집 왜란 겪고 고서를 다 잃어
세상에서 보지 못한 책 얻고 싶을 뿐.
여기 와 산 책이 몇 만 권이니
등불 아래서 글 읽을 만하네.

連歲赴朝雖太苦, 只輪多得古人書. 傾囊罄篋人休笑, 端欲將身作蠹魚.
家山兵後無墳籍, 欲得人間未見書. 到此購藏幾萬卷, 不妨燈下辨蟲魚.

1616년 1월 북경에서 쓴 시이다. 원제목은 다음과 같이 매우 길다. 「우연히 『육엄산집』(陸儼山集)을 보았는데, '어떤 이가 『원사』(元史)를 가지고 와서 돈 2천을 들여 얻다'(人持 『元史』至, 用二十陌得之)라는 제목의 시가 있었다. 그 시는 다음과 같다. "한 달 생활비가 줄어든 대신 / 책장에 책 한 질이 새로 더해졌네. / 옛날 책이 늘 내 손에 있으니 / 초가집에 고기반찬 없는 살림 싫지 않군."(囊中恰減三旬用, 架上新添一束書. 但使典墳常在手, 未嫌茅舍食無魚.) 이 시를 읽으니 평소의 내 바람과 꼭 같았다. 옛사람이 참으로 내 마음을 얻었기에 마침내 같은 운(韻)으로 시를 지었다.」
『육엄산집』은 명나라의 문신 육심(陸深, 1477~1544)의 문집으로, 엄산(儼山)은 그 호이다. 태상경(太常卿)을 지냈으며, 후칠자(後七子)의 한 사람인 서정경(徐禎卿)과 교유하며 문장으로 이름을 떨쳤고, 서예에도 능했다. 독서가 허균은 1616년에만 은 1만 5천 냥을 들여 책 4천여 권을 구입한 것으로 알려져 있다.

내 마음 따라

그리운 아내

작년 이 날 칠석에는 왜란 피하던 중
비단 포대기에 아들을 낳았었지.
아내의 죽음을 탄식하던 반악[1]의 한을 뉘 알리
아들을 잃고 홀로 산 자하[2]의 슬픔마저 겹쳤네.
한 해 사이 달라진 세상에 마음 상하거늘
오늘도 내 병은 지루하게 남아 있네.
이 좋은 밤에 기쁜 마음 더욱 없어
직녀성을 보며 함께 눈물 흘리네.

客歲玆辰避切時, 錦褓初脫玉獜兒. 誰知嘆逝安仁恨, 添作離群子夏悲. 人事一年傷變改, 此身今日病支離. 良宵倍覺歡情減, 却對天孫淚共垂.

1_ 반악(潘岳): 진(晉)나라의 문인으로, 자는 안인(安仁)이다. 반악 부부는 금슬 좋기로 유명했는데, 반악이 아내 양씨(楊氏)를 여의고 1주기 때 다시 관직에 복귀하며 서글픈 심정을 토로한 「도망시」(悼亡詩)가 유명하다.
2_ 자하(子夏): 공자(孔子)의 제자 복상(卜商)의 자. 만년에 아들을 잃고 슬픔이 지나쳐 실명한 뒤 세상과 떨어져 홀로 살았다고 한다.

25세 때인 1593년 7월 7일에 쓴 시 12수 중 제5수로, 피난 중에 세상을 뜬 아내 안동 김씨의 1주기를 맞아 서글픈 심정을 노래한 작품이다. 허균은 이때 쓴 열두 편의 시를 묶어 「칠석에 회포를 읊은 시」(七夕詠懷詩)라는 제목을 붙이고, 다음의 서문을 썼다. "내가 계사년(1593) 명주(溟州: 강릉)에 있을 때 칠석을 맞이하여 율시(律詩) 12수를 지었고, 7월 8일과 9일에도 같은 운(韻)으로 거듭 12수씩 시를 지어 종이에 써 두었는데, 벗들이 돌려보다가 그만 잃어버리고 말았다. 병신년(1596) 3월에 김여상(金汝祥)이 기록해 둔 것을 보여주었는데, 읽어 보니 마치 다른 사람의 시인 것 같아 멍한 기분이었다. 젊은 시절의 시여서 비록 생경하고 거친 맛이 있지만 고심하여 속마음을 토해 낸 것들을 다 버릴 수 없어 기록한다."

봄빛

공명(功名)은 내 친구 아니니
책을 벗 삼아야지.
산골짝은 세상 피한 나를 기다리는데
나루터에 있는 벗 누구일까.
위태로운 벼슬길에 검은 머리 세어 가고
옛집 위엔 흰 구름도 드무네.
고향으로 돌아가리라 노래만 부르는데
산속의 풀잎에는 봄빛이 가득하네.

功名非我輩, 書史且相親. 泉壑待遁客, 津梁誰故人. 危途靑鬢換, 舊業白雲貧. 但自賦歸去, 山中瑤草春.

1600년에서 1601년 사이 예조좌랑과 예조정랑을 지낼 때 쓴 시이다. 당시에 쓴 시를 『남궁고』(南宮藁)로 묶었다. 30대 초반의 나이임에도 벼슬길과 은거 사이에서 고민하는 모습이 뚜렷하다. '나루터에 있는 벗'은 올바른 길로 이끌어 줄 친구를 뜻한다. '흰 구름'은 고향에 돌아가 은거하는 일, 혹은 은거하고자 하는 꿈을 비유하는 말로 보인다.

비 오는 날의 낮잠

고향 동산 황폐할 텐데 언제나 돌아갈까
세파 속에 머리 세니 벼슬 생각 희미하네.
적막한 궁궐 정원에 봄은 다 가는데
보슬비가 장미꽃을 적시네.

비 오는 날 다디단 낮잠
베개 가득 훈풍이 궁궐에 넉넉하네.
점심밥 먹으라 재촉하지 말게나
꿈속에서 한창 귀한 생선 맛보니.

―

田園蕪沒幾時歸, 頭白人間官念微. 寂寞上林春事盡, 更看疏雨濕薔薇.
懸懸晝睡雨來初, 一枕薰風殿閣餘. 小吏莫催嘗午飯, 夢中方食武昌魚.

1603년 초여름 궁궐의 한가로운 풍경을 노래한 시이다. 당시에 허균은 정3품 사복시정(司僕寺正) 벼슬을 지내고 있었다. '사복시'는 궁중의 가마나 말에 관한 일을 맡아보던 관아이다. 허균은 이 시절의 시를 『태복고』(太僕稿)로 묶었는데, '태복'은 궁중의 수레와 말을 관리하던 관직을 일컫는 말이다.

잉어회 한입

옛 고을에 누가 있나
퇴락한 관아에 나 홀로 돌아오네.
홰나무 뿌리는 담장 아래로 나왔고
산빛이 누각 가득 들어오네.
잉어회[1] 가늘게 썰고
거위[2]를 구워 오셨네.
그대가 나그네 잘 돌봐주니
한입 가득 넣고 시 한 구절 읊조리오.

―

古縣人誰在, 頹軒我獨過. 槐根出墻下, 山色入樓多. 細斫琴高鯉, 仍炰逸少鵝. 同知善看客, 一飽一吟哦.

1_ 잉어회: 원문은 "琴高鯉"(금고리: 금고의 잉어)이다. 옛날 중국의 '금고'(琴高)라는 인물이 잉어를 타고 신선이 되어 갔다는 전설이 있기에 한 말이다.
2_ 거위: 원문은 "逸少鵝"(일소아: 일소의 거위)이다. '일소'는 동진(東晉)의 서예가 왕희지(王羲之)의 자이다. 왕희지가 거위를 몹시 좋아했다는 고사가 전하기에 한 말이다.

「우계(羽溪)에서 묵는데 친척 김동지(金同知)가 찬합을 가지고 와서 위로하다」(宿羽溪, 族人金同知, 携盒來慰)라는 원제목대로, 1607년 3월 허균이 삼척부사(三陟府使)로 부임할 때 강릉 우계현(羽溪縣)에 들러 동지(同知) 벼슬을 지낸 친척 김 아무개에게 대접받은 일을 읊은 시이다. 삼척부사 재임 중에 지은 시는 『진주고』(眞珠藁)로 묶었는데, '진주'는 삼척의 옛 이름이다. 삼척은 허균의 부친 허엽(許曄)과 장인 김효원(金孝元: 허균이 재혼한 선산 김씨의 부친)이 부사를 지낸 바 있어 허균에게 특히 각별한 곳이다. 삼척부사 시절의 시 중에 운치 있는 작품이 많은데, 이하 다섯 편을 『진주고』에서 뽑았다.

고요한 마음

공문 홀홀 넘기다 보니 한낮인데
녹음 사이로 죽여(竹輿) 소리 울리네.
숲 안개는 비 머금어 무겁고
누각 그림자는 강에 떨어져 허허롭네.
천지가 고요하니 속세 일을 잊겠고
마음이 한가하니 이게 바로 인(仁).
마음 가는 대로 살며 한 해를 보내니
나도 모르게 벼슬할 마음 옅어지네.

―

揮牒日繩午, 綠陰鳴筍輿. 林霏含雨重, 樓影落江虛. 境靜忘塵事, 心閑卽廣居. 優游堪卒歲, 未覺宦情疏.

삼척부사 시절의 한가로운 한낮 풍경이다. 지방관으로 근무하던 때가 대체로 허균으로서는 여유만만 득의의 시절이었던 듯하다. '죽여'(竹輿)는 대를 엮어서 만든 가마를 말한다.

꿈에 만난 벗

그대의 끊임없이 터져 나오는 시상(詩想)
은하수를 꺾어 쏟아 부은 듯했지.
재주 품고도 고달픈 길 걷더니
어느 날 문득 옥루[1]로 올라갔네.
한밤중 꿈속에 만나
평소처럼 노닐며 이야기했네.
문장을 논하는 모습 여전해서
수염 한 번 떨치면 천년 세월도 그 손 안에 있네.
그대 넋이 와선 내 마음 바다처럼 드넓더니
넋이 가고 나니 온 방이 적막하네.
지음(知音) 잃은 일 새삼 느끼어
쏟아지는 눈물 참을 수 없네.

―

李侯富詞源, 屈注天潢流. 抱才困泥塗, 奄爾赴玉樓. 中宵夢見之, 若敍平生遊.
依然論文地, 奮髥無千秋. 魂來滄海闊, 魂去室悠悠. 感念絶絃賞, 危涕浩難收.

[1] 옥루(玉樓): 백옥루(白玉樓). 옥황상제가 산다는 옥으로 만든 누각으로, 뛰어난 문인이 죽으면 이곳으로 간다는 전설이 있다.

허균이 작고한 이춘영(李春英, 1563~1606)과 이정(李楨, 1578~1607)을 꿈속에서 만나고 지은 「꿈에 두 사람을 만나고 지은 시」(夢二子詩) 두 편 중 이춘영에 대해 쓴 제1수이다. 이춘영은 선조(宣祖) 때의 문신으로, 호조좌랑·예천군수를 지냈으며 뛰어난 시인으로 명성이 높았다. 1607년에 쓴 이 작품에는 "5월 9일 서루(西樓)에서 자는데 꿈에 이실지(李實之: '실지'는 이춘영의 자)와 이정을 만나서 평소처럼 얘기를 한참 동안 나누고 깨어났기에, 시를 지어 기록해 둔다"라는 허균의 '부기'(附記)가 달려 있다.

게으른 관리

관리의 길 급박하다 누가 말했나
풍속이 순박하니 다스리기 쉽다네.
해 저물도록 처리할 일 드무니
일 마치는 건 식은 죽 먹기.
넓고 고요한 동쪽 방
좌우로 심은 배나무.
짙은 그늘 넘실거리고
산들바람 창 넘어 불어오네.
자리 펴고 걸상에 기대 앉으니
피로가 싹 풀리는군.
평생 독서를 일삼아
다섯 수레 책이 늘 따라다녔지.
상자 열어 서가 가득 책 꽂아 놓고
한 권씩 펼쳐 보며 홀로 즐기네.
한석봉의 글씨는 북쪽 창에 걸고
이정의 그림은 동쪽 벽에 펼쳤네.
그 사람들 모두 세상 떴거늘

1_ 여섯 해: 지방관의 임기가 만 5년, 햇수로 6년이기에 한 말.

그 자취 어루만지니 한숨이 나오네.
글씨 그림 감상하고 유유자적 살며
애오라지 여섯 해[1] 기다려야지.
이런 한가한 자리야말로 내 분수에 맞으니
임금님 은혜를 어찌 잊겠는가.
근심이라면 백성들 번거롭게 하며
어진 정치 베풀지 못하는 일.
내 앞에 진수성찬 차려 놓고
논밭에는 굶주려 여윈 백성 있을까 두렵네.
나날이 낯 두꺼워져
자리만 차지하고 앉았다는 꾸지람 받지 말아야지.
내 뒤에 누가 오실까
내 시를 비웃지 말아 주시길.

吏道誰云迫, 俗淳誠易治. 日晏鈴牒稀, 了事亦非癡. 東廂寬且靚, 左右樹稗梨.
繁陰正婆娑, 欞牖來輕飇. 展席凭烏凳, 足以寧吾疲. 平生坐書淫, 五車行輒隨.
發篋揷滿架, 披讀以自嬉. 韓書掛北窓, 李畵張東楣. 其人骨已朽, 撫迹還嗟咨.
賞玩恣適意, 聊以待六朞. 投閑眞微分, 敢忘蒙恩私. 所虞政多神, 仁澤未普施.
有羞羅方丈, 田畝有飢羸. 感念顔益厚, 尸素庶逭譏. 孰爲後來者, 幸勿嗤吾詩.

역시 1607년 삼척부사 시절의 시이다. 선조 때의 명필 한석봉(韓石峯)의 글씨와 당대 최고의 화가 이정(李楨)의 그림을 걸어 놓고 서가 가득한 책에 둘러싸여 유유자적 세월을 보내지만 지방관의 책무도 게을리하지 않겠다는 다짐이 깃들어 있다. 한석봉과 이정은 허균과 가까운 사이였는데, 한석봉은 2년 전인 1605년, 이정은 바로 1607년에 세상을 떴다.

내 삶을 살아가리니

밤에 불경 읽어
집착하는 마음은 없으나
아내도 있고
고기도 먹는다네.
출세의 푸른 꿈 이미 버렸거늘
탄핵이 빗발친들 무슨 근심 있겠나.
내 운명 편안히 여기나니
서방정토[1]로 가고픈 꿈은 여전하다오.

예교(禮敎)로 어찌 자유를 구속하리
부침을 오직 정(情)에 맡길 뿐.
그대들은 그대들의 법을 따르라
나는 내 삶을 살아가리니.
벗은 찾아와 위로하고
처자식은 마음이 안 좋구나.
그래도 얻은 게 있어 기쁘다오

---

[1]_ 서방정토(西方淨土): 속세의 모든 번뇌가 없는 부처의 청정세계.

이백과 두보처럼 이름을 나란히 했으니.

―

夕讀修多敎, 因無所住心. 周妻猶未遣, 何肉更難禁. 已分靑雲隔, 寧愁白簡侵.
人生且安命, 歸夢尙祇林.
禮敎寧拘放, 浮沈只任情. 君須用君法, 吾自達吾生. 親友來相慰, 妻孥意不平.
歡然若有得, 李杜幸齊名.

―

원제목은 「파직당했다는 소식을 듣고」(聞罷官作)로, 삼척부사로 부임한 지 두 달이 채 안 된 1607년 5월, 불교를 숭상한다는 사헌부의 탄핵으로 파직당한 뒤에 쓴 시이다. 제2수의 마지막 구절에 당나라의 시인 이백(李白)과 두보(杜甫)를 언급한 것은 당시에 허균이 임진왜란 때의 의병장 곽재우(郭再祐)와 함께 탄핵당했기 때문이다. 이에 대해 허균은 다음과 같은 주석을 덧붙여 놓았다. "이때 사헌부에서 곽재우 공은 도교를, 나는 불교를 숭상한다는 명목으로 함께 탄핵하며 이단을 물리치기 위해 파직을 요청했으므로 마지막 구절에 이 일을 언급했다."

우습구나 내 인생

어려서 재주 있다는 명성 안고
환한 진주처럼 서울을 빛냈지.
헛된 영화 좇다 내 운명 기박해지고
미친 행동으로 경멸당했네.
천상의 옥나무는 바람 앞에서 빛나고
신선의 이슬은 마른 뒤에 맑다지.
사시사철 쌀 마련하는 일에 묶인 채
내 고향 동쪽 바다로 돌아갈 꿈 꾸네.

봉황의 깃털처럼 빛나는 문장으로
조정에서 비단 도포 빼앗았지.[1]
순욱의 향기[2] 옷에 가득
낙하서생의 노래[3]를 운치 있게 읊조렸네.

---

[1] 비단 도포 빼앗았지: 신하들 중 최고의 문장 솜씨를 뽐냈다는 뜻으로, 다음 고사에서 유래하는 말이다. 당나라 측천무후(則天武后)가 용문(龍門)에서 노닐 때 신하들에게 시를 짓게 했는데, 동방규(東方虯)가 먼저 시를 짓자 무후는 비단 도포를 상으로 내렸다. 곧이어 송지문(宋之問)이 시를 제출했는데, 그 시가 한층 뛰어났으므로 무후는 동방규에게 주었던 도포를 빼앗아 송지문에게 주었다.

[2] 순욱(荀彧)의 향기: 순욱은 후한 말 조조(曹操)의 최측근 신하로서 상서령(尙書令)을 지냈으며 빼어난 재주를 지닌 미남자였는데, 향을 좋아하여 그가 앉았던 자리에는 사흘 동안 그 향기가 남아 있었다는 고사가 전한다.

[3] 낙하서생(洛下書生)의 노래: 낙양(洛陽) 선비들의 노래. 동진(東晉)의 사안(謝安)이 이 노래를 좋아했는데, 비염을 앓았기에 탁한 콧소리로 부르는 것이 듣기 좋아 강남 일대에서 크게 성행했다는 고사가 있다.

반악처럼 귤이 쏟아졌고[4]
동방삭처럼 복숭아를 훔쳐 먹었네.[5]
하지만 지금은 귀밑에 하얀 가을 서리 내려
병들어 사직서 내고 문을 굳게 닫았네.

小少負才名, 明珠耀上京. 浮榮消命薄, 狂態受人輕. 玉樹風前皎, 金莖渴後淸.
歲時淹索米, 歸夢在東瀛.
輝映鳳凰毛, 彤墀奪錦袍. 衣香荀令馥, 雅詠洛生高. 漫擲河陽橘, 曾偸厭次桃.
秋霜今入鬢, 移病閉門牢.

---

[4] 반악(潘岳)처럼 귤이 쏟아졌고: 진(晉)나라의 문신으로 하양현령(河陽縣令)을 지낸 반악은 미남자로 유명한데, 젊은 시절 낙양 길에 나가면 만나는 여성마다 반악을 흠모하는 마음에 귤 등의 과일을 던져서 그가 집으로 돌아올 때에는 수레에 과일이 가득했다는 고사가 전한다.

[5] 동방삭(東方朔)처럼 복숭아를 훔쳐 먹었네: 한나라 무제(武帝) 때의 신하 동방삭은 산동성(山東省) 염차현(厭次縣) 출신으로, 훗날 신선이 되어 서왕모(西王母)의 복숭아를 훔쳐 먹고 1만 8천 년의 수명을 누렸다는 전설이 있다. 여기서는 젊은 시절 허균이 도가(道家)에 경사된 일을 가리키는 것으로 보인다.

삼척부사에서 파직된 뒤 재기용되어 1607년 7월 이후 정3품 내자시정(內資寺正)을 지내던 때 쓴 시이다. '내자시'는 궁중의 음식, 연회에 필요한 각종 물자를 관장하는 관아이다. 허균은 이 시절의 시를 『태관고』(太官稿)로 묶었는데, '태관'은 바로 궁중의 음식과 연회를 담당하던 관직을 일컫는 말이다. 좋았던 젊은 시절을 회상하며 순욱이나 반악 같은 미남의 대명사를 언급하는 대목이 우습다가도 마지막 구절에 이르면 문득 쓸쓸한 마음이 느껴진다.

고단한 나그네 이재영

내가 사랑하는 자그마한 이 사내

아이 적부터 글에 빛이 났지.

제자백가 모든 책을 꿰뚫어

맛있는 음식처럼 좋아했네.

서릉[1] 처럼 고사에 밝고

육기[2] 처럼 재주 많은 게 오히려 근심일세.

구리 방울에 시 짓기[3] 도 그 민첩함 비유하기엔 부족하고

눈에 비친 달빛으로 공부한 일[4] 도 게으르다 비웃네.

비단 짜서 봉황 무늬 수놓고

옥을 쪼아 꽃을 아로새겼네.

보배로운 옥의 값은 높은 법이거늘

세속에선 천히 여겨 너도나도 조롱하네.

시의 싸움터에서 칼날을 겨룬다면

---

[1] 서릉(徐陵): 육조시대 양(梁)·진(陳)의 문인. 제자백가와 역사서에 두루 통해 용사(用事)를 잘하기로 유명했다. 궁중에서 유행하던 여성 취향의 애정시를 중심으로 엮은 시선집 『옥대신영』(玉臺新詠)을 편찬했다.

[2] 육기(陸機): 진(晉)나라의 문인으로, 삼국시대 오나라의 명장 육손(陸遜)의 손자이다. 당대의 저명인사였던 장화(張華)는 "사람들이 글을 지을 때에는 늘 재주가 부족한 것을 한스러워하지만 육기는 재주가 너무 많은 것을 근심한다"라며 육기의 글재주를 극찬했다.

[3] 구리 방울에 시 짓기: 순식간에 한 편의 시를 짓는 재주를 말한다. 육조시대 양나라의 소문염(蕭文琰)이 구리 방울을 쳐서 울림이 사라지기 전에 한 편의 시를 지었다는 고사가 전한다.

[4] 눈에 비친 달빛으로 공부한 일: 진(晉)나라의 손강(孫康)이 가난해서 등불을 켤 기름을 살 수 없자 추운 겨울에 창을 열고 눈에 반사되는 달빛으로 책을 읽었다는 고사가 전한다.

나는 그대 편에 서겠네.
비웃는 자가 나라에 가득해도
그 실상을 속일 순 없지.
작은 고을에서 생계 걱정 고달팠고
위태로운 벼슬길 근심과 한탄으로 배불렀네.
나와 같은 병을 앓는 고단한 나그네
하늘 끝에서 우리 인생 저물어 가네.

我愛蕤丈夫, 詞華自童丱. 貫穿百家語, 嗜之如芻豢. 徵事徐陵優, 多才陸機患.
擊鉢未喩捷, 映雪還嗤慢. 組錦蹙鳳文, 琢玉雕花瓣. 輿璠價自高, 俗賤爭嘲訕.
詩壘値交鋒, 吾爲君左袒. 笑者任滿國, 其實自難賺. 下邑困桂玉, 危途飽憂歎.
寂寞同病客, 天涯歲將晏.

1610년(광해군 2) 신병을 이유로 중국에 가는 사신 임무를 사퇴하고 물러나 있던 시절에 쓴 시이다. 허균은 당대 조선을 대표하는 열 사람의 빼어난 문인을 뽑아 전오자(前五子)와 후오자(後五子)라 명명한 바 있다. 그중 전오자는 권필·이안눌(李安訥)·조위한(趙緯韓)·허적(許𥛚)·이재영(李再榮)인데, 이 시는 이들 각각에 대해 쓴 「전오자시」(前五子詩) 다섯 편 중 제5수이다. 평생 그림자처럼 허균 곁에 머물렀던 벗 이재영(?~1623)은 서얼 출신으로, 1599년 문과에 장원급제하여 현감 벼슬을 지냈으나 서얼 신분이 문제되어 합격이 취소된 비운의 인물이다. 허균은 「전오자시」에 붙인 서문에서 "이 다섯 사람은 모두 세상에 드문 문장을 가졌고 궁한 운명을 가진 것 또한 같은데, 문인의 운명이란 궁한 쪽으로 귀결될 수밖에 없는 것일까!"라고 했다. 한편 권필은 「전오자시」를 읽고 "다섯 편이 모두 굳건하고 힘이 있으며 적막하고 고독하다"라고 평했다.

계랑을 애도하며

신묘한 시는 비단을 펼친 듯하고
청아한 노래는 구름도 멈추게 했지.
반도[1]를 훔친 죄로 인간세계에 유배 왔다가
선약을 훔쳐 인간세계를 떠났네.[2]
부용꽃 수놓은 장막에 등불은 어둡고
비취색 치마에는 향기가 사라져 가네.
내년 복사꽃 필 때
설도[3]의 무덤을 누가 찾아 줄까.

처량해라 반첩여의 부채[4]
서글퍼라 탁문군의 거문고.[5]
나부끼는 꽃잎에 부질없이 한이 쌓이고
시든 난초에 공연히 마음 상하네.

1_ 반도(蟠桃): 천상의 신선세계에 있는, 3천 년마다 한 번씩 열린다는 복숭아.
2_ 선약(仙藥)을 훔쳐 인간세계를 떠났네: 요(堯)임금 때 활 잘 쏘는 예(羿)가 서왕모(西王母)에게 불사약(不死藥)을 얻었는데, 예의 아내인 항아(姮娥)가 이를 훔쳐 달나라로 갔다는 전설이 있다.
3_ 설도(薛濤): 당나라의 명기(名妓). 시와 음악에 뛰어나 원진(元稹)·백거이(白居易) 등의 시인과 어울렸다. 여기서는 계랑(桂娘) 곧 계생(桂生)을 가리킨다.
4_ 반첩여(班婕妤)의 부채: '반첩여'는 한나라 성제(成帝)의 궁녀로, 성제의 총애를 받았으나 조비연(趙飛燕)이 새로 성제의 사랑을 독차지하면서 버림받았다. 자신의 처지를 쓸모없는 가을 부채에 비유한 「원가행」(怨家行)이라는 노래를 지었다.
5_ 탁문군(卓文君)의 거문고: '탁문군'은 한나라의 부호 탁왕손(卓王孫)의 딸로, 젊어서 과부가 되었다가 사마상여(司馬相如)의 거문고 소리에 반해서 달아나 부부가 되었다. 훗날 사마상여가 다른 여인을 사랑하자 자신의 신세를 한탄하는 「백두음」(白頭吟)을 지어 사마상여에게 보냈다는 고사가 전한다.

봉래도[6]에 구름은 자취 없고
큰 바다에 달은 이미 잠겼네.
내년 소소[7]의 집엔
버드나무 시들어 그늘 이루지 못할 테지.

―

妙句堪摛錦, 淸歌解駐雲. 偸桃來下界, 竊藥去人群. 燈暗芙蓉帳, 香殘翡翠裙. 明年小桃發, 誰過薛濤墳.

凄絶班姬扇, 悲涼卓女琴. 飄花空積恨, 蘘蕙只傷心. 蓬島雲無迹, 滄溟月已沈. 他年蘇小宅, 殘柳不成陰.

6_ 봉래도(蓬萊島): 신선이 산다는 섬. '봉래산'(蓬萊山)이라고도 하며 영주산(瀛洲山)·방장산(方丈山)과 함께 삼신산(三神山)으로 꼽힌다.
7_ 소소(蘇小): 육조시대 제(齊)나라의 명기 소소소(蘇小小). 여기서는 계생을 말한다.

1610년 기녀 계생(桂生, 1573~1610)의 부음을 듣고 쓴 시이다. 계생의 본명은 이향금(李香今)이고 호는 매창(梅窓)인데, '계생'이나 '계랑'(桂娘) 등의 애칭으로 흔히 불렸다. 허균은 이 시에 다음의 해설을 붙였다. "계생은 전라도 부안(扶安)의 기녀로, 시에 능하고 문장을 잘 보며 노래와 거문고 연주도 잘했는데, 천성이 고결하고 올곧아서 음란한 일을 좋아하지 않았다. 나는 계생의 재주를 사랑하여 교분이 막역했는데, 담소하며 친하게 지내면서도 음란한 지경에 이른 적이 없었기에 오랫동안 사귐이 시들지 않았다. 지금 계생이 죽었다는 소식을 듣고 눈물을 흘리며 율시 두 편을 지어 애도한다."

호남의 꿈 사라지고

호남의 큰 고을 나주에 가서
고을 수령 한번 하고 싶었네.
은혜 입어 드디어 뽑혔거늘
원수가 나서서 내 앞길 막을 줄이야.
가정사로 모함한 건 내가 어찌할 수 없으나
불가 도가에 빠져 완세(玩世)함은 스스로 꾀한 일.
홀로 추운 산 마주해 껄껄 한번 웃나니
봉래도 가는 길 머뭇거릴 것 없네.

湖南雄鎭錦官州, 願佩銅章作邑侯. 拔擢已知蒙睿澤, 拜彈誰料出深仇. 陷人帷箔非吾事, 玩世緇黃寔自謀, 獨對山寒成一笑, 蓬萊歸隱敢夷猶.

1610년 10월 나주목사(羅州牧使)에 임명되었다가 곧바로 취소된 뒤 쓴 시이다. 미식가 허균은 호남 고을의 수령 되기를 거듭 원하다가 나주목사에 임명되어 꿈에 부풀었는데, 임명 소식을 들은 직후 탄핵을 받아 결국 부임하지 못하게 되었다. 당시에 허균은 더욱 불가·도가에 침잠해 현실에서 벗어나려 했던 듯하다.

의금부에 갇혀

의금부 문 앞에서 의건(衣巾)을 벗고 보니
한 해에 두 번이나 온 내 신세 우습기도 하군.
지옥과 천당 모두가 정토(淨土)거늘
내 몸에 감긴 오랏줄 꺼릴 것 있겠는가.

―

巡軍門外卸衣巾, 一歲重來笑太頻. 地獄天宮俱淨土, 肯嫌徽纏在吾身.

1610년 11월 과거 시험관으로서 부정을 저질렀다는 죄목으로 의금부에 갇혀 있을 때 쓴 시이다. 당시 허균은 박승종(朴承宗)·조탁(曺倬)·이이첨(李爾瞻) 등과 함께 전시(殿試) 시관(試官)으로 합격자를 뽑았는데, 합격자 명단에 박승종의 아들이자 이이첨의 사위인 박자흥(朴自興), 조탁의 아우 조길(曺佶), 이이첨의 사돈 이창후(李昌後)와 친구 정준(鄭遵), 허균의 조카 허보(許寶)와 조카사위 박홍도(朴弘道)가 들어 있어 당시 사람들이 '아들, 사위, 동생, 조카, 사돈의 합격자 명단'이라고 했다. 그런데 조정에서는 허보 한 사람의 합격만 취소한 채 모든 부정의 책임을 허균 홀로 지게 해서, 사신(史臣)이 처벌의 형평성을 지적한 바 있다. 이때 허균의 벗 권필은 다음의 시를 지어 조정의 처사를 비난했다. "과거에 사사로운 정이 개입됐다 하더라도 / 아들 사위 동생보단 조카를 봐준 일이 가볍겠지. / 그럼에도 허균 홀로 죄를 받았으니 / 세상에서 공도(公道) 행하기란 과연 어렵구나." 이후 허균은 40여 일 동안 의금부에 갇혔다가 유배형에 처해졌다.

좋구나 유배살이

번요한 인생살이 한가한 날 없더니
유배 와서야 세상사 끊고 기쁨 얻었네.
푸른 대나무는 아지랑이 머금어 봄 풍경 단장하고
복숭아는 찬비 맞아 한낮 기운 서늘하네.
완부가 나막신 좋아하던 일[1] 분명히 알겠으니
공우에게 갓을 털게 할 것 없네.[2]
감호[3] 맑은 물에 배 띄울 만하거늘
언제나 돌아가 낚싯대 드리울까.

擾擾浮生未得閑, 謫來纔喜世情闌. 煙含綠篠粧春景, 雨打緗桃作晝寒. 已分阮孚耽蠟屐, 寧敎貢禹事彈冠. 鑑湖淸漲知容舫, 何日歸休理釣竿.

1_ 완부(阮孚)가 나막신 좋아하던 일: 유유자적 한가로운 생활을 말한다. '완부'는 동진(東晉) 때 사람으로, 등산할 때 신는 나막신을 끔찍이 좋아했다. 수집한 나막신에 밀랍을 발라 광택을 내며 애지중지하다가 "내 생애에 이 신을 몇 번이나 신을 수 있을까!"라며 탄식했는데, 그 모습이 매우 한가롭고 행복해 보였다는 고사가 전한다.
2_ 공우(貢禹)에게 갓을 털게 할 것 없네: 벼슬에 나설 생각이 없다는 뜻. '공우가 갓을 턴다'는 말은 본래, 지향이 같은 사람을 기쁜 마음으로 돕는다는 뜻이다. 한나라 원제(元帝) 때의 문신 왕길(王吉)과 공우는 절친한 사이였는데, 왕길이 간의대부에 임명되자 공우가 기뻐하며 자신의 관모(官帽)를 털어서 쓰게 했고, 얼마 뒤 공우 역시 간의대부에 임명되었다는 고사가 전한다.
3_ 감호(鑑湖): 강릉 경포호(鏡浦湖).

1611년 봄 유배지 전라도 함열(咸悅: 지금의 전북 익산)에서 쓴 시이다. 송나라 구양수(歐陽脩)가 은거하고자 했던 안휘성(安徽省)의 영주(潁州: 지금의 부양시阜陽市)를 그리며 지은 '사영시'(思潁詩) 중 「재석유감」(齋夕有感)의 운(韻)을 빌려 썼다. 허균은 '사영시'의 운을 빌려 고향 강릉을 그리는 시 스물여섯 편을 짓고 『화사영시』(和思潁詩: 구양수의 '사영시'의 운으로 짓다)로 엮었는데, 좋은 시가 많다.

유배지에서

저물녘에 산비 개니 꾀꼬리 소리 부드럽고
시냇가에 구름 걷히니 대숲 그늘 서늘하네.
호숫가 정자에서 어느덧 반나절 꿈꾸노라니
내 몸이 타향에 묶인 줄 미처 몰랐네.

한 굽이 경호[1]는 꿈에 자주 드는데
봉래도에서 신선 만날 기약 아홉 해나 저버렸네.
남쪽 땅 백발의 나그네라 그 누가 가련히 여기나
나는 우주 안의 자유로운 몸[2] 아닌가.

새소리 바람에 실려 우거진 대숲 울리고
복사꽃은 비 온 뒤 저녁 호수에 가득하네.
고향으로 이 몸 돌아가라 허락한다면
가을날 고향 가는 길 주저하지 않으리.

1_ 경호(鏡湖): 강릉 경포호.
2_ 자유로운 몸: 원문은 "自在身"(자재신)으로, 불교 용어이다. 마음속에 아무런 번뇌가 없
   는 유유자적한 몸을 뜻한다.

一

山雨晚晴鶯語滑, 溪雲初捲竹陰涼. 儵然半日湖亭夢, 未覺吾身滯異鄕.
一曲鏡湖勞入夢, 九年蓬島負尋眞. 誰憐白首江南客, 未是乾坤自在身.
風前鳥語依深竹, 雨後桃花漲晚湖. 若許此身還故里, 秋來歸駕敢踟躕.

역시 1611년 봄 유배지에서 쓴 시로, 구양수의 '사영시' 중 「다시 여음(汝陰)에 와서」(再至汝陰三絶)의 운을 빌려 썼다. '여음'은 안휘성 영주에 속한 지명이다. 쓸쓸함과 유유자적함이 공존하는 가운데 고향 그리는 마음이 간절하다.

봄날

물총새 울음 잦아드니 꾀꼬리 울고
복사꽃 피어나니 오얏꽃 드무네.
종일 읊조리며 봄빛 찾아 나선 길
한가로이 홀로 왔다 홀로 돌아가네.

숲 너머 그윽한 꽃 저녁 햇살 토하는데
수많은 산벌들이 내 옷에 와 부딪네.
호숫가 정자 좋아라 천 리 밖에 온 내 몸
베 버선에 푸른 신¹ 신고 언제나 돌아갈까.

시냇물 굽이굽이 바위 계곡 구불구불
지팡이 짚고 고개 넘어 물가에 이르렀네.
바닷가 내 고향 좋았던 봄날 추억하는데
숲 가득 공연히 자동화²가 피었네.

翠鳥啼殘黃鳥啼, 桃花初發李花稀. 行吟盡日探春色, 獨自閑來獨自歸.

1_ 베 버선에 푸른 신: 평민의 복장인데, 은사(隱士)의 생활을 비유하는 말로 쓴다.
2_ 자동화(刺桐花): 중국 남방에 피는 꽃으로, 붉은 꽃잎이 상아 모양이어서 상아화(象牙花)라고도 한다.

林外幽花吐晚輝, 山蜂無數撲人衣. 湖亭正好身千里, 布韈青纏幾日歸.
溪流曲曲石碕斜, 策杖荒陂到水涯. 仍憶海鄉春正好, 滿林空發刺桐花.

역시 1611년 봄 유배지에서 쓴 시로, 구양수가 안휘성 낭아산(琅玡山)의 풍락정(豐樂亭)에서 쓴 시 「풍락정에서 봄을 즐기다」(豐樂亭游春)에서 운을 빌려 지었다. 한가로운 봄날의 풍경 속에 쓸쓸한 마음이 묻어 있다.

꽃을 심으며

복숭아 가지 하나 꺾어다가
정성스레 흙 돋우며 손수 심었네.
내가 여기 얼마나 머물지 모르겠지만
내년에 주인 위해 피어나거라.

緗桃折得一枝來, 封土慇懃手自栽. 未卜此身長寓此, 明年惟爲主人開.

구양수의 시 「판관(判官) 벼슬에서 물러나 그윽한 골짜기에 꽃을 심다」(謝判官幽谷種花)에서 운을 빌려 쓴 시이다. 유배 생활이 얼마나 이어질지 알 수 없지만, 내년 봄을 기약하며 꽃을 심는 마음이 좋다.

이탁오의 『분서』를 읽고

맑은 조정에서 독옹[1]의 책 불살랐지만
그 도는 불타지 않고 여전히 남아 있네.
불교든 유교든 깨달음은 한가지거늘
세상에선 이 말 저 말 분분키도 하군.

구후[2]가 나를 맞아 손님으로 예우하여
기린 봉황처럼 빼어난 인물들 직접 보았네.
저물어 이탁오에 대한 인물론(人物論) 읽고
비로소 먼저 책 속의 사람이 된 걸 알았네.

내가 이탁오의 이름을 진작에 알았더라면
참선으로 평생을 마치고자 했을 텐데.
내 책 아직 분서당하지 않았으니
세 번 탄핵받은 것쯤이야 유쾌한 일일세.

淸朝焚却禿翁文, 其道猶存不盡焚. 彼釋此儒同一悟, 世間橫議自紛紛.

[1] 독옹(禿翁): 이탁오(李卓吾)의 호. 20여 년간 관직 생활을 하던 이탁오는 문득 벼슬을 버린 뒤 삭발하고 승복을 입고 지냈기에 '독옹'(대머리 노인)이라는 호를 썼다.
[2] 구후(丘侯): 북경 통주에서 만난 인물인 듯하다.

丘侯待我禮如賓, 麟鳳高標快覯親. 晩讀卓吾人物論, 始知先作卷中人.
老子先知卓老名, 欲將禪悅了平生. 書成縱未遭秦火, 三得臺抃亦快情.

1615년 11월 북경 통주(通州)에서 쓴 시이다. 이탁오(李卓吾) 곧 이지(李贄, 1527~1602)는 명말 양명좌파(陽明左派) 계열의 독특한 사상가로, 『분서』(焚書), 『속분서』(續焚書), 『장서』(藏書) 등의 혁신적인 저서를 남겼다. 유교를 중심으로 한 기존의 가치 체계 일반에 저항하며 유·불·선을 넘나드는 한편, '동심'(童心: 꾸밈없이 천진한 아이의 마음)을 내세워 허위의식을 공박하고 정욕(情欲)을 긍정했다. 이에 명나라 조정은 세도를 어지럽힌다는 죄목으로 이탁오를 체포하고 그의 책을 금서로 삼았다. 결국 이탁오는 옥에서 자결했다. 허균은 이탁오 묘가 있는 통주에서 이탁오의 『분서』를 읽고 큰 감명을 받은 것으로 보인다. 흔히 『성소부부고』에 드러난 허균의 혁신적인 생각이 이탁오의 영향을 받은 것으로 추측되어 왔으나, 허균은 『성소부부고』가 완성되고도 2년 이상 지난 이때에야 이탁오의 대표 저작을 처음 읽은 듯하다.

가는 봄을 원망하다

아름다운 등 꺼져 가고 향 심지 재가 될 때
비단 휘장 반쯤 드리우고 문은 열지 않았네.
비단 침상에 외로이 누워 백설 피부 차가운데
눈물꽃이 베개에 흘러 복사꽃 뺨 적시네.

깊고 깊은 정원에 일찍부터 빗소리
봄바람이 땅을 쓸며 고운 풀에 불어오네.
말없이 일어나니 새삼 마음 아파라
구슬발 너머 지는 꽃이여, 봄날도 하마 가는구나.

—

蘭燈將燼香炷灰, 羅幌半垂門未開. 錦床孤臥雪膚冷, 淚花膩枕痕桃腮.
深沉庭院雨聲早, 東風劃地吹芳草. 起來無語更傷心, 簾外落花春已老.

1615년 11월 북경에서 쓴 시이다. 원제목은 「황숙양의 시를 본떠 짓다」(黃叔暘體)인데, '황숙양'(黃叔暘)은 남송(南宋) 말의 문인 황승(黃昇)을 말한다. '숙양'은 그 자이다. 황승은 특히 사(詞)에 뛰어났는데, 허균은 궁녀처럼 쓸쓸한 처지에 있는 여성 화자를 내세운 황승의 노랫말을 본떠 이 시를 지었다.

늙는 건 괜찮지만

병든 몸으로 해마다 나그네길
늙어 가며 눈서리만 수염에 가득하군.
몸 늙는 거야 아무 상관없다만
눈 아파 책 보기 힘든 게 한스러워라.

病骨連年在客途, 任從霜雪滿髭鬚. 安心不管筋骸老, 只恨看書眼漸枯.

1615년 11월 북경에서 쓴 시이다. 46세 때인 1614년 8월 무렵부터 이듬해 1월까지 황태자 탄생을 축하하기 위한 천추사(千秋使) 정사(正使)로 명나라에 다녀온 뒤 1615년 윤8월부터 동지사(冬至使) 부사(副使)로 거듭 명나라에 갔으니 고된 사행길이었다. 사신으로 중국을 왕래하며 몸이 노쇠해 가는 것쯤은 상관없지만 눈이 점점 나빠져 책 읽기 힘들어지는 것은 한스럽다는 말이 참으로 불세출의 독서가답다.

양명학 책을 읽고

새해 첫날 성학 책[1]을 처음 보고
지난날의 허튼 생각 홀연 녹아 버렸네.
평생 삼천 권을 독파했지만
책벌레로 화(化)함이 마땅하여라.

—

元日初觀聖學書, 向來迷念忽銷除. 平生讀破三千卷, 只合將身作蠹魚.

1_ 성학(聖學) 책: 성인(聖人)의 학문에 관한 책, 곧 유가 경서나 경학 서적을 가리키는데, 여기서는 이 시의 원제목에 드러나 있듯 용우기(龍遇奇)의 『성학계관억설』(聖學啓關臆說)을 말한다. 이 책은 명나라 신종(神宗) 때의 문신이자 양명학인 용우기가 감찰어사(監察御史)로 섬서성(陝西省)에 파견되었을 때 때 유생들과 강학한 말을 엮은 것으로, 「미오」(迷悟)·「농담」(濃淡)·「박복」(剝復)·「궁달」(窮達)·「사생」(死生)·「성범」(聖凡)·「내외안면」(內外安勉)·「문호이동」(門戶異同)의 여덟 장으로 이루어져 있다.

1616년 1월 북경에서 쓴 시이다. 이 시의 원제목은 다음과 같이 매우 길다. 「책 장사 왕 노인이 설날에 책 한 권을 주었는데, 바로 용우기의 『성학계관』(聖學啓關)이었다. 공의 학문적 조예와 실천에 대해서는 알지 못하지만 그 책을 읽고 나서 불현듯 깨달은 바가 있었다. 돌이켜보니 내가 40년 동안 독서한 것이 비록 지극히 넓고 지극히 정밀하다 한들 도(道)에 입문하여 본성을 회복하는 데 관련되는 것이 조금도 없었으니, 내 독서는 입술과 혀를 허비함에 불과했다. 참으로 애석한 일이다. 이에 절구(絶句) 한 편을 지어 예전의 잘못을 참회한다.」

허균은 양명학(陽明學) 관련 책을 읽고 이전의 공부를 부정하고 있다. 허균은 그동안의 자신이 책벌레에 불과했다고 하는데, 이 점 이탁오를 연상케 한다. 이탁오는 유가의 울타리 안에서 주견 없이 허위의식에 빠져 살아온 자신을 두고 "나는 한 마리 개였다"라고 참회한 바 있다.

장본청(章本淸)의 심성설(心性說)을 읽고

석 달 마음 깨끗이 한 일 헛되지 않아
일만 가지 이치가 마음에 들어오네.
'경'(敬)을 주로 하여 깨달음 얻고 하늘과 마주하니
이제 더 무엇을 마음에 둘까.

인간의 본성이 선하다는 옛사람 말씀
지극히 밝은 곳에 공부가 이르니 비로소 알겠네.
마음만 해와 달처럼 환하게 가지면
그 밖의 일이야 무슨 상관 있으랴.

사악한 마음 끊어 재가 되고 나니
고결하고 철저한 깨달음 역시 오묘하네.
힘을 다해 간신히 인욕(人慾) 없애면
도심(道心)을 가질 수 있지 않을까.

부지런히 공부할 테니 나를 비웃지 마오
낮은 데서 출발해야만 높이 오르는 법.

왕양명이 비록 존덕성(尊德性)했으나
평생의 깨달음은 치양지(致良知)였네.

―

心齋三月豈徒哉, 方寸先容萬理來. 主敬功成天對越, 更將何物置靈臺.
人言性善豈吾欺, 學到誠明始得知. 但使本心如日月, 悠悠餘外更何爲.
斷除邪念已成灰, 淨覺圓明亦妙哉. 用力僅消人慾盡, 不知操得道心來.
孜孜問學莫吾嗤, 誰識升高必自卑. 縱使伯安尊德性, 一生唯解致良知.

역시 1616년 1월 북경에서 쓴 시이다. '장본청'(章本淸)은 명나라 신종 때의 양명학자 장황(章潢, 1527~1608)으로, '본청'은 그 자이다. 마테오 리치와 교유하며 서학(西學)을 적극 받아들였고 역학(易學)에도 밝았다. '심성설'(心性說)은 장황이 천문·지리·인문을 망라하여 역대의 도식을 제시하고 이에 대해 풀이한 저서 『도서편』(圖書編) 권75에 실린 「심성도설」(心性圖說) 이하 '심성'(心性)에 관한 내용을 가리키는 것으로 보인다. '존덕성'(尊德性)은 타고난 덕성을 존숭하여 보존한다는 뜻이고, 양명학의 핵심 개념인 '치양지'(致良知)는 양지(생각하지 않아도 알 수 있는, 인간의 타고난 도덕의식)를 실현한다는 뜻이다. 허균이 양명학으로 '사상 전환'을 했음을 천명하고 있는 점에서 주목할 만한 시이다.

꿈이 적어져

가슴속 지극한 이치가 하늘과 통하니
돌아보면 분화(紛華)했던 것 일념(一念)에 공(空)이네.
요사이 꿈에는 노자 뵙지 못하니
앞으론 주공 뵙게 될 걸세.

―

胸中至理與天通, 回首紛華一念空. 近來老子無復夢, 可知從此見周公.

역시 1616년 1월 북경에서 쓴 시이다. 유가의 성인 주공(周公)을 내세워 노장(老莊)에서 양명학으로 돌아서겠다는 다짐을 표현한 이 시 역시 허균 만년의 사상 전환을 뚜렷이 알려 준다.

변혁의 길

통곡의 집

　내 조카 친[1]이 자기 방을 짓고 '통곡헌'이라고 이름을 붙였다. 그러자 사람들이 모두 크게 비웃으며 말했다.

　"세상에 즐거운 일이 얼마나 많은데 하필 '곡'(哭) 자를 넣어 방 이름을 지었소? 더구나 '곡'이라는 건 부모를 여읜 자식이나 남편을 여읜 아내가 하는 것이라 사람들이 곡소리 듣는 것을 몹시 꺼리는 법이잖소. 그렇건만 그대는 유독 사람들이 꺼리는 것을 가져다 굳이 자기 방의 이름으로 삼았으니, 대체 무슨 까닭이오?"

　친은 이렇게 말했다.

　"나는 세상 사람들이 좋아하는 것을 등지고 살고 시속에서 좋아하는 것과는 거꾸로 사는 사람입니다. 세상 사람들이 기쁨을 좋아하므로 나는 슬픔을 좋아하고, 시속에서 희희낙락하면 나는 근심에 빠집니다. 세상 사람들이 좋아하는 부귀영화를 나는 내 몸이 더럽혀지기라도 할 것처럼 내팽개치고, 오직 천하고 곤궁한 것을 소중히 여겨 거기에 처합니다. 하는 일마다 반드시 남들을 거슬러 언제나 세상에서 가장 싫어하는 것을 택합니다. 그중에서도 세상에서 가장 싫어하는 것이 바로 '곡'(哭)이니, 나

---

[1] 친(宷): 허친(許宷, 1583~1625)을 말한다. 허균의 둘째 형인 허봉의 차남으로, 1615년 문과에 급제했다. 훗날 허균의 역모 사건에 연루되어 처벌받았다.

는 이것으로 내 방 이름을 삼았습니다.''

    나는 이 말을 듣고 조카를 비웃던 사람들에게 말했다.

    " '곡'에도 도리가 있습니다. 사람의 칠정2 중에 쉽게 움직여 터져 나오는 것으로 슬픔〔哀〕만 한 것이 없습니다. 슬픔이 지극하면 반드시 곡을 하게 되는 법인데, 슬픔을 일으키는 원인은 여러 갈래입니다. 자기 시대에 합당한 일을 펼칠 수 없는 데 상심해서 통곡한 사람은 가의3 입니다. 새하얀 실이 본바탕을 잃고 다른 색으로 물드는 것이 슬퍼 곡한 사람은 묵적4 입니다. 동서로 나뉜 갈림길이 싫어 곡한 사람은 양주5 입니다. 길이 막혀 곡한 사람은 완적6 입니다. 불우한 운명을 슬퍼하여 스스로 속세 밖으로 떠나 곡하는 데 마음을 붙인 사람은 당구7 입니다. 이분들은 모두 가슴속에 품은 생각이 있어서 곡을 했지, 이별에 상심하거나 억울한 마음을 품고 쩨쩨하게 아녀자들이 곡하는 것을 흉내 내지 않았습니다.

---

2 칠정(七情): 희(喜)·노(怒)·애(哀)·락(樂)·애(愛)·오(惡)·욕(欲).
3 가의(賈誼): 전한(前漢) 문제(文帝) 때의 문신으로, 태부(太傅)를 지냈다. 「과진론」(過秦論) 등의 명문(名文)을 지은 탁월한 인재였으나 요직에 등용되지 못했다. 당대의 정치에서 통곡할 일이 한 가지, 눈물 흘릴 일이 두 가지, 탄식할 일이 여섯 가지라며 개혁 방안을 제시한 바 있다.
4 묵적(墨翟): 전국시대의 사상가. 흰 실을 여러 가지 다른 빛깔로 물들이는 광경을 본 묵적 곧 묵자(墨子)가 같은 근본을 가지고 태어난 사람이 훗날 나쁜 풍습에 물들어 악인이 될 수도 있다는 생각 때문에 슬퍼했다는 고사가 전한다.
5 양주(楊朱): 전국시대의 사상가. 양주가 갈림길 앞에서, 같은 근본을 가지고 태어난 사람이 인생의 갈림길에서 혹은 선한 길로, 혹은 악한 길로 접어들게 된다는 생각에 울었다는 고사가 전한다.
6 완적(阮籍): 위진(魏晉)시대 죽림칠현의 대표자. 보병교위(步兵校尉) 벼슬을 지냈기에 '완보병'(阮步兵)이라고도 부른다. 완적이 마차를 타고 정처 없이 달리다가 산이나 강이 앞을 가로막아 더 이상 나아갈 길이 없으면 대성통곡하고 돌아왔다는 고사가 전한다.
7 당구(唐衢): 당의 시인으로, 곡하기를 잘했던 것으로 유명하다. 글을 읽다가 감동하면 반드시 곡하며 눈물을 쏟았고, 잔치하는 자리에서도 술이 취하면 격앙되어 곡을 했다는 고사가 전한다.

오늘날은 저분들의 시대에 비해 더욱 말세가 되어 나랏일은 날로 잘못되고 선비들의 행실은 날로 구차해져 갑니다. 친구들끼리 등을 돌리는 것이 갈림길의 나뉨보다 심하고, 어진 선비가 곤액을 당하는 것이 단지 길이 막혀 더 이상 나아가지 못하는 정도가 아니어서, 모두들 속세 밖으로 떠나 은둔할 생각만 품고 있습니다. 만일 저 몇 분의 군자가 우리 시대를 본다면 어떤 마음이실지 알 수 없지만, 아마 통곡할 겨를도 없이 모두 팽함과 굴원[8]처럼 바위를 끌어안고 강물에 뛰어들어 모래 속에 파묻히고 말 것입니다.

내 조카가 방의 이름을 '곡'이라 붙인 건 이런 생각에서이니, 여러분은 '곡'이라는 글자를 비웃지 마십시오."

비웃던 자들이 내 말 뜻을 깨닫고 물러갔다.

그리하여 이 내용으로 기문(記文)을 지어 많은 사람의 의혹을 풀어 주고자 한다.

---

[8] 팽함(彭咸)과 굴원(屈原): '팽함'은 은(殷)나라의 충신으로, 임금이 자신의 간언을 받아들이지 않자 물에 빠져 자살했다. '굴원'은 전국시대 초(楚)나라의 충신으로, 참소를 받아 유배되자 멱라수(汨羅水)에 몸을 던져 자살했다.

허균의 조카 허친이 자신의 서재에 '통곡헌'(慟哭軒) 곧 '통곡의 집'이라는 해괴한 이름을 붙였으니 사람들이 의아히 여기는 것도 당연하다. 허친은 단순히 세상 사람들이 좋아하는 가치와 정반대되는 방향에서 '통곡'이라는 이름을 붙였다고 했는데, 허균은 '통곡'에 보다 심오한 의미를 부여해 그 가치를 옹호함과 동시에 황폐한 자기 시대를 신랄하게 비판했다.

호민이 두렵다

천하에 두려워할 만한 존재는 오직 백성뿐이다. 백성은 홍수나 화재, 호랑이나 표범보다 훨씬 두려운 존재인데, 윗자리에 있는 사람들은 오히려 업신여기며 모질게 부리니, 대체 무슨 이유에선가?

이미 이루어진 일이나 함께 즐길 줄 알고, 항상 눈앞에 보이는 것에만 얽매이며, 순순히 법에 따라 윗사람의 부림을 받는 자들은 '항민'(恒民: 늘 그대로인 백성)이다. 항민은 두려워할 바가 못 된다.

모질게 빼앗겨 살이 깎이고 골수가 부서지며, 집의 수입과 땅의 소출을 다 가져다 끝없는 요구에 응하면서 시름하고 한숨 쉬며 윗사람을 탓하는 자들은 '원민'(怨民: 원망을 품은 백성)이다. 원민도 반드시 두려워할 존재는 아니다.

푸줏간 속에 자취를 감추고 몰래 딴마음을 품은 채 세상을 흘겨보고 있다가 행여 무슨 변고라도 일어나면 자신의 바람을 실현하고자 하는 자들은 '호민'(豪民: 호걸스러운 백성)이다. 이 호민은 몹시 두려워해야 할 존재다.

호민이 나라의 빈틈을 엿보며 유리한 형세를 노리다가 밭두령 위에 올라서 팔을 들어 휘두르며 한차례 외치면, 저 '원민'이란 자들이 그 소리를 듣고 모여들어, 함께 일을 꾸민 것도 아니거늘 한목소리로 외친다. 이렇게 되면 저 '항민'이란 자들 역시 살길을 찾아 호미며 곰방메며 창 자루를 들고 이들을 따라가 '무도한 자'를 죽이지 않을 수 없는 것이다.

진(秦)나라가 멸망한 것은 진승과 오광[1] 때문이었고, 한(漢)나라가 어지러워진 것은 황건적[2] 때문이었다. 당(唐)나라가 약해지자 왕선지와 황소[3]가 그 틈을 타고 일어났으니, 마침내 이 때문에 나라가 멸망하고 말았다. 이 일들은 모두 윗사람이 백성을 괴롭혀 자기 배만 채우는 잘못을 범하고 호민이 때마침 그 틈을 탈 수 있었기 때문에 벌어진 것이다.

하늘이 임금을 세운 것은 백성을 잘 살게 하기 위해서지, 한

1_ 진승(陳勝)과 오광(吳廣): 진승은 진나라 이세 황제 때 오광과 함께 어양(漁陽)에서 군인으로 근무하다가 진나라에 반기를 들고 일어나 하남성(河南省) 일대를 장악한 뒤 스스로 초왕(楚王)이라 칭했다. 오광은 진승과 함께 봉기하여 반란군의 2인자 역할을 했으나 진나라 관군과의 전투 중에 부하에게 피살되었다. 진승 역시 얼마 뒤 진나라에 패하여 달아나다 암살당하면서 진승과 오광의 봉기는 실패하고 말았지만, 이 사건은 진나라 멸망의 결정적인 계기가 되었다.

2_ 황건적(黃巾賊): 후한(後漢) 말의 농민 반란군. 노란 두건을 썼기에 '황건적'이라 불렸다. 지도자인 장각(張角)은 도교(道敎)와 민간신앙이 섞인 태평도(太平道)를 내세워 많은 추종자들을 모은 뒤 국정을 어지럽힌 환관들의 처단을 요구하며 반란을 일으켰다. 이들은 오행(五行)의 '토'(土)를 의미하는 노란 두건을 썼는데, '화'(火)에 해당하는 한(漢)나라의 뒤를 이으리라는 믿음 때문이었다. '황건적의 난'은 20년가량이나 지속되었고 한나라는 황건적의 난을 진압하는 과정에서 급속히 몰락해 갔다.

3_ 왕선지(王仙芝)와 황소(黃巢): 왕선지(?~878)는 당나라 말의 인물로 본래는 소금 밀매상이었으나, 기근과 수탈이 심해지자 874년에 반란을 일으켰다. 자신의 근거지인 하남성과 황소의 근거지인 산동성을 중심으로 차츰 세력을 넓혀 가다가 기주(蘄州) 전투에서 관군에 패하여 죽었다. 황소(?~884) 역시 소금 밀매상 출신으로, 왕선지에 호응하여 반란군의 세력 확대에 지대한 역할을 했다. 왕선지가 죽은 뒤 반란군의 우두머리가 되어 더욱 세력 판도를 넓혔고, 마침내 수도 장안(長安)에 입성하여 황제를 칭하기에 이르렀으나, 이극용(李克用)이 이끄는 토벌군에게 패하여 달아나다가 자결하였다. '황소의 난'은 당나라의 멸망을 가져온 결정적인 계기였다.

사람으로 하여금 윗자리에서 오만방자하게 눈을 부릅뜨고 영원히 채워지지 않을 끝없는 욕심을 채우게 하려는 것이 아니었다. 그러니 저들 진·한 이래의 재앙은 당연한 결과지 불행한 일이 아니다.

지금 우리나라는 그렇지 않아서 땅은 좁고 사람은 적으며, 백성은 또 나약하고 쩨쩨해서 기인(奇人)의 절조나 협객(俠客)의 기개가 없다. 그러므로 평상시에 큰 인물이나 빼어난 인재가 나와 세상에 쓰이는 일이 없는 점이 문제지만, 난리를 당해서도 역시 호민이나 사나운 병사들이 난리를 선동하여 반란의 수괴가 되는 일은 없으니 그 점에선 오히려 다행이라면 다행이다.

그러나 지금은 고려 시대와 다르다. 고려에서는 조정에서 백성에게 세금을 거두는 데 제한을 두었고, 산천에서 나오는 이익은 백성과 함께 누렸으며, 상업과 공업을 장려하여 혜택을 주었다. 또 나라의 수입을 헤아려 지출을 함으로써 나라에 비축되는 바가 있었으니, 갑작스런 전쟁이나 국상(國喪)이 있더라도 세금을 더 거두지 않았으며, 심지어 왕조 말기에 이르러서도 여전히 백성의 가난한 살림4_을 걱정해 주었다.

하지만 조선은 그렇지 않다. 얼마 되지도 않는 백성들을 가지고 온갖 제사를 지내고 윗사람 받드는 범절을 중국과 대등하게 하는데, 백성이 5할의 세금을 내면 나라로 들어오는 것은 겨

4_ 백성의 가난한 살림: 원문은 "三空"(삼공)이다. 일하는 농부가 없어 들판이 텅 비고, 신하가 없어 조정이 텅 비고, 재물이 없어 창고가 텅 비었다는 뜻이다.

우 1할이요, 나머지는 그 사이에 있는 간사한 자들에게 다 들어간다. 관아에 비축된 것이 없다 보니 무슨 일만 생기면 1년에 두 번 세금을 거두기도 하고, 각 고을의 수령들은 이 일을 빌미 삼아 백성에게 남은 것을 끝도 없이 탈탈 털어 간다.

그러니 백성의 시름과 원망은 고려 말보다도 심하다. 그럼에도 윗사람은 평안하니 두려워할 줄을 모른다. 우리나라에 호민이 없기 때문이다. 그러나 불행히도 견훤(甄萱)이나 궁예(弓裔) 같은 자가 나와 몽둥이를 힘차게 휘두른다고 하자. 그러면 시름과 원망이 가득한 백성이 그를 추종하지 않으리라고 어찌 보장할 것이며, 황소의 난과 같은 천지의 변5_이 곧바로 닥쳐오지 않으리라 어찌 보장할 수 있겠는가? 인민의 수령 노릇하는 자가 두려워할 만한 형세를 환히 깨달아 전철을 밟지 않을 수 있다면 간신히 재앙을 모면할 수 있을 것이다.

5_ 황소의 난과 같은 천지의 변(變): 원문은 "蘄梁六合之變"(기량육합지변)이다. 기주(蘄州: 호북성湖北省 황강黃岡 일대)와 양주(梁州: 하남성 개봉開封 일대)를 거점으로 하여 중국 전역을 들끓게 했던 '황소의 난'을 가리킨다.

허균의 유명한 「호민론」(豪民論)이다. 임진왜란 전후 하층민에 대한 지배층의 무자비한 수탈을 지적하며 민심 이반과 그로 인해 발생할지 모를 반란에 대한 대비책을 촉구하는 글이다. 『홍길동전』을 허균이 지었다는 증거로 이 글의 '호민'을 거론하는 경우가 흔히 있었는데, 가만히 읽어 보면 허균의 의도가 호민의 출현을 갈망하는 데 있지 않다는 것이 금세 드러난다. 허균은 어디까지나 지배계급의 입장에서 호민, 곧 궁예나 황소 같은 반란의 수괴가 등장하지 않도록 하층민에 대한 가혹한 수탈을 그만두자는 생각을 피력하고 있을 따름이다.

버려진 인재들

국가를 위해 일하는 것은 하늘의 직분을 함께 나누어 맡는 것이어서 인재가 아니면 감당할 수 없다. 하늘이 인재를 내는 것은 본래 한 시대에 쓰이도록 하기 위해서다. 그러니 귀한 신분이라 해서 큰 재주를 내리는 것도 아니요, 천한 신분이라 해서 얕은 재주를 내리는 것도 아니다.

옛 현인들은 이러한 사실을 환히 알고 있었다. 그리하여 인재를 초야에서 구하기도 했고, 병졸들 사이에서 뽑기도 했으며, 싸움에 져서 포로가 된 장수를 발탁하기도 했고, 도적을 등용하거나 창고를 관리하던 선비를 쓰기도 했다.[1] 등용하는 사람은 모두 마땅한 인재를 적재적소에 썼고, 뽑힌 사람은 모두 자신의 재주를 한껏 펼쳐 보였으니, 나라는 복을 받아 다스림이 날로 융성했다. 중국에서는 이 방법을 쓰면서도 그 넓은 천하에 혹시 빠뜨린 인재가 있을까 염려하여 전전긍긍 좌불안석하며 밥상 앞에서도 한숨을 쉬었다. 그럼에도 불구하고 어찌된 일인지 산수에 묻혀 살며 가슴속에 품은 보배를 펼쳐 보이지 못한 사람이 즐비하고, 영웅호걸이 하급 관료로 묻혀 지내다 끝내 자신의 포부를 시험해 보이지 못한 일도 많이 있었다. 참으로 인재를 다 얻기

---

[1] 인재를 초야에서~쓰기도 했다: 상(商)나라 탕왕(湯王)과 고종(高宗)이 각각 초야에서 이윤(伊尹)과 부열(傅說)을 발탁하여 재상으로 삼은 고사, 조조(曹操)가 병졸들 사이에서 우금(于禁)을 뽑아 장수로 삼은 고사, 한나라 무제(武帝)가 한나라에 항복하여 포로가 되었던 흉노의 왕자 김일제(金日磾)를 중용했던 고사, 도둑질을 한 경력이 있는 요가(姚賈)를 진시황이 중용했던 고사, 송나라의 한기(韓琦)가 창고를 지키는 한직에 머물러 있다가 훗날 재상에 오른 고사 등을 염두에 두고 한 말이다.

어렵고 인재를 등용한다 해도 그 재주를 다하게 하기란 어려운 일이다.

우리나라는 땅이 좁아 인재가 드문 것이 예로부터 걱정거리였는데, 우리 조선왕조에 들어와서는 인재 등용의 길이 더욱 좁아졌다. 대대로 높은 벼슬을 해 온 명문가 출신이 아니면 높은 벼슬을 얻을 수 없으니, 강호에 묻힌 선비는 아무리 기이한 재주가 있다 한들 억울하게도 등용되지 못한다. 과거에 합격하지 못하면 높은 지위에 오를 수 없으니, 덕업이 아무리 뛰어나도 끝내 재상의 지위에 오를 수 없다. 하늘은 누구에게나 고르게 재주를 내렸건만 가문과 과거로 제한을 두니 항상 인재가 부족한 것을 병으로 여기는 것도 당연하다.

예로부터 지금까지 그 오랜 시간 동안 이 넓디넓은 천하에서 서얼 출신이라는 이유로 현명한 인재를 버리고 어머니가 개가(改嫁)했다는 이유로 인재를 등용하지 않았다는 말은 들어보지 못했다. 하지만 우리나라는 그렇지 않다. 어머니가 신분이 천하거나 개가했을 경우 그 자손은 모두 벼슬길에 나설 수 없다. 양쪽의 오랑캐[2] 사이에 끼인 작은 나라에서 인재가 모두 우리를 위해 쓰이지 못할까 염려해도 일이 잘 이루어질지 장담할 수 없는 형편이건만 우리나라는 도리어 인재 등용의 길을 막고서 "인재가 없구나, 인재가 없어!"라고 한탄하니, 남쪽의 월나라[3]로

---

[2] 양쪽의 오랑캐: 북쪽의 후금(後金)과 남쪽의 일본을 말한다.
[3] 월(越)나라: 지금의 중국 절강성(浙江省) 일대.

가고자 하면서 수레를 북쪽으로 몰고 가는 꼴이 아닌가! 이웃 나라에서 이런 사정을 알아서는 안 될 일이다.

평범한 남녀가 원한을 품어도 하늘이 감응하는 법이거늘, 하물며 원한을 품은 남녀가 나라의 반을 차지하고 있다면 나라에 조화로운 기운이 가득하기는 어려울 터이다. 옛날의 빼어난 인재는 미천한 신분의 인물 중에서 많이 나왔다. 그 시대에 만일 우리나라의 법을 썼다면 범중엄[4]은 재상으로서의 공적을 세우지 못했을 것이고, 진관과 반양귀[5]는 직언을 잘한 신하가 되지 못했을 것이며, 사마양저[6]나 위청[7] 같은 장군도, 왕부[8] 같은 문인도 끝내 세상에 쓰이지 못했을 것이다.

하늘이 내린 인재를 사람이 버린다면 이는 하늘을 거스르는 일이다. 하늘을 거스르고도 하늘에 기도하여 나라가 영원하게 할 수 있었던 자는 지금껏 존재하지 않았다. 나라를 다스리는 사람이 하늘을 받들어 일을 시행하면 복된 천명을 맞이할 수 있을 것이다.

4_ 범중엄(范仲淹): 북송(北宋)의 문신으로, 시호(諡號)는 문정(文正)이다. 어려서 부친을 여읜 뒤 모친이 개가했다. 훗날 송나라 최고의 재상으로 명성을 떨쳤다.
5_ 진관(陳瓘)과 반양귀(潘良貴): 모두 북송의 문신으로, 좌사간(左司諫)을 지내며 간언을 잘했던 강직한 인물들로 유명하다. 이 두 사람은 아버지는 다르지만 천비(賤婢) 출신의 같은 어머니에게서 태어난 형제이다.
6_ 사마양저(司馬穰苴): 춘추시대 제(齊)나라의 장군으로, 서얼 출신이다.
7_ 위청(衛靑): 한나라 무제(武帝) 때의 장군으로, 과부가 된 어머니가 사통하여 낳은 자식으로 알려져 있다.
8_ 왕부(王符): 『잠부론』(潛夫論)을 저술한 후한(後漢)의 학자로, 서얼 출신이다.

유명한 「유재론」(遺才論)이다. 서얼 차별을 비롯한 조선 시대의 인재 등용 제도를 신랄하게 비판한 글이다. 공정하게 능력을 평가하는 기준을 마련하여 인재를 폭넓게 뽑고, 특히 서얼과 개가한 여인의 자식에게 과거 볼 자격을 주어야 함을 역설하고 있다.

참된 학문, 참된 선비

　옛 학자들은 제 한 몸만 착하게 하면 그만이라고 생각하지 않았다. 그들은 이치를 궁구하여 천하의 변화에 응하고 도를 밝혀 후학들의 학문을 열어 줌으로써, 후세의 모든 이로 하여금 유학의 존귀함을 환히 깨닫게 하고, 학문의 맥이 자신에게 힘입어 끊어지지 않도록 하고자 했다. 이것을 유학자의 급선무로 삼았으니, 그 마음이 참으로 공명정대하지 않은가!

　근래의 이른바 '학자'들은 우리 학문의 존귀함을 알리고자 하지도 않고 제 한 몸 착하게 하고자 하지도 않는다. 이들은 그저 입으로 말하고 귀로 들은 것들을 주워 모으고 겉으로만 번지르르하게 말과 행동을 꾸민 데 지나지 않으면서, 스스로 "나는 도를 밝힌다"느니 "나는 이치를 궁구한다"느니 말하며 한 시절의 눈과 귀를 현혹시키고 있다. 그러나 그 귀결점을 추적해 보면 분수에 맞지 않게 높은 명성을 얻으려는 것일 뿐이요, 본성을 드높이고 도를 전수하는 실상을 보면 눈을 뻔히 뜨고도 엿본 것이 아무것도 없는 꼴이니, 그 마음이 사사롭기 때문이다. 그렇다면 문제는 공(公)과 사(私)의 분별, 진실과 거짓의 분별이다.

　어찌 된 일인지 최근 수십 년 동안 사람들은 언필칭 "아무개는 학자지요", "아무개는 참된 선비입니다"라고 말하며 망령되이 서로 추어올리고 자랑하기에 여념이 없다. 그러나 그 또한 미혹된 짓이다.

내가 보기에 이른바 '참된 선비'란 세상에 등용되면 요순(堯舜)의 다스림이나 우왕(禹王)·탕왕(湯王)·문왕(文王)·무왕(武王)의 공적과 같은 것을 세상에 펼쳐 보이는 이들이요, 등용되지 못하면 공자(孔子)·맹자(孟子)의 가르침이나 주돈이·정호·정이·장재·주희[1]의 학설 같은 것을 저술하는 이들이다. 천세(千世)가 지나고 만세(萬世)가 지나도 사람들은 참된 선비들에 대해 이의가 없으니, 그 이유는 바로 그들의 마음이 공명정대하기 때문이다.

오늘날의 거짓된 자들은 부질없이 근거 없는 말을 하면서 걸핏하면 이윤과 부열[2]과 주공[3]과 공자의 공적을 자신도 이룰 수 있다고 한다. 그러나 벼슬을 받고 보면 무슨 일을 어찌해야 할지 몰라 허둥대다가 실패해서 수습하지 못하니, 당대 사람들은 그들을 비웃고 후세 사람들은 그 잘못을 비판한다. 조금 영리한 자들은 결과가 이럴 줄 예상하고는 자기 명성이 무너질까 두려워 나라에서 벼슬을 내려도 나가지 않고 자신의 졸렬함을 감춘다. 그 이유는 다른 데 있는 게 아니라 그들의 마음이 사사롭기 때문이다.

아아! 거짓이 진실을 어지럽히는 일이 이처럼 극단적인 지

1_ 주돈이(周敦頤)·정호(程顥)·정이(程頤)·장재(張載)·주희(朱熹): 모두 송나라의 대표적인 성리학자이다.

2_ 이윤(伊尹)과 부열(傅說): 각각 상(商)나라 탕왕(湯王)과 고종(高宗)을 도와 어진 정치를 펼친 재상이다.

3_ 주공(周公): 주(周)나라의 재상. 문왕(文王)의 아들이자 무왕(武王)의 아우로, 주나라의 문물제도를 마련했다.

경에 이르렀으니, 마침내 임금은 도학을 싫어하며 쓸모없는 것이라 여기게 되었다. 이는 거짓되고 사사로운 마음을 품은 자들의 죄이지 어찌 참된 선비가 그렇게 만들었겠는가!

우리나라의 이른바 '도학 선비'라는 이들은 재앙을 당하기도 했고 끝내 포부를 다 펼치지 못하기도 했다. 그런데 만일 세상에서 그들의 도를 취하여 시행했다면 과연 그들의 공적이 옛 사람과 어깨를 나란히 해서 이 세상을 요순시대로 만들 수 있었을까?

국론이 둘로 나뉘고부터는 사사로운 주장이 더욱 기세를 떨쳐서 한쪽 의견으로 다른 한쪽을 헐뜯기도 하고, 한쪽을 높이면서 다른 한쪽을 배척하기도 하며 어지럽게 갈라져 시비를 가리지 못했다. 이는 모두 사사로운 마음으로 보고 들었기 때문에 그러했던 것이니 어느 한쪽을 탓하겠는가!

일전에 이른바 '다섯 현인'4 을 문묘(文廟)에 배향(配享)할 때 "다섯 사람 외에는 배향할 수 없다"라고 주장한 이가 있었는데, 참으로 가소로운 일이다. 현인에 어찌 정해진 수가 있어서 반드시 다섯 사람이어야 한다는 것인가? 만약 그렇다면 훗날 공자나 안회 같은 학자가 나오더라도 문묘에 배향할 수 없다는 말인가? 공자나 안회 같은 분이 또 태어날지는 미리 알 수 없는 노릇 아닌가. 또 야은(冶隱) 길재(吉再)의 충심은 우탁(禹倬)과 정

4_ 다섯 현인(賢人): 사림파의 '5현'(五賢)으로 일컬어지던 김굉필(金宏弼)·정여창(鄭汝昌)·조광조(趙光祖)·이언적(李彦迪)·이황(李滉)을 말한다.

몽주(鄭夢周)의 학통을 직접 전해 받은 것이고, 화담(花潭) 서경덕(徐敬德)은 초탈한 경지를 스스로 터득했으며, 율곡(栗谷) 이이(李珥)는 학문의 근원을 환히 밝혔거늘, 어찌 취할 만한 훌륭한 점이 없겠는가? 그러나 이 분들에 대해서는 의논도 제대로 하지 않고, 더러는 헐뜯는 자도 있으니, 이 또한 사사로움의 폐해이다. 만약 한훤(寒暄) 김굉필(金宏弼)과 일두(一蠹) 정여창(鄭汝昌)이 불행히도 백 년 뒤에 태어났다면 헐뜯음의 대상이 되지 않으리라 어찌 보장할 수 있겠는가? 또 율곡이 다행히도 백 년 전에 태어났더라면 존숭의 대상이 되지 않았으리라 어찌 장담할 수 있겠는가? 이는 공명정대하지 못한 마음에서 연유한 일이요, 자기와 먼 옛날은 귀하게 여기고 가까운 시대는 천하게 여기는 풍조에서 비롯된 일이다.

임금이 공과 사의 분별을 분명히 한다면 참과 거짓을 알아내기는 어렵지 않다. 공과 사, 참과 거짓을 분별하면 이치를 궁구하고 도를 밝히는 이들이 세상에 나와 자신의 학문을 펼칠 것이요, 겉만 그럴듯하게 꾸미는 자들은 감히 자신의 계획을 실현하지 못하고 모두 깨끗이 거짓을 버릴 것이며, 이에 따라 나라의 큰 시비 또한 가려질 것이다. 그렇다면 그 관건은 어디에 있는가? 임금 한 사람에게 있으며, 또한 "자기 마음을 바로잡는다"라는 말에 있을 따름이다.

사사로운 마음을 버리고 공명정대한 마음을 가져야 올바른 학자, 참된 선비가 될 수 있다는 글이다. 모든 책임을 임금 한 사람에게 귀결시킨 점이 다소 아쉽지만, 걸핏하면 왕도정치를 표방함에도 불구하고 실상은 당파심에 사로잡힌 데다 무능하기 짝이 없는 관료·유학자 들에 대한 공박이 매섭다.

관서와 관리를 줄이자

삼대[1] 이후 관직을 지나치게 늘리고 관리를 많이 두기로는 당나라가 제일이다. 관직이 너무 많으면 권한이 분산되고 지위가 존중받지 못하며, 관리가 많으면 녹봉이 많이 들고 일이 이루어지지 않으니, 이렇게 한다면 나라가 잘 다스려질 리 만무하다. 당나라가 기세를 떨치지 못한 것은 오직 이 때문이다.

우리나라의 관료 제도는 당나라를 본받되 관직은 더욱 많고 번거롭다. 중국처럼 큰 나라도 권한이 분산되고 녹봉이 많이 드는 걱정이 있는데, 하물며 작은 우리나라야 더 말할 나위가 있겠는가.

오래전의 일은 들지 못하고 명나라의 제도에 근거를 두어 말해 보고자 한다. 명나라의 두 서울[2]에 설치한 5부[3]는 군정(軍政)을 관장하고, 6부[4]는 각각의 업무를 담당하며, 종인부[5]·도찰원[6]·대리시[7]·통정사[8]·태상시[9]·태복시[10]·광록시[11]·홍려

1_ 삼대(三代): 중국 고대의 하(夏)·상(商)·주(周) 세 왕조.
2_ 두 서울: 북경(北京)과 남경(南京). 명나라는 북경과 남경에 따로 동일한 정부 조직을 두었다.
3_ 5부(五府): 명나라 최고 군사기구인 5군도독부(五軍都督府)를 말한다. '5군'이란 중군(中軍)·좌군(左軍)·우군(右軍)·전군(前軍)·후군(後軍)을 아울러 이르는 말이다.
4_ 6부(六部): 이부(吏部)·호부(戶部)·예부(禮部)·병부(兵部)·형부(刑部)·공부(工部).
5_ 종인부(宗人府): 황실 친인척에 관한 일을 담당하는 관서.
6_ 도찰원(都察院): 관리의 감찰을 담당하는 관서.
7_ 대리시(大理寺): 형법을 담당하는 관서.
8_ 통정사(通政司): 황명의 출납과 상소문의 처리를 담당하는 관서.
9_ 태상시(太常寺): 종묘 의례를 담당하는 관서.
10_ 태복시(太僕寺): 황제의 수레와 말을 관리하는 관서.
11_ 광록시(光祿寺): 궁중의 음식을 담당하는 관서.

시[12] 등을 책임지는 대신들과 국자감[13]·첨사부[14]·한림원[15]·6과[16]·상보사[17]·중서[18] 등의 관료가 업무를 나누어 맡았다. 금의위(錦衣衛)는 궁궐 호위와 순찰을 담당했고, 흠천감[19]·태의원[20]·상림원감[21]·5성병마지휘사[22]는 예부(禮部)와 병부(兵部)에 예속시켰다. 관서가 이 정도이니 관리 또한 많지 않지만 중국 전체의 일을 족히 처리하였다.

　우리나라는 그렇지 않아서 의정부(議政府)와 6조(六曹)와 3사[23]에 딸린 관원을 제외하고도 관서와 관리의 수가 지나치게 많고 번다해 이루 다 말할 수 없다. 왕실 친인척을 관리하는 관서는 종인부(宗人府) 하나면 족하거늘 종친부·의빈부·종부시[24]를 두었고, 재무를 담당하는 관서는 호조(戶曹) 하나로 충분하거늘 제용감·상의원·사섬시[25]를 또 설치하였으며, 궁궐의 음

12_ 홍려시(鴻臚寺): 궁중의 의전과 외교 접대를 담당하는 관서.
13_ 국자감(國子監): 중앙의 국립대학.
14_ 첨사부(詹事府): 황후의 가족과 태자궁(太子宮) 관련 업무를 담당하는 관서.
15_ 한림원(翰林院): 학술과 문학을 관장하여 국왕의 자문에 응하고 국왕의 주요 문서를 작성하는 일을 맡은 관서.
16_ 6과(六科): 이·호·예·병·형·공의 6과로 나누어 상소문 처리를 보조하고 6부의 업무를 감찰하는 일을 맡은 6과급사중(六科給事中)을 말한다.
17_ 상보사(尙寶司): 옥새, 궁중의 인장, 각종 부패(符牌)를 관리하는 관서.
18_ 중서(中書): 칙서(勅書)를 만들고 궁중의 서적 관련 업무를 맡은 중서사인(中書舍人)을 말한다.
19_ 흠천감(欽天監): 천문과 역법(曆法)을 담당하는 관서.
20_ 태의원(太醫院): 의약을 담당하는 관서.
21_ 상림원감(上林苑監): 북경 주변 동산을 관리하며 농업·임업·축산업 관련 일을 맡은 관서.
22_ 5성병마지휘사(五城兵馬指揮司): 북경 일대의 수비와 치안을 맡은 군사 기구.
23_ 3사(三司): 사헌부·사간원·홍문관.
24_ 종친부(宗親府)·의빈부(儀賓府)·종부시(宗簿寺): '종친부'는 왕실 종친 관련 업무를 처리하는 관서이고, '의빈부'는 부마(駙馬)에 관한 일을 관장하는 관서이며, '종부시'는 왕실의 족보인 『선원보첩』(璿源譜牒)을 편찬하고 종친의 잘못을 규탄하는 임무를 맡은 관서이다.

식을 관장하는 관서는 광록시(光祿寺) 하나면 충분하거늘 내자시·내섬시·예빈시·사도시·사재감·사온서[26] 등으로 업무를 나누었다.

　　형조(刑曹)가 있으면 장례원[27]을 두어 업무를 나눌 필요가 없고, 군자감[28]이 있으면 풍저창과 광흥창[29]을 두어 업무를 나눌 필요가 없다. 종묘의 음악은 제사를 위한 것이거늘 태상시(太常寺)는 버려두고 따로 장악원[30]을 세웠고, 제사에 소를 제물로 바치는 한 가지 일 때문에 전생서와 사축서[31] 두 관서를 두었다. 심지어는 청소하고 천막을 설치하는 일을 담당하는 관서마저 둘[32]로 나누고, 의약(醫藥)을 관장하는 관서는 셋[33]으로 나누기에 이르렀다. 그 밖에 뒤섞이고 중복된 관서들 역시 일일이 열거하

[25] 제용감(濟用監)·상의원(尙衣院)·사섬시(司贍寺): '제용감'은 왕실에 필요한 의복과 식품 등을 관장하는 관서이고, '상의원'은 임금의 의복과 대궐 안의 재물 관리를 담당하는 관서이며, '사섬시'는 저화(楮貨)의 주조 및 외거노비의 세금 징수를 관장하던 관서이다.

[26] 내자시~사온서: '내자시'(內資寺)는 왕실에서 쓰이는 각종 음식과 잔치 물품을 관장하는 관서이고, '내섬시'(內贍寺)는 궁궐에 올리는 음식, 2품 이상 관리에게 주는 술, 일본인과 여진인에게 주는 음식을 관장하는 관서이며, '예빈시'(禮賓寺)는 궁중의 잔치와 종실 및 재신(宰臣)에게 주는 음식을 관리하는 관서이고, '사도시'(司䆃寺)는 궁중의 쌀과 장(醬)을 관장하는 관서이며, '사재감'(司宰監)은 해산물·육류·소금·땔감 등을 담당하는 관서이고, '사온서'(司醞署)는 궁중에서 쓰는 술을 관리하는 관서이다.

[27] 장례원(掌隸院): 노비 문서의 관리 및 노비 소송을 관장하는 관서.

[28] 군자감(軍資監): 군수품을 관장하는 관서.

[29] 풍저창과 광흥창: '풍저창'(豐儲倉)은 호조의 감독 아래 쌀·콩·종이 등 전국 각지로부터 받아들인 물품을 관장하는 관서이고, '광흥창'(廣興倉)은 관료의 녹봉을 관장하는 관서이다.

[30] 장악원(掌樂院): 궁중에서 연주되는 음악에 관한 일을 담당하는 관서.

[31] 전생서와 사축서: '전생서'(典牲署)는 궁중의 제사와 기타 의례에 쓸 가축을 기르는 일을 맡은 관서이고, '사축서'(司畜署)는 가축 기르는 일을 관장하는 관서이다.

[32] 둘: 전연사(典涓司)와 전설사(典設司)를 말한다. '전연사'는 궁궐의 청소와 수리를 관장했고, '전설사'는 의례에 쓰이는 천막을 공급·설치하고 청소하는 일을 관장했다.

[33] 셋: 내의원(內醫院)·전의감(典醫監)·혜민서(惠民署)를 말한다. '내의원'은 왕의 의약을 담당했고, '전의감'은 궁중의 의약을 담당했으며, '혜민서'는 일반 의료와 서민 치료를 담당했다.

기 어렵거니와, 한 관서의 관리는 한 자리에 두 사람씩 갖추되 총 인원이 많으면 열서넛이요 적어도 예닐곱 아래로는 내려가지 않는다.

각 관서들은 저마다 제 의견을 고집하니, 이를테면 내섬시는 내자시를 이기려 애쓰고, 예빈시는 사재감의 일에 참견하려 하는 식이다. 앞다투어 꾀를 자랑하며 너도나도 전교(傳敎)를 받아 내, 이들 관서의 업무와 관련된 조(曹)에서는 어떻게 시행해야 할지 갈팡질팡하므로 이루어지는 일이 없다.

관서의 담당자도 일일이 가려 뽑지 못해 용렬하고 재주 없는 자를 구차하게 채워 놓은 경우가 많다. 이런 자들은 일의 성취를 아전에게 의지할 뿐이어서 갑자기 담당 업무에 대해 물으면 대답을 못하고 멍하니 있다. 이 때문에 그 지위가 존중받지 못하는 것이다.

나라의 일은 날로 어지러워지고, 기강은 날로 땅에 떨어져 간다. 그리하여 권한은 분산되어 통일되지 못하고, 녹봉이 많이 필요해 제대로 지급하기 어렵다. 날로 병들어 쇠락을 향해 치닫게 된 주된 원인은 바로 관직을 지나치게 늘린 데 있다.

지난번 논의가 있어 쓸데없는 관직을 없애고자 했지만 여러 차례 없애도 그때마다 다시 복구되어 끝내 뜻을 이룰 수 없었다. 이는 쓸데없는 관직이 있는 것만 보고 관서가 많은 것이 더욱 커다란 병폐임은 알지 못했기 때문이다. 관서를 통합하면 쓸데없는 관직은 저절로 줄어든다.

　우리나라는 중국에 비하면 하나의 제후국 규모에 불과하다. 중국의 호남성(湖南省)이나 광동성(廣東省) 같은 하나의 성(省)에는 녹봉을 받는 사람이 칠백여 명인데, 우리나라는 관리가 지나치게 많아 수천 명에 이르고, 관서는 중국의 다섯 배나 되니, 권한이 분산되고 녹봉이 많이 드는 것도 괴이한 일이 아니다.

　나라를 다스리는 자가 당나라의 예에서 경각심을 갖고 명나라의 예에서 본받을 점을 취한다면 문제가 거의 해결될 것이다.

중국에 비해서도 번다한 관직, 나라 규모에 비추어 지나치게 많은 관원 수, 관서 간의 알력, 부적절한 인사 행정 등 조선의 관료 제도 전반을 구체적으로 비판한 글이다. 중복되는 관서를 통합하고 업무 분장을 정확히 하며 권한 체계를 단일화하고 유능한 관리를 알맞은 자리에 기용해야 한다는 명쾌한 주장이 오늘날에도 설득력 있게 들린다.

소인과 패거리

지금 우리나라에는 소인(小人)도 없고 군자(君子)도 없다. 소인이 없다면 나라의 행운이라 하겠지만 군자가 없다면 어찌 나라를 다스릴까? 그런데 그게 아니다. 결코 그런 문제가 아니다. 군자가 없으므로 소인도 없는 것이다. 만약 나라에 군자가 있다면 소인이 감히 자기 정체를 숨기지 못할 것이다.

군자와 소인은 음(陰)과 양(陽), 낮과 밤 같은 관계다. 음이 있으면 반드시 양이 있고 낮이 있으면 반드시 밤이 있듯이, 군자가 있으면 반드시 소인이 있다. 요순시절에도 그러했으니 하물며 그 뒷시대야 더 말할 나위가 있겠는가.

군자는 바르고 소인은 사특하다. 군자는 옳고 소인은 그르다. 군자는 공명정대하고 소인은 사사롭다. 윗사람이 바름과 사특함, 옳고 그름, 공명정대함과 사사로움을 분별하여 살피면 저 소인이란 자들이 어찌 감히 제 마음을 숨길 수 있겠는가!

지금 이른바 군자와 소인은 서로 멀리 떨어진 존재가 아니다. 자기와 같으면 모두 군자이고, 자기와 다르면 모두 소인이다. 자기와 다르면 배척하여 사특하다 여기고, 자기와 같으면 추어올려 바르다고 여긴다. 옳은 자는 옳기 때문에 옳고, 그른 자는 그르기 때문에 그르다고 한다. 이는 모두 공명정대함이 사사로움을 이기지 못하기에 벌어지는 일이다.

만약 학문과 행실과 재주와 식견을 갖춘 군자로서 한 시대의 모범이 되는 이가 높은 지위에 올라 문무백관을 격려하는 한편 모든 고위 관료들로 하여금 공명정대함을 지키고 행할 줄 알며 시비를 분명히 가릴 수 있게 한다면, 한 시대의 음흉한 패거리가 면모를 바꾸고자 급급할 것이니, 어찌 감히 요즘처럼 사분오열 제멋대로 날뛸 수 있겠는가? 그렇다면 음흉한 패거리들의 해로움은 소인이 국정을 전횡하는 것보다 분명히 심하다 하겠다.

나라에서 소인을 미워하는 것은 소인이 나라를 병들게 하고 백성을 해치기 때문이다. 그런데 지금 우리나라는 간사한 권력자가 정권을 잡고 있지도 않은데 나라를 해치고 백성을 병들게 하는 것이 이처럼 극심한 지경에 이르렀다. 그 이유는 사사로운 마음이 크게 퍼지고 권력이 한곳에서 나오지 않으며 기강(紀綱)이 이미 무너져 다시는 일으킬 수 없기 때문이다.

'간사한 권력자'라고 할 만한 이들이 있기는 했다. 김안로[1]가 권력을 농단한 적이 있고, 윤원형[2]이 전횡을 부린 적이 있으며, 근래에는 유영경[3] 역시 권력을 오로지하고자 했는데, 이들은 자기 이익만 찾으며 자신과 생각이 다른 이는 배척했다는 공통점이 있다. 그럼에도 불구하고 나라의 기강은 여전했는데, 이

---

[1] 김안로(金安老): 1481~1537. 중종 때의 문신. 문과에 장원급제하여 이조판서·좌의정을 지냈다. 아들 김희(金禧)가 중종의 부마(駙馬)가 된 뒤, 권력을 농단하며 세자(훗날의 인종)를 보호한다는 명목으로 여러 차례 옥사(獄事)를 일으켜 정적을 제거했다. 1537년 문정왕후(文定王后)의 폐위를 기도하다가 발각되어 사형당했다.

[2] 윤원형(尹元衡): ?~1565. 중종~명종 때의 문신. 중종의 계비(繼妃)인 문정왕후의 동생으로, 명종이 즉위하여 문정왕후의 수렴청정이 시작되자 이조판서·영의정을 지내는 등 20년 동안 절대 권력을 누렸다. 1565년 문정왕후가 죽자 권력을 잃고 관직을 삭탈당했다.

는 다름 아니라 권력이 한곳에서 나왔기에 권력을 전횡하던 자가 축출되면 다시 예전 모습을 회복할 수 있었기 때문이다.

지금은 그렇지 않아서 권력이 여러 곳에서 나오고 있는 데다 저마다 자기 이익만 찾으면서 자신과 생각이 다른 이를 배척하는 일을 옳게 여긴다. 이런 자들을 축출하고자 해도 이루 다 축출할 수 없으니 결국 나라의 기강을 수습할 도리가 없어졌다.

아아! 어떻게 하면 소인으로 하여금 권력을 오로지하게 했다가 그들이 세력을 펼쳤을 때 공격해 제거할 수 있을까? 또 어떻게 하면 군자로 하여금 조정에 나와 교화를 펼치게 하여 저 음흉한 패거리들을 흩어 버릴 수 있을까? 이 때문에 앞서 내가 "지금 우리나라에는 소인도 없고 군자도 없다"라고 했던 것이다.

한 가지 더 말해 보자. 옛날의 이른바 소인이라는 자들은 언변을 뒷받침할 만한 학식이 있었고, 세상을 속이기에 족한 행실이 있었으며, 임기응변할 수 있는 재주가 있었다. 그 때문에 권세를 누리는 동안 사람들은 그 속마음을 헤아리지 못했고, 그리하여 하고 싶은 일을 마음대로 할 수 있었다. 그들이 군자와 다른 점은 오직 공(公)과 사(私) 사이의 털끝 하나만큼의 차이일 뿐이었건만, 그로 인한 재앙은 참혹하였다. 하물며 재주도 행실도 학식도 없으면서 오직 좋은 벼슬만 탐하여 요직에 있는 이들을 쫓아다니며 구차스런 행태를 보이는 자들이 조정에 가득하다

3_ 유영경(柳永慶): 1550~1608. 선조~광해군 때의 문신으로, 이조판서·영의정을 지냈다. 소북(小北)의 영수로서 대북(大北)의 기자헌(奇自獻)·정인홍(鄭仁弘) 등과 갈등을 빚었고, 영창대군(永昌大君)을 지지하다가 광해군 즉위 후 이이첨 등의 탄핵을 받아 사형당했다.

면 그 재앙이 끝내 어떤 지경에 이를까? 이 때문에 앞서 내가 "음흉한 패거리들의 해로움은 소인이 국정을 전횡하는 것보다 분명히 심하다"라고 했던 것이다.

허균은 재주도 없고 좋은 행실도 없으면서 오직 높은 자리만 탐하여 권세가를 쫓아다니는 자들이 소인보다 해롭다고 했다. 소인이라 꼬집어 말하기도 어렵지만 군자와는 더더욱 거리가 먼 자들이, 힘 있는 패거리에 들어가 뿌리를 깊이 내리고 속마음을 감춘 채 은밀히 자기 이익을 챙긴다. 그 진면목을 파악하기 어려우니 단번에 이들을 내칠 방법이 없다. 개혁의 어려움이 여기에도 있다.

군대에 대하여

세상에 군대 없는 나라가 있을까? 없을 것이다. 나라에 군대가 없다면 흉포한 무리를 어찌 막아낼 것인가. 흉포한 무리를 막을 장치가 없다면 나라가 어찌 제 힘으로 서고, 임금이 어찌 존귀함을 유지하며, 백성이 어찌 하루라도 편안히 잠을 이룰 수 있겠는가.

그런데 세상에 군대 없는 나라가 있다. 군대 없이도 수십 년 동안이나 나라를 유지한 예는 고금에 없건만, 바로 우리나라가 그 유일한 예다.

그렇다면 흉포한 무리를 막을 아무런 장치도 없으면서 제후국 규모의 나라를 유지했으니 어떤 비결이 있지 않았을까? 비결은 전혀 없다. 우연히 그렇게 되었을 뿐이다. 왜 우연이라고 하는가? 왜(倭: 일본)가 물러간 뒤 다시 쳐들어오지 않은 것도 우연이고, 누르하치[1]가 쳐들어오지 않은 것도 우연이며, 북방의 오랑캐가 북쪽 변경을 어지럽히지 않은 것도 우연이기 때문이다. 그리하여 우리는 아무런 근심 없이 희희낙락 세월을 보내 온 것이다.

군대가 없다는 것은 정말 우리나라에 군대가 없다는 의미가

1_ 누르하치: 1559~1626. 청나라 태조(太祖). 임진왜란을 전후하여 만주에 대한 명나라의 통제력이 약해진 틈을 타서 여진(女眞)의 여러 부족을 통일한 뒤 1616년에 국호를 후금(後金)이라 하고 심양(瀋陽)을 수도로 삼았다. 후금은 1636년에 국호를 청(淸)으로 고쳤다.

아니라 군사가 적고 쓸 수 없다는 말이다. 군사가 적다는 것은 군정(軍政)이 다스려지지 않았다는 말이고, 쓸 수 없다는 말은 군사를 거느릴 만한 사람이 없다는 말이다. 만일 군정을 엄하게 하고 군대를 통솔할 신하를 뽑은 다음 윗사람이 신임하여 전권을 맡긴다면 잘 훈련된 십만의 정예부대가 남으로 북으로 펄펄 뛰어다니며 병력의 위용을 펼쳐 보일 것이다. 이렇게 하지 않고 피하거나 물러날 계책만 있는 것은 왜일까?

고려 시대에는 군정이 매우 엄해서 조정의 신하들 중 붉은 관복을 입은 고위 관료 외의 모든 이를 친군(親軍: 친위대)에 소속시켰고, 재상의 아들은 으레 군직(軍職)에 임명했으며, 국립학교의 유생(儒生)들도 종군할 수 있게 하고, 군역을 져야 할 장정이라면 공노비와 사노비를 막론하고 모두 군적(軍籍)에 이름을 올리게 했다. 장수들은 중서문하성과 중추원[2]의 대신 이하가 저마다 통솔했고, 그 아래의 각급 장교들은 모두 직접 이끄는 병사가 있었다. 평소에 먹을 것과 입을 것을 후하게 주며 병사들을 훈련시키니 유사시에는 장수와 병사가 이미 숙달되어 마치 팔이 손가락을 부리는 것 같았다. 그리하여 백만의 군대도 하루아침에 마련할 수 있었으니, 소손녕[3]처럼 순한 자든, 금산과 금시[4]처럼 궁한 자든, 살리타[5]처럼 사나운 자든, 모거경과 사유와 관선생[6]처럼 많은 군사를 거느린 자든 모두 격퇴할 수 있었다.

---

2 중서문하성(中書門下省)과 중추원(中樞院): 각각 고려 시대 최고의 정치기구 및 군사기구.

3 소손녕(蕭遜寧): 요(遼)나라 장수로, 993년(고려 성종 12) 군대를 이끌고 고려를 침공했다가 서희(徐熙)와 담판하여 강화(講和)한 뒤 철군했다.

4 금산(金山)과 금시(金始): 거란의 왕자로, 몽골에 패하여 근거지를 잃자 1216년(고려 고종 3)과 이듬해 두 차례에 걸쳐 압록강을 건너 고려를 침공했으나 격퇴당했다.

5 살리타(撒禮塔): ?~1232. 몽골의 장수로, 몽골 사신이 고려에서 살해당했다며 1231년 고려를 침공했다가 강화하고 돌아갔다. 이듬해 고려가 몽골에 맞서 싸울 뜻을 보이자 재차 침공했다가 죽임을 당했다.

지금 우리나라 땅은 고려 때에 비해 줄어들지 않았고 인구도 줄지 않았거늘, 겁을 먹고 벌벌 떨며 매번 군대 없는 것을 두려워하니 참으로 이해할 수 없다. 지금의 군대에는 조정의 신하 및 재상의 아들, 국립학교의 유생들을 소속시키지 않는다. 뿐만 아니라 관청의 하인과 천민들은 모두 군적에서 이름을 빼기 위해 꾀를 부리고, 군대의 관리들은 군사들을 쥐어짜 제 욕심을 채우니 병사들의 골수까지 벌써 다 사라졌다. 평상시에 후한 대우를 해 주어도 변란이 닥쳤을 때 목숨을 걸라고 하면 혹 살기 위해 물러서고 달아나는 자가 있는 법인데, 하물며 모질게 부리며 사지로 몰아 간다면 그들이 흩어질 것은 너무도 당연하지 않겠는가!

장수를 선발할 때에는 반드시 백성을 잘 다스리는 자를 써야 한다. 백성을 다스리는 방법과 군대를 다스리는 방법은 물론 다르다. 그러나 백성을 다스리지 못하면서 임금의 측근 섬기는 일만 잘하는 자가 무슨 일을 할 수 있겠는가? 그러므로 이런 자들은 일단 장수가 되면 멍하니 손과 발을 어디에 두어야 할지도 몰라 허둥대다가 적이 멀리 보이기도 전에 미리부터 무너져 달아난다. 아아! 이런 장수들로 이런 군대를 거느리고 있으니, 군대가 없다고 해야 옳다. 나라가 나라 꼴을 이루고 있는 것이 정말 우연일 뿐이다.

6_ 모거경(毛居敬)과 사유(沙劉)와 관선생(關先生): 모두 홍건적(紅巾賊)의 장수이다. 모거경은 1359년(공민왕 8) 홍건적 4만 군사를 이끌고 압록강을 건너 평안도 일대를 유린했으나 곧이어 고려군에 패하여 쫓겨났다. 사유와 관선생은 1361년 고려를 재차 침입하여 개경(開京)을 함락시켰으나, 곧이어 최영(崔瑩)과 이성계(李成桂) 등의 활약으로 섬멸당했다.

그렇다면 이 폐단을 어떻게 고쳐야 할 것인가? 고려의 제도라면 병사를 강하게 할 수 있고, 훌륭한 장수를 고를 수 있으며, 나라가 나라 꼴을 이룰 수 있다. 그렇지만 많은 무리를 거느리고 밖에 오래 머문 장수 중 남의 비방을 입어 임금의 의심을 받지 않는 이가 드물다. 군사를 강하게 훈련시키며 물자를 비축하고 호령을 엄하게 하며 윗사람과 아랫사람의 사이를 친밀하게 해서 적국이 두려워하는 장수라 할지라도 한번 임금에게 의심의 실마리를 잡히고 나면 발걸음을 돌리기도 전에 신세를 망칠 것이요 그에 따라 나라도 위태로운 지경에 빠질 것이다. 이렇게 본다면 군대를 다스리고 장수를 제어하여 나라를 강하게 할 수 있는 사람은 오직 임금뿐이다.

강한 군대를 만들기 위해 고려 시대의 군사 제도를 배우자는 생각이다. 조정의 젊은 신하들을 모두 친위대에 소속시키고, 고위 관료의 아들을 무관에 임용하며, 유생과 노비를 비롯해 병역 대상자라면 누구나 고르게 병역의 의무를 지우자는 것이 그 골자다. 물론 당대 조선의 지배층이 받아들일 리 만무한 일이었다.

서쪽 오랑캐를 방비하라

아아! 우리나라는 산과 바다 사이 외진 곳에 있고 땅이 비좁은데, 동남쪽으로는 왜놈과 이웃하고, 북쪽으로는 말갈1과 국경을 접하고 있으며, 서쪽으로는 삼위 여진2이 강 너머에 다가서 있다. 그렇거늘 두렵게도 무기는 낡고 병사들은 지쳐 있으며 성곽은 제대로 정비되지 않았으니, 국경을 수비하고자 하는 자라면 힘이 부족함을 느낄 때가 많다.

북방은 우리나라의 왕업을 일으킨 곳이어서3 개국 이래로 국경을 삼가 굳건히 하여 성곽과 해자4를 수리했으며 팔도의 재물을 모아 공급하고 정예 병사와 준마를 뽑아 지켰기에 위급한 일이 있어도 쉽게 방어할 수 있었다. 북쪽 오랑캐들은 저마다 본거지가 떨어져 있어서 간혹 노략질을 하는 경우는 있어도 세력을 크게 일으켜 영토를 다투기에 이르지는 않았다. 그 덕분에 이백 년 동안 침략을 당해 왔음에도 불구하고 우리 영토에는 전혀 손실이 없었다.

남쪽의 왜(倭)는 큰 바다가 있어 물길이 아득히 끊어져 있

1_ 말갈(靺鞨): 후금을 세운 여진족과는 다른 계통으로, 함경도 북쪽의 말갈족을 가리키는 듯하다.
2_ 삼위(三衛) 여진(女眞): 여진족의 후금(後金)을 말한다. '삼위'는 명나라 초에 두만강과 압록강 유역 남만주(南滿洲) 일대의 여진족을 포섭하기 위하여 설치한 건주(建州) 삼위(三衛)를 말한다. 건주본위(建州本衛)·건주좌위(建州左衛)·건주우위(建州右衛)로 이루어졌는데, 누르하치가 이들을 규합하여 후금을 세웠다.
3_ 북방은 우리나라의 왕업을 일으킨 곳이어서: 태조 이성계의 고조인 이안사(李安社, ?~1274)와 증조인 이행리(李行里)가 함경도 북동부 두만강 하구의 경흥(慶興)과 두만강 너머 연해주(沿海州)의 알동(斡東)을 근거지로 삼아 세력을 확대한 바 있기에 한 말이다.
4_ 해자(垓字): 적의 침입을 막기 위해 성 주위에 둘러 판 못.

다. 그런 까닭에 왜의 본토에서는 멀리 조선을 침략할 뜻이 없었거늘, 대마도의 왜구가 그 사이에서 을러대며 이익을 도모했으니, 풍신수길(豊臣秀吉, 도요토미 히데요시)을 끌어들여 명나라를 침략하기 위한 길을 내 달라고 했던 것 역시 이익에 영합하려는 조신5_의 계책에서 나온 것이었다. 결국 백만 군사를 이끌고 들어와 함부로 우리 땅을 유린했으나, 그 또한 천년에 한 번 있을 법한 일이지 어찌 감히 해마다 그런 짓을 벌일 수 있겠는가? 대마도 왜구는 통상을 요구하여 쌀을 받아 가면 그뿐이니, 남쪽의 방비는 근심할 일이 아니다.6_

지금의 근심거리 중 가장 심대한 것은 서쪽이다. 서쪽의 관문이라면 단지 압록강과 연평령7_이 있을 뿐인데, 압록강이 얼면 평탄한 육지나 다름없고 연평령도 험하지 않아 쉽사리 말을 달려 넘을 수 있다. 이곳만 지나면 수레 두 대가 나란히 갈 수 있는 길이 열려 대정강8_으로부터 모래재9_에 이르기까지 적을 제지할 만한 곳이 없다. 그러니 적이 일단 강을 건너면 열흘도 못 되어 서대문 앞에 이르게 될 것이다.

게다가 태평한 시절이 지속되다 보니 황해도와 평안도의 고을은 연못과 누대를 꾸미고 호사스런 잔치 준비를 해서 중국 사

5_ 조신(調信): 다이라노 시게노부(平調信) 곧 야나가와 시게노부(柳川調信, 1539~1605)를 말한다. 대마도주(對馬島主) 소 요시토시(宗義智, 1568~1615)의 최측근 가신(家臣)으로, 임진왜란이 일어나기 1년 전 조선에 사신으로 와서 정탐하고 갔고, 임진왜란 때에는 소 요시토시와 함께 고니시 유키나가(小西行長) 휘하의 장수로 참전했다.
6_ 대마도 왜구는~근심할 일이 아니다: 임진왜란 종전 후 대마도주 소 요시토시는 조선과 일본의 국교 회복을 중재했고, 1609년(광해군 1)에는 직접 조선에 와서 대마도의 무역선을 조선에서 받아들이고 부산에 일본과의 공무역을 위한 시장을 다시 열기로 하는 내용의 조약을 체결했다.
7_ 연평령(延平嶺): 평안도 의주(義州)에 있는 고개.
8_ 대정강(大定江): 평안도 박천군(博川郡)과 가산군(嘉山郡)에 걸쳐 흐르는 강.

신을 즐겁게 할 궁리나 일삼을 뿐, 변방을 굳건히 하기 위해 힘써야 할 일이 무엇인지는 전혀 알지 못한다. 문신이든 무신이든 모두 세월을 즐기며 임기가 다하기만 기다렸다가 옮겨 갈 생각뿐이니, 보지도 않고 흘려 보내는 공문서가 반이요, 수하의 구실아치를 부리는 일도 일절 돌보지 않는다. 그리하여 성은 허물어져 평지가 되었고 해자는 메워서 쓸모없게 되었으며, 무기는 썩어 가고 식량 창고는 텅 비어 간다. 백성은 가혹한 세금에 시달려 강변 여섯 고을[10] 사람 중 열에 여덟아홉은 안쪽 땅으로 흘러 들어 왔다. 사정이 이러하니 갑자기 위급한 일이 생기면 속수무책으로 무너질 수밖에 없는 조건이 이미 다 갖추어진 셈이다.

우리나라가 구차하게 의지할 곳이라고는 오직 명나라뿐이다. 그러나 누르하치의 사나움과 교활함은 이미 중국의 근심거리이다. 누르하치의 세력이 날로 팽창하여 여러 집단이 날이 갈수록 그 아래 복속되어 가니 몇 년 뒤면 요동 지역 전체가 몹시 위태로워질 것이다. 그렇게 된다면 우리나라의 서쪽 자그마한 땅이 저들에게 유린당하지 않을 것이라고, 또 과연 중국이 와서 우리를 구원해 줄 것이라고 어찌 보장할 수 있겠는가?

내가 우리나라 역사서를 읽어 보니, 요나라가 세 번, 카단[11]

9_ 모래재(沙峴): 지금의 서울 서대문구 현저동과 홍제동 사이에 있는 고개. 무악재·길마재 등으로도 불린다. 조선시대 서울의 북서쪽 경계였고, 황해도와 평안도에서 서울로 들어오는 교통의 요지였다.

10_ 강변 여섯 고을: 평안도 의주 북쪽 압록강 주변에 있는 강계(江界)·위원(渭原)·초산(楚山)·벽동(碧潼)·창성(昌城)·삭주(朔州)의 여섯 고을.

11_ 카단: 원나라의 제위(帝位) 계승 과정에 불만을 품고 반란을 일으킨 원나라 왕족. 원나라 세조(世祖)의 정벌군에 패하여 동쪽으로 밀려와 충렬왕 때 고려를 침입한 바 있다. 한자로는 '哈丹'(합단)이라 표기하는데, 고려에서는 카단이 이끄는 무리를 '합단적'(哈丹賊)이라고 불렀다.

이 한 번, 몽골이 여섯 번, 홍건적이 두 번 고려를 쳐들어왔는데, 이들은 모두 서쪽 변경을 넘어 들어왔다. 고려는 숙련된 장수와 강한 병사를 가지고 있어 외적이 들어오는 족족 물리쳤으니, 이는 지략 있는 신하들의 계책과 용맹한 군사의 힘으로 이루어 낸 것이기도 하지만, 나라에서 미리 주도면밀하게 계획하여 무너지지 않을 태세를 갖추고 대비했기 때문이기도 하다. 그러했기에 고려는 오백 년 동안 끝내 외국의 침입에 의해 나라가 멸망하는 일이 벌어지지 않았던 것이다.

지금 우리나라를 다스리는 자들이 과연 고려에서 미리 대비하던 것처럼 만반의 준비를 갖추고 있는지 나는 잘 모르겠다. 저들은 유능한 장수를 뽑지 않고 병사를 훈련시키지 않으며 성곽도 미리 정비하지 않은 채 조정에서 팔짱을 끼고 앉아 한가한 이야기로 하루하루를 보낸다. 그러다 누군가가 무슨 위급한 일이 생기지 않을까 염려하면 그때마다 "우리 위에는 명나라가 있잖은가?"라고 하거나, "하늘은 분명 우리나라를 도우실 거야"라고 말하며 자신들의 힘으로는 어쩔 수 없는 일로 치부해 버린다.

아아! 우리가 고려에 비해 땅이 더 줄어든 것도 아니고 인구가 더 적어진 것도 아닌데, 그동안 서쪽의 외적 또한 어찌 금나라나 몽골[12]보다 강해졌겠는가? 그렇건만 우리나라가 쇠망해 가는 모습이 환히 보임에도 아무런 계책도 내지 못하고 있으니,

---

[12] 금나라나 몽골: 원문은 "完顔鐵木"(완안철목)인데, '완안'은 여진족이 세운 금나라 왕족의 성씨이고 '철목'은 테무친(鐵木眞) 곧 칭기즈칸으로서 각각 금나라와 몽골을 말한다.

그 이유는 다름 아니라 형벌이 분명치 못하고 기강이 서지 않았으며 높은 벼슬아치들이 항상 무사안일에 빠져 눈앞의 일에만 구차하게 얽매여 있기 때문이다. 사정이 이러한데 어찌 통곡하지 않을 수 있겠는가!

내가 서쪽 변경을 드나든 지도 이제 십이 년이 넘어 그곳의 산천 지형을 두루 알고 있는데, 늙은 장교나 퇴역한 병사들에게 좋은 점과 나쁜 점을 따지며 실정을 하나하나 물으면 그들은 모두 이렇게 말했다.

"고을 수령에게 평안도 전체의 경비와 인력을 맡기고 인재를 뽑아 그들에게 병권을 맡겨야 합니다. 사대부와 천민을 막론하고 젊은이는 군대에 소속시키고 노인과 아이는 그들을 뒷바라지하게 해야 합니다. 지략이 있는 사람을 뽑아 압록강 연안의 고을을 맡기고 두텁게 지원하며 성곽을 수리하도록 독려해야 합니다. 험한 고개에는 관문을 설치해서 지키고, 삭주·귀성·안주[13] 등의 고을에는 진(鎭)을 두어 강한 군대를 주둔하게 하며, 보루(堡壘)를 설치해서 고을끼리 서로 보호하게 해야 합니다. 그리하여 병사들을 풍족하게 먹이고 무기를 단련하며 갑옷을 입고 앉아서 항상 적이 눈앞에 나타난 듯이 행동한다면 외적의 정예 기병이 수만 명인들 어찌 섣불리 쳐들어올 수 있겠습니까?"

그러나 지금의 높은 벼슬아치들은 이런 생각은 않고 그저 이

13_ 삭주(朔州)·귀성(龜城)·안주(安州): 모두 평안도의 지명.

렇게 말할 따름이다.

"위급한 일이 생기면 강도(江都: 강화도)로 가면 되지 않나."
"그게 여의치 않을 경우엔 안동(安東)으로 피난 가면 돼."

내가 갈 수 있다면 외적도 갈 수 있는 법이요, 적들이 이런 말을 듣는다면 필시 사정을 환히 깨닫고 옷소매를 떨치며 일어나 기세 좋게 쳐들어올 텐데, 이런 점을 통 모르고 있으니 고기 먹는 높은 분들의 꾀라는 것이 얼마나 서글픈가!

나는 어리석은 선비에 불과하니 어찌 감히 내 직분 밖의 일을 논할 수 있겠는가. 그러나 근심이 깊은 자는 그 계책이 반드시 주도면밀한 법이요, 마음에 근심이 있다면 어찌 한 가지 방책이라도 얻는 것이 없겠는가. 이런 생각 때문에 고려에서 서쪽을 방비하던 사적을 모아 책의 앞에 싣고, 또 지리지에 기록된 변경 산천의 형세, 관문의 상황, 현재 병력과 군량의 현황을 모아서 자세히 기록하여 두 권의 책으로 만들고 제목을 『서변비로고』(西邊備虜考: 서쪽의 오랑캐를 방비하기 위한 고찰)라고 붙였다. 이 책을 상자 속에 간직해 두고 알아줄 이를 기다리니, 세상의 군자들이 읽고 책에 담긴 계책을 쓴다면 나의 생각이 시행됨과 동시에 나의 근심이 풀어질 것이다.

허균이 십수 년간 중국을 오가며 후금(後金)의 침입을 예상하고 그에 대비하기 위한 자료를 모아 『서변비로고』라는 책을 엮고 쓴 서문이다. 허균이 처음 요동에 사신으로 간 때가 1594년이니, 이 글은 1606년 무렵 쓴 것으로 추정된다. 그로부터 20여 년 뒤 후금 곧 청나라가 중국을 차지하고 정묘호란과 병자호란을 잇달아 일으켰으니, 허균의 혜안이 참으로 돋보인다.

내가 사랑한 사람

아내

내 아내는 우리나라의 큰 성씨인 안동(安東) 김씨이다. 고려의 재상 김방경[1]의 현손인 척약재 김구용[2]은 고려 말에 명성이 높았고 벼슬은 삼사의 좌사[3]에 이르렀다. 그 4대손인 김윤종(金胤宗)은 무과에 급제하여 절도사를 지냈고, 그 아들 김진기(金震紀)는 경자년(1540) 사마시[4]에 합격하여 별제[5]를 지냈다. 그 아들 김대섭[6] 역시 계유년(1573) 사마시에 합격하여 도사[7]를 지냈는데, 관찰사 청송 심전[8]의 따님과 혼인했으니, 내 아내는 그 둘째딸이다.

부인은 융경 신미년[9]에 태어나 열다섯 살에 우리 집에 시집왔다. 성품이 신중하고 꾸밈없었으며, 여성으로서 해야 할 일에 조금도 게으름을 부리지 않았고, 벙어리로 보일 만큼 말수가 적었다. 내 어머니를 매우 공손히 섬겨서 아침저녁으로 손수 잠자리를 살폈고, 모든 음식을 직접 마련해 올렸으며, 절기마다 제철

1_ 김방경(金方慶): 1212~1300. 고려 후기의 무신. 상장군(上將軍)으로서 삼별초를 진압하고, 훗날 재상의 지위에 올랐다.

2_ 김구용(金九容): 1338~1384. 고려 후기의 문신으로, 호는 척약재(惕若齋)이다. 우왕(禑王) 때 좌사의대부(左司議大夫)·성균관 대사성을 지냈다.

3_ 삼사(三司)의 좌사(左使): '삼사'는 고려시대 국가의 재정 담당 기구이고, '좌사'는 삼사의 정2품 관직이다.

4_ 사마시(司馬試): 생원(生員)과 진사(進士)를 뽑는 소과(小科)를 말한다.

5_ 별제(別提): 조선 시대 호조·형조·상의원(尙衣院)·군기시(軍器寺) 등에 두었던 6품 관직.

6_ 김대섭(金大涉): 1549~1594. 선조(宣祖) 때의 문신. 의금부 도사를 지냈고, 임진왜란 때 윤근수(尹根壽)를 보좌하여 명나라와의 외교 업무를 담당했다.

7_ 도사(都事): 조선 시대 충훈부(忠勳府)·의금부(義禁府) 등에 두었던 종5품 관직.

8_ 심전(沈銓): 1520~1589. 명종~선조 때의 문신으로, 본관은 청송(靑松)이다. 문과에 급제하여 이조좌랑·경기도 관찰사 등을 지냈다.

9_ 융경(隆慶) 신미년: 1571년(선조 4). '융경'은 명나라 목종(穆宗, 재위 1567~1572)의 연호.

음식을 몹시 풍성하게 올렸다. 하인들을 엄격하게 대했지만 아무리 화가 나도 사나운 말로 꾸짖는 법이 없었다. 그래서 어머니는 "우리 어진 며느리"라며 늘 칭찬하곤 하셨다.

나는 당시에 어린 나이라 기녀와 어울려 놀기를 좋아했는데 얼굴에 그런 기미를 전혀 나타내지 않았거늘 혹시 조금이라도 방종한 기색이 보이면 아내는 그때마다 이렇게 말했다.

"군자는 자신에게 엄격해야 합니다. 옛사람은 술집이나 다방에 가는 일이 없었으니, 하물며 그보다 더한 일이야 더 말할 나위가 있겠어요?"

나는 그 말을 듣고 속으로 부끄러워 하려던 일을 잠시나마 그만두었다.

아내는 항상 부지런히 공부하라고 권하며 이런 말을 했다.

"장부가 세상에 태어나 과거에 급제해서 벼슬길에 올라야 부모님을 영예롭게 해 드릴 수 있고, 자신에게 돌아오는 이로움 또한 많을 테지요. 서방님은 집이 가난하고 어머니가 연로하시니, 재주를 믿고 이러구러 세월을 보내지 마세요. 시간은 쏜살같이 흐르는 법인데, 뒤늦게 후회해야 무슨 소용이겠습니까?"

임진년(1592)에 왜적을 피해 달아날 때, 아내는 임신 중이라 고생이 극심했다. 단천[10]에 도착해서 7월 7일 아들을 낳았다. 이틀 뒤에 왜적이 갑자기 이르러 순변사[11] 이영[12]은 마천령[13]

10_ 단천(端川): 함경도의 지명.
11_ 순변사(巡邊使): 변방을 순찰하기 위해 왕명을 띠고 파견되던 특사. 여기서는 각 도의 육군 지휘 책임자인 병마절도사(兵馬節度使, 종2품)를 말한다.
12_ 이영(李瑛): ?~1593. 선조 때의 무신. 임진왜란 때 함경남도 병마절도사로 마천령에서 가토 기요마사(加藤淸正)의 왜군과 전투를 벌였으나 참패당하고 회령으로 퇴각했다가 임해군(臨海君)과 함께 왜군에게 사로잡혔다.
13_ 마천령(摩天嶺): 함경남도 단천과 함경북도 학성 사이에 있는 고개.

으로 물러나 진을 쳤다. 나는 어머니를 모시고 아내와 함께 밤새 마천령을 넘어 임명역[14]에 도착했다. 아내는 기진맥진해서 말 한마디 못할 지경이었다. 그때 같은 집안 사람인 허형(許珩)이 우리를 맞이해 함께 섬으로 피했지만 머물 수 없었다. 간신히 산성원[15]의 백성 박논억(朴論億)의 집에 이르렀지만 10일 밤 아내는 운명하고 말았다. 소를 팔아 관을 사고, 옷을 찢어 염을 하는데, 아내의 몸이 여전히 따뜻해 차마 땅에 묻을 수 없었다.

얼마 뒤 왜적이 나루에 있는 관아 창고를 공격한다는 소식이 들려왔다. 장인께서 뒷산에 임시로 장사 지내라고 급히 명하셨다. 향년 22세, 그 중 팔 년을 나와 함께 살았다. 아아, 애통하다! 그때 낳은 아들은 젖을 먹지 못해 죽었다. 그에 앞서 낳은 딸은 장성해서 진사 이사성[16]에게 시집가 아들딸 하나씩을 두었다.

기유년(1609)에 나는 당상관[17]에 올라 형조참의에 임명되었다. 의례에 따라 아내는 숙부인[18]의 봉호(封號)를 받았다. 아아! 당신처럼 현숙한 사람이 중간의 수명도 누리지 못하고, 아들도 두지 못했으니, 천도(天道)라는 것이 과연 있는지 믿기 어렵다.

곤궁하던 시절에 나는 당신과 마주 앉아 작은 등불을 켜 밤을 밝히며 책을 읽었다. 그러다 내가 조금이라도 게으름을 피울 것 같으면 당신은 그때마다 농담처럼 이렇게 말했다.

14_ 임명역(臨溟驛): 함경북도 길주(吉州)에 있던 역 이름.
15_ 산성원(山城院): 함경북도 길주에 있던 역원(驛院).
16_ 이사성(李士星): 1591~?. 광해군 때의 문신으로, 자는 경첨(景瞻)이다. 1610년(광해군 2) 진사시(進士試)에 합격하여 활인서(活人署) 별제를 지내던 중 허균의 역모에 연루되어 유배형을 받았다.
17_ 당상관(堂上官): 정3품 이상의 벼슬. 허균은 1609년(광해군 1) 9월 6일 형조참의(刑曹參議, 정3품 벼슬)에 임명되었다.
18_ 숙부인(淑夫人): 정3품 당상관의 아내에게 내리는 작위(爵位).

"게으름 부리시면 제 부인첩[19]이 그만큼 늦어집니다."

그때야 어찌 알았겠는가, 십팔 년 뒤에 이 부질없는 문서 한 장을 당신의 영전에 바치게 될 줄을! 그 영예를 누릴 사람은 조강지처 당신이 아니니, 당신이 이 일을 안다면 필시 한숨 쉬며 서글퍼할 테지. 아아, 슬프다!

을미년(1595) 가을, 길주(吉州)에서 돌아와 다시 강릉 외가에 묻었다가, 경자년(1600) 3월 어머니 묘소를 따라 원주(原州) 서면(西面) 노수[20]에 묘를 쓰니, 그 자리는 선산(先山)의 왼쪽으로 인좌 신향[21]이다.

삼가 쓴다.

---

[19]_ 부인첩(夫人帖): 관리의 아내에게 내리는 직첩(職帖). 정1품 정경부인(貞敬夫人)으로부터 종9품 유인(孺人)까지 18등급의 품계가 있었다.
[20]_ 노수(蘆藪): 강원도 원주의 지명.
[21]_ 인좌(寅坐) 신향(申向): 동북쪽을 등지고 서남쪽을 향한 묏자리.

1609년(광해군 1) 9월 정3품 형조참의에 오르자 임진왜란 피난 중에 죽은 조강지처 안동 김씨에게도 '숙부인'의 직첩이 내려졌다. 고생을 함께했지만 영예를 함께 누릴 수 없는 아내 생각에 허균은 뒤늦게 아내의 행장(行狀)을 썼다. 젊은 날 등불 아래서 나눈 부부의 대화가 참으로 생기 있고 애틋하다.

화가 이정

이정(李楨)은 자가 공간(公幹)이고, 나옹(懶翁)이라는 호를 스스로 붙였다. 부친은 이숭효,[1] 조부는 이배련,[2] 증조부는 이소불(李小佛)인데, 모두 그림으로 명성을 떨쳤다.

이정이 태어나던 날 그 모친의 꿈에 금빛 몸을 가진 나한[3]이 나타나더니 모친의 품속으로 들어오며 말했다.

"너희 가문 삼대에 걸친 네 사람이 모두 부처님 그림을 잘 그려서 그 그림이 거의 수천 점에 이르렀다. 그러므로 내가 부처님의 뜻을 받들어 그 보답으로 네 아들이 되어 태어나겠다."

꿈에서 깨어 해산하니 서광이 해를 꿰뚫었는데, 그 모습이 꿈속에서 본 것과 꼭 같았다.

이정은 일찍 부모를 여의고 숙부 이흥효[4]의 집에서 자랐다. 다섯 살 때 벌써 그림을 그릴 줄 알아서 붓을 잡고 승려를 그리는데 솜씨가 매우 좋았다. 이흥효가 기특하게 여겨 집안에 내려오는 그림 비법을 가르쳤다. 열 살에 이미 일가를 이루어 산수화로 유명했고, 인물화며 불교 그림과 도교 그림은 옛사람의 경지에 가까웠다. 그리하여 그림을 볼 줄 아는 사람들은 이정을 그 조부 이상좌에 견주면서 정채가 있기는 조부를 뛰어넘었다고들

---

[1] 이숭효(李崇孝): 16세기의 화가로, 자는 백달(伯達)이다. 「어옹귀조도」(漁翁歸釣圖), 「수금도」(水禽圖) 등의 그림이 전한다.

[2] 이배련(李陪連): 16세기의 화가 이상좌(李上佐)를 말한다. 자는 공우(公祐), 호는 학포(學圃)이다. 노비 출신이었으나 그림에 뛰어나 중종(中宗)의 특명으로 도화서(圖畵署) 화원이 되었다고 한다. 인물화에 특히 뛰어나서 중종어진(中宗御眞)을 그렸다.

[3] 나한(羅漢): 아라한(阿羅漢). 불교 최고의 성자.

[4] 이흥효(李興孝): 1537~1593. 16세기의 화가로, 자는 중순(仲順)이다. 인물화와 산수화에 뛰어났다. 명종어진(明宗御眞)을 그렸다고 하고, 「산수도」(山水圖), 「팔경도」(八景圖) 등의 그림이 전한다.

했다.

　열한 살 때 금강산(金剛山)으로 들어가 돌아오지 않더니 기축년(1589) 장안사[5]를 고쳐 지을 때 벽화를 그렸는데, 산수와 천왕[6]을 그린 것이 모두 생동감 넘치고 위엄이 있었다. 주난우[7] 태사[8]는 그 그림을 보고 역대 최고라고 칭찬하며 "중국에도 견줄 만한 그림이 드물 것"이라고 했다. 마침내 산수화를 많이 그려 달라고 해서 가지고 떠났다. 그러나 이정은 사람됨이 게으르고 그림을 그리려 들지 않았으므로 세상에 전하는 그림이 몇 안 된다. 정미년(1607) 2월 술 때문에 병이 생겨 평양에서 생을 마쳤으니, 참으로 애석하다.

　이정은 어려서 고아가 되어 부친의 얼굴을 보지 못했기에 부친의 초상화를 그려 놓고는 아침저녁으로 보고 절하며 울었다. 숙부와 숙모를 부모님처럼 섬겨 소홀히 대함이 없었고, 숙부와 숙모 또한 이정을 친자식처럼 여겼다.

　술 마시기를 좋아하고 마음이 툭 트였으며, 서예에 능하고 시도 잘 썼는데, 모두 속세를 벗어난 비범한 경지였다. 겉모습은 헐렁해서 무슨 일이든 끝마칠 수 있을까 싶지만, 그 마음은 맑고 상쾌하며 지극히 심오했다. 불교에 대해서도 깨달음이 깊어 불교의 의미를 풀이하는 경지가 보통 사람들과는 크게 달랐다.

5_ 장안사(長安寺): 금강산 장경봉(長慶峰) 아래에 있는 절.
6_ 천왕(天王): 불법을 수호하는 사천왕(四天王) 곧 동쪽을 지키는 지국천왕(持國天王), 남쪽을 지키는 증장천왕(增長天王), 서쪽을 지키는 광목천왕(廣目天王), 북쪽을 지키는 다문천왕(多聞天王)을 말한다.
7_ 주난우(朱蘭嵎): 주지번(朱之蕃, 1556~1624)을 말한다. '난우'는 그 호이다. 명나라의 문신으로, 이부시랑(吏部侍郞)을 지냈으며, 서화에 능했다. 1606년(선조 39) 조선에 사신으로 와서 사신을 접대하는 임무를 맡은 허균과 친교를 맺었다.
8_ 태사(太史): 사관(史官). 주지번이 한림학사를 지냈기에 붙인 칭호이다.

가난해서 남에게 밥을 빌어먹더라도 의리에 어긋나면 단 하나도 취하지 않았고, 마음에 맞지 않으면 권세가 하늘을 찌르는 자라도 달가워하지 않으며 몸이 더럽혀지기라도 하는 양 멀리했다. 심우영·이경준9_과는 형제처럼 사이가 돈독했는데, 이 두 사람은 이정과 몇 년 동안 사귀면서 털끝만 한 불의도 본 적이 없었다고 한다.

좋은 날 아름다운 곳이 있으면 그때마다 술에 취해 소리 높여 노래를 불렀고, 가다가 산 좋고 물 좋은 곳을 만나면 시를 읊조리며 주위를 조망하다가 돌아가기를 잊었다. 남에게 베풀기를 좋아해서 추위에 떠는 자를 보면 제 옷을 벗어 입혀 주었지만, 속된 자들은 이정을 헐뜯어 어리석다고 하며 돌봐 주지 않았다.

언젠가 권세 있는 재상이 이정을 불러 그림을 그리게 한 적이 있다. 재상은 흰 비단을 마련해 두고 이정에게 술을 잔뜩 대접했다. 이정은 취해 쓰러진 척하다가 한참 뒤에 일어나 그림 한 폭을 그렸다. 높은 문 아래로 두 마리 소가 재물을 싣고 있고, 두 사람이 소를 몰아 집 안으로 들이는 광경이었다. 이정이 붓을 던지고 떠나자 재상은 몹시 화가 나서 이정을 죽이려 했다. 이정은 달아나 평양에 이르렀는데 그 아름다운 경치를 사랑해서 차마 떠나지 못하더니 결국 평양에서 생을 마쳐 선연동10_에 임시로

9_ 심우영(沈友英)·이경준(李耕俊): 모두 허균과 가까이 지내던 서얼이다. 심우영은 허균의 아내 안동 김씨의 외조부인 관찰사 심전(沈銓)의 서자이고, 이경준은 병마절도사 이제신(李濟臣)의 서자이다. 이들은 1608년(선조 41) 명문가의 서자들인 서양갑(徐羊甲: 의주목사 서익徐益의 서자)·박응서(朴應犀: 영의정 박순朴淳의 서자) 등과 함께 서얼 등용을 주장하는 상소를 올렸고, 이후 여주의 소양강 가에 모여 살며 죽림칠현(竹林七賢)이라 자처했다. 이들은 1613년(광해군 5) 조령(鳥嶺)에서 상인에게 은 수백 냥을 약탈한 죄로 검거되었는데, 이 사건이 이이첨의 계략에 의해 '칠서(七庶)의 옥(獄)'이라는, 영창대군(永昌大君)의 옹립을 꾀한 역모 사건으로 확대되면서 이이첨에 동조한 박응서를 제외한 여섯 명이 모두 사형당했다.

장사 지냈다.

 나는 세상사에 서툴고 행동도 제멋대로인 점에서 이정과 비슷했기에 나이와 지체에 상관없이 이정과 서로 가장 아끼는 사이였거늘, 헤어진 지 얼마 못 되어 급작스레 유명을 달리하게 되었으니, 아아, 애통하다! 이정이 선(禪)을 말하고 오묘한 이치를 궁구해서 내 가슴속을 시원하게 깨워 주며 도교와 불교의 이치를 터득하게 해 주던 생각이 날 때마다 식음을 폐하게 된다. 아아, 그 모친의 꿈대로 금빛 몸의 나한이 이정으로 태어난 것이 아니라면 어찌 세상에 이런 사람이 있을 수 있겠는가! 참으로 기이하다.

 마침내 다음의 글로 애도한다.

 아아, 나옹(懶翁)이여
 그대의 삶은 왜 그리 짧았는지.
 허나 불후의 작품이 있으니
 내 어찌 한탄하랴.
 완적[11]의 호방함과
 왕헌지[12]의 자유분방함.
 정단[13]의 고결함과

10_ 선연동(嬋娟洞): 평양 기녀들의 공동묘지가 있는 곳.
11_ 완적(阮籍): 위진(魏晉) 시대의 문인으로, 죽림칠현의 대표자이다.
12_ 왕헌지(王獻之): 동진(東晉)의 서예가. 왕희지의 아들로서 풍류로 유명하다.
13_ 정단(井丹): 후한(後漢)의 은사(隱士). 오경(五經)에 정통했으며 고결한 절조로 유명하다.

고개지14_의 천진함.

이 아름다운 절조를 모두 가지고

그대는 어디로 갔는가.

나는 세속과 잘 맞지 않아

세상의 잉여가 되었네.

그대 홀로 나와 마음이 맞아

일찍부터 우리 사이 막역했지.

사람들이 무리 지어 헐뜯고 꾸짖으니

슬프구나, 나는 어디로 가야 마음 편할까.

오직 그대와 함께 떠나

산속에서 자유롭길 꿈꾸었네.

새하얀 비단이 티끌에 더럽혀지고

난초는 가을바람에 파리하구나.

나이 들어가매

어서 수레 타고 동쪽으로 가자고 약속했지.

어찌 알았으리 옥루15_에서 바삐 부르자

그대가 인간세상에 연연치 않은 줄을.

아득한 회오리바람 잡기 어려워라

봉래산엔 오색구름 아득하네.

14_ 고개지(顧愷之): 동진의 화가. 박학(博學)하고 재주가 뛰어났는데, 세상에서는 그를 재절(才絶)·화절(畵絶)·치절(痴絶)의 삼절(三絶)로 일컬었다.
15_ 옥루(玉樓): 옥황상제가 산다는, 옥으로 만든 누각.

아스라이 들리는 옥퉁소 소리에
눈물만 하염없이 흐르누나.
이 몸 기댈 짝 없는 게 서글프고
지음과 영영 이별인 게 애통하네.
차가운 바위엔 계수나무가 섰고
그윽한 골짜기엔 가을꽃 피었네.
뉘와 함께 돌아가 거닐까
외로운 내 그림자 서러이 위로하네.
옥빛 연못 깨끗도 하고
환한 달은 밝은 빛 비추네.
그대 모습 보면 황홀했고
드높은 노랫소리 듣기 좋았지.
아아, 우주의 아득한 시간이 다한다 한들
내 안의 그대 잊을 수 없네.

천재 화가 이정이 30세의 나이로 요절하자 허균이 그를 추도하기 위해 쓴 애사(哀辭)이다. 아끼던 후배 이정의 죽음은 허균에게 지음 잃은 슬픔을 안겨 주었으니, 이정을 그리는 마음이 전편에 가득하다.

권필

내 친구 권여장[1]은 약관(弱冠)의 나이부터 시 짓기에 뛰어나서 옛사람의 경지를 뛰어넘기에 이르렀으나, 세상에서는 그 시를 귀중하게 여기지 않는다. 나는 지금 가장 시를 잘 짓는 이가 누구인지 이야기할 때마다 반드시 "여장(汝章)이지, 여장이야!"라고 말한다. 그러면 그 말을 들은 사람이 처음에는 괴이하게 여기다가 중간에는 웃고 끝에 가서는 믿지만, 그럼에도 여장이 이른 경지가 정말 어떠한지는 모른다.

하루는 홍녹문[2]이 내게 물었다.

"여장의 시는 조선에서 어떤 사람에 견줄 만한가?"

내가 말했다.

"김문간[3]도 당해낼 수 없지요."

그러자 녹문이 눈을 휘둥그레 뜨며 놀라 말했다.

"허튼 말 말게!"

내가 가만히 웃으며 말했다.

"점필[4]이 조선에서 특히 대가로 일컬어지는 분이라 우선 견

1_ 권여장(權汝章): 권필(權韠, 1569~1612)을 말한다. '여장'은 그 자(字)이다. 당대 최고의 시인으로 꼽혔으나, 광해군의 정치를 비판하는 풍자시를 지은 일로 장형(杖刑)을 받고 귀양 가는 도중에 죽었다.

2_ 홍녹문(洪鹿門): 홍경신(洪慶臣, 1557~1623)을 말한다. '녹문'은 그 호이다. 선조~광해군 때의 문신으로, 이조정랑·대사성·첨지중추부사를 지냈다.

3_ 김문간(金文簡): 김종직(金宗直, 1431~1492)을 말한다. '문간'은 그 시호이다. 세조~성종 때의 문신으로, 이조참판·제학을 지냈다. 도학자의 계보에서 중요한 위치를 차지하는 인물로 유명할 뿐 아니라, 당대의 빼어난 시인으로 시선집 『청구풍아』(靑丘風雅)를 남겼다.

4_ 점필(佔畢): 점필재(佔畢齋). 김종직의 호.

주어 본 겁니다. 여장의 독창성과 사물에 대한 심오한 이해를 논할 것 같으면, 맑음은 왕유[5]와 같고, 의취는 유종원[6]과 같으며, 은근하되 맛이 깊은 것은 진여의[7]와 같으니, 어찌 점필과 한자리에서 논할 수 있겠습니까? 여장의 명성과 지위가 사람들을 움직이기에 부족하기 때문에 세상 사람들은 눈에 보이는 것만 보고 여장을 천하게 여기지만, 여장이 옛날에 태어났다면 사람들이 그를 우러러보는 것이 어찌 점필 정도에 머물겠습니까?"

어떤 이는 여장의 시에 학식이 적고 원기(元氣)가 모자라 마땅히 점필보다 한 수 아래라고 하는데, 이는 시도(詩道)를 전혀 모르고 하는 소리다. 시에는 별도의 정취가 있으니 이치와 무관하고, 시에는 별도의 소재가 있으니 책에서 얻는 지식과 무관하다. 오직 천기[8]를 희롱하고 현묘한 조화를 빼앗는 찰나에 신령한 정취가 생동하고 울림이 맑으며 격조가 탁월하고 생각이 깊은 것이 시의 최고 경지다. 온축(蘊蓄)이 아무리 풍부하다 한들, 비유컨대 불교에서 차츰차츰 닦아 깨달음에 이르는 수행법(점수 漸修)이 어찌 감히 임제[9]의 윗자리를 기대할 수 있겠는가?

이실지[10]는 도도한 사람이라 평생 남을 인정하는 경우가 드

---

[5] 왕유(王維): 701~761. 성당(盛唐)의 대표적인 시인으로, 상서우승(尙書右丞)을 지냈다.
[6] 유종원(柳宗元): 773~819. 중당(中唐)의 대표적인 문인으로, 유주 자사(柳州刺史)를 지냈다. 당송팔대가(唐宋八大家)의 한 사람이다.
[7] 진여의(陳與義): 1090~1138. 북송 말~남송 초의 대표적인 시인으로, 호는 간재(簡齋)이다. 참지정사(參知政事)를 지냈다. '강서시파'(江西詩派)의 핵심 인물로, 강서시파에서 으뜸으로 여기던 두보의 시를 가장 잘 계승했다고 평가받았다.
[8] 천기(天機): 하늘의 오묘한 조화, 천지자연의 오묘한 비밀.
[9] 임제(臨濟): 임제종(臨濟宗). 당나라의 고승 의현(義玄)이 창시한 중국 선종(禪宗) 불교의 주요 종파로, 돈오(頓悟: 단박에 깨달음)를 중시한다.

물었지만 여장에 대해서만은 받들어 올리며 자신이 미칠 수 없다고 여겼다. 그러나 그 또한 어찌 여장의 경지를 다 알았다고 할 수 있겠는가?

여장은 게을러서 자기 작품을 모아 두지 않았는데, 심생11_이 사람들의 입에서 입으로 전하는 시 수백 편을 모아 『석주소고』(石洲小稿)라고 제목 붙인 책을 내게 보여주었다. 나는 책을 읽고 웃으며 말했다.

"내 말이 틀리지 않았군! 이 책을 읽으면 여장의 전모를 볼 수 있겠소. 옛사람을 압도하고 한 시대의 으뜸이 된 이가 여장 아니면 그 누구겠소? 세상에서 여장의 시를 귀중하게 여기지 않는다 한들 여장에게 무슨 병이 되겠소? 더구나 후세에 어찌 양자운12_을 알아주는 이가 없겠소?"

마침내 여장의 시에 비평을 가했다. 때때로 이 책을 꺼내 읽으면 입 안에 바람이 솨아솨아 일어나며 나도 모르게 정신이 하늘 위로 높이 날아오르는 듯하니, 아아, 참으로 시의 경지가 지극하다!

여장은 바로 안동 권씨 권필이요, 석주(石洲)는 그 호이다.

10_ 이실지(李實之): 이춘영(李春英, 1563~1606)을 말한다. '실지'는 그 자이다. 선조 때의 문신으로, 호조좌랑·예천군수를 지냈다.

11_ 심생(沈生): 훗날 『석주집』(石洲集)을 목판으로 간행한, 권필의 문인 심기원(沈器遠, 1587~1644)을 말하는 듯하다. 심기원은 유생 신분으로 인조반정에 공을 세워 청원부원군(靑原府院君)이 되었고, 공조판서·좌의정까지 지냈으나, 역모죄로 사형당했다.

12_ 양자운(揚子雲): 한나라의 학자 양웅(揚雄)을 말한다. '자운'은 그 자이다. 양웅은 『주역』을 모방한 『태현경』(太玄經)과 『논어』를 모방한 『법언』(法言)을 지었는데, 자신이 저술한 책을 이해할 만한 사람이 당세에 없다고 여겨 후대에 자신의 뜻을 알아줄 또 다른 양웅을 기다린다고 말한 바 있다.

그 인품의 높이가 시보다 더욱 빼어나지만, 세상 사람들이 그 인품을 귀중히 여기지 않은 것이 시보다 더욱 심하니, 아아, 애석하다!

동갑내기 친구인 권필의 시집 『석주소고』에 붙인 서문이다. 권필의 문집 『석주집』(石洲集)은 『석주소고』 외에 당시까지 전하던 권필의 시문을 아울러 1632년 심기원이 간행한 것이다. 안목이 높아 남을 인정하지 않기로 유명했던 이춘영은 오직 허균·권필·이안눌 세 사람의 문학만을 칭찬했는데, 그러면서도 허균은 과한〔飫〕 점이, 권필은 메마른〔枯〕 점이, 이안눌은 막힌〔滯〕 점이 흠이라고 평했다. 이 내용은 1607년 허균이 이춘영에게 보낸 편지에 보인다.

사명당

　병술년(1586) 여름에 나는 중형[1]을 모시고 봉은사[2] 아래에 배를 댔다. 한 승려가 날 듯이 와서 선창 앞에서 읍하는데, 풍채가 당당하고 용모가 단정했다. 앉아서 이야기해 보니 말은 간략했지만 그 속에 담긴 뜻이 고원했다. 내가 이름을 묻자 "종봉 유정[3]입니다"라고 했다. 나는 몹시 훌륭한 분이라고 여겼다.

　밤에 매당[4]에서 묵는데, 스님이 자신의 시를 보여주었다. 음운이 청아하고 뜻도 맑았다. 중형은 "당나라 아홉 승려[5]와 어깨를 나란히 할 만하군요"라고 극찬했다. 그때 나는 아직 어려서[6] 비록 그 묘처(妙處)는 알아차릴 수 없었지만, 가만히 마음 속에 기억해 두고 잊지 않으려 했다.

　삼 년 뒤에 중형이 세상을 뜨자 스님이 오대산에서 와 조문하며 슬프게 곡했다. 스님은 또 만시[7]를 지어 주었는데, 시에 쓰

1_ 중형(仲兄): 허봉(許篈)을 말한다.
2_ 봉은사(奉恩寺): 서울 강남구 삼성동에 있는 절. 명종 때 이래로 선종의 으뜸 사찰 역할을 했다.
3_ 종봉(鍾峰) 유정(惟政): 사명대사(四溟大師, 1544~1610)를 말한다. '종봉'은 그 호이고, '유정'은 법명이다. 1562년 승과(僧科)에 합격한 뒤 봉은사에서 수행하며 사대부들과 교유를 가졌다. 임진왜란 때 승병을 이끌고 큰 공을 세워 동지중추부사(同知中樞府事, 종2품)의 벼슬을 받았고, 종전 후인 1604년에는 일본에 사신으로 가서 조선인 전쟁 포로 3천여 명을 데리고 돌아왔다.
4_ 매당(梅堂): 봉은사에 있던 매화당(梅花堂)으로 추정된다.
5_ 당나라 아홉 승려: 원문은 "唐九僧"(당구승)인데, 송대(宋代)에 만당풍(晚唐風)의 시로 유명했던 아홉 승려를 가리키는 것으로 보인다. 혜숭(惠崇)·희주(希晝)·보섬(保暹)·문조(文兆)·행조(行肇)·간장(簡長)·유봉(維鳳)·우소(宇昭)·회고(懷古)의 아홉 승려가 『구승시』(九僧詩)라는 시집을 함께 냈다.
6_ 그때 나는 아직 어려서: 당시 허균은 18세였다.
7_ 만시(輓詩): 죽은 사람을 애도하여 짓는 시.

인 말이 몹시 고통스럽고 처절해 생사의 사이에서 초연하지 못한 듯 보였다. 나는 의심스런 생각이 들었다.

'스님의 도가 아직 상승(上乘: 최고 경지)의 깨달음에 이르지 못한 게 아닐까. 그렇지 않고서야 어찌 쩨쩨하게 속세 사람들의 슬픔과 기쁨을 흉내 낸단 말인가.'

임진년(1592) 겨울에 나는 명주(溟州: 강릉)로 피난 가 있었다. 그때 스님이 의병을 규합하여 임금의 위태로움을 막아 내고 그 스승(서산대사)을 대신해서 의병을 이끌고 여러 차례 왜군을 물리쳤다는 소식을 듣고는 뛸 듯이 기뻤다. 그 뒤 스님은 왕명을 받아 적진에 들어가서 왜적을 타이르고 큰 공을 세웠다. 스님이 그리웠지만 다시 만날 길이 없어서 애가 탔다.

병신년(1596) 겨울 내가 승문원[8]에서 근무할 때 공무로 영의정 서애[9]를 뵈러 갔더니, 높은 고깔모자를 쓰고 수염을 길게 기른 스님이 곁에 앉아 있었다. 스님은 내 손을 잡고 반가워하며 옛 일을 이야기했다. 영의정 댁에서 나와 함께 여관으로 가서 당시의 긴요한 일들에 대해 이야기를 나누었다. 북받치는 의기로 손뼉을 치며 이해득실을 설파하는 모습에는 기개 높은 옛 협객의 풍모가 있었고, 안장에 기대 좌우를 돌아보며 적을 일소하는

8_ 승문원(承文院): 외교문서를 관장하는 관서.
9_ 서애(西厓): 유성룡(柳成龍, 1542~1607)의 호. 선조 때의 문신으로, 도승지·대사헌·대제학·영의정을 지냈다.

데 뜻을 둔 모습은 기세등등한 노장(老將)처럼 보였다. 나는 더욱 스님을 존경하며 이렇게 생각했다.

'스님에게 시문(詩文)이란 아무것도 아니었구나. 위태로운 나라를 구제할 만한 재주를 가지셨거늘, 불문(佛門)에 잘못 발을 담갔으니 참으로 애석하다!'

계묘년(1603) 가을에 스님은 조정에 사직을 아뢰고 상원사[10]_ 옛 처소로 돌아가 있다가 감호(鑑湖: 경포호)의 별장으로 나를 찾아왔다. 당시에 나는 세상과 불화해서 잠시 불경을 읽으며 마음을 달래고 있었다. 그러던 차에 마음을 밝히고 본성을 깨닫는 불가(佛家)의 학설 중 내 좁은 소견으로 의심을 품고 있던 한두 가지 문제를 질문해 보았다. 스님은 모든 문제에 두루 통달하고 오묘한 이치를 깨우쳐서 참으로 조계와 황매[11]_의 가법(家法)을 터득하고 있었다. 스님은 불교의 정통 교리는 물론이요, 말로 전할 수 없어 이심전심으로 전해 온 묘리까지 완전히 꿰뚫고 있었으니, 스님이 세상을 구제하고 환난을 구한 것 역시 그중 한 가닥을 내보인 것임을 나는 비로소 알게 되었다. 며칠 동안 불교의 묘체에 대해 열띤 대화를 해 나갈수록 들어 본 적 없는 이야기를 더 많이 듣게 되었다. 그 뒤로 스님이 서울에 오면 그때마다 왕

10_ 상원사(上院寺): 오대산에 있는 절 이름.
11_ 조계(曹溪)와 황매(黃梅): '조계'는 조계산(曹溪山)의 혜능(慧能, 638~713), '황매'는 황매산(黃梅山)의 홍인(弘忍, 602~675)을 말한다. 홍인은 당대(唐代)의 승려로, 중국 선종의 제5대 조사(祖師)이다. 홍인의 두 제자 신수(神秀)와 혜능이 각각 점오(漸悟: 점진적인 깨달음)를 강조하는 북종선(北宗禪)과 돈오(頓悟: 즉각적인 깨달음)를 강조하는 남종선(南宗禪)의 대표자가 되면서 이후 선종의 여러 종파가 생겨났다. 혜능은 홍인의 법맥을 이은 선종의 제6대 조사로서, 돈오를 통해 자신의 본성을 발견할 것을 주장했다. 사람은 누구나 불성(佛性)을 지녀 자신의 본성 안에 부처의 가르침이 모두 갖추어져 있는바, 불경을 읽고 염불을 하고 절에 시주하는 일보다 자신의 본성을 발견하는 것이 중요하다고 혜능은 생각했다.

래하며 서로 뒤늦게 알게 된 것을 한탄했다.

경술년(1610) 9월에 스님이 입적(入寂)하셨다는 소식을 들었다. 나는 글을 지어 조문하고 또 시를 써서 제사 지내면서, 스님의 훌륭한 모습을 영영 뵐 수 없게 된 것이 한스러워 한숨 쉬고 눈물을 흘렸다. 나는 그제야 스님이 내 중형을 애도하던 마음이 바로 내가 지금 스님을 애도하는 마음과 같았다는 것을 알았다. 정(情)이라는 게 대체 무엇이기에 사람의 마음을 이토록 속박하는지.

올해 스님의 제자 혜구(惠球)가 스님의 문집을 가지고 와서 이렇게 청했다.

"저희 스승께서 지으신 시 수천 편을 일찍이 선생의 중형께서 가지고 계셨으나 전쟁 통에 잃어버리고 말았습니다. 이 문집은 최근에 모은 것이어서 스승의 글 중 극히 일부에 지나지 않습니다만, 저희들이 스승의 은혜를 갚을 길이 없어 몇 권의 책으로 묶어 간행하려 합니다. 저희 스승의 문장과 도를 잘 알되, 좋아하는 사람이라 해서 분에 넘치는 칭찬을 하지 않을 분으로는 선생만 한 분이 안 계십니다. 부디 한 말씀 써 주시어 이 책이 영원히 전해지도록 은혜를 베풀어 주시기 바랍니다."

나는 이렇게 말했다.

"아아, 내가 어찌 감히 스님의 글에 서문을 쓸 수 있겠습니까. 스님의 시는 문단에 퍼져 칭송받고 있고, 스님의 공적은 되찾은 나라 안에 가득하며, 스님의 불도는 이미 석가여래의 경지에 들었거늘, 어찌 내 글이 있다 해서 그 무게가 더해지겠습니까. 다만 우리 형제는 스님과 두터운 교분이 있었으니 글재주가 낮다고 해서 사양할 수는 없는 노릇이군요."

그리하여 스님과의 만남을 차례로 적어 아쉬운 대로 요청에 응하며 그간의 감회를 토로한다.

만력 임자년[12] 1월, 교산(蛟山) 허단보(許端甫)가 쓰다.

---

[12] 만력(萬曆) 임자년: 1612년(광해군 4). '만력'은 명나라 신종(神宗, 재위 1573~1620)의 연호.

1612년 1월 사명당의 문집인 『사명집』(四溟集)에 붙인 서문이다. 허균이 18세 되던 1586년 사명당과 첫 만남을 가진 이후 1610년 사명당이 세상을 뜰 때까지 25년 동안 맺어 온 인연을 담담히 서술하는 가운데 사명당의 빼어난 면모를 다양한 각도에서 조명했다.

엄처사

　　엄처사(嚴處士)는 이름이 충정(忠貞)이고, 강릉 사람이다. 아버지가 일찍 세상을 뜬 뒤 집이 몹시 가난해서 손수 땔감을 구하고 물을 길어야 했다. 지극한 효성으로 어머니를 모셔 아침저녁으로 어머니 곁을 떠나지 않았다. 어머니가 조금이라도 편찮으면 허리띠를 푼 채 잠자리에 드는 일이 없었다. 손수 음식을 만들어 올렸는데, 어머니가 산새 고기를 좋아하므로 그물을 치기도 하고 장대에 아교를 바르기도 해서 어떻게든 산새를 잡아 밥상에 올렸다.

　　어머니가 글공부를 해서 과거를 보라고 권하자 열심히 학문에 힘을 쏟으니, 시(詩)와 부(賦)를 매우 고아하게 지어 향시[1]에 여러 번 합격하고, 마침내 사마시[2]에 합격하여 어머니를 영예롭게 했다. 통달하지 않은 책이 없었는데, 특히 『주역』과 『중용』에 정통해서 깊은 이치를 터득하니, 엄처사가 지은 글에는 「하도」· 「낙서」[3]와 부합하는 뜻이 담겨 있었다.

　　엄처사는 어머니의 병이 위독하자 자신의 목숨을 대신 가져가 달라고 하늘에 기도했지만 소원을 이루지 못했다. 수십 일 동안 물 한 모금 마시지 않다가 간신히 지팡이를 짚고 일어나 삼

---

[1] 향시(鄕試): 사마시(司馬試) 곧 생원진사시(生員進士試)의 초시(初試: 1차 시험) 중 지방별로 시행되는 시험을 말한다.

[2] 사마시(司馬試): 생원진사시 곧 생원과 진사를 뽑는 소과(小科)를 말한다.

[3] 「하도」(河圖)·「낙서」(洛書): 「하도」는 복희씨(伏羲氏) 때 황하(黃河)에서 나온 용마(龍馬)의 등에 그려져 있었다는 그림이고, 「낙서」는 하(夏)나라 우왕(禹王)이 홍수를 다스릴 때 낙수(洛水)에서 나온 신귀(神龜)의 등에 쓰여 있었다는 글이다. 복희씨는 하도에 의거해 팔괘(八卦)를 그렸고, 우왕은 낙서에 의거해 홍범구주(洪範九疇: 우왕이 정했다는 아홉 조목의 정치·도덕 규범)를 지었다고 전한다.

년 동안 여막에서 살며 죽만 먹었다.

 삼년상을 마친 뒤 친구가 과거 시험을 보라고 권하자 엄처사는 울며 말했다.

 "내가 과거 공부를 했던 건 오직 어머니를 위해서였는데, 이제 와서 과거를 보아 무엇하겠나? 내 몸이 영예로워진들 어머니께서 그 영예를 누리실 수 없으니, 나는 차마 그리 못하겠네."

 엄처사가 슬피 오열하기를 멈추지 않자 사람들이 다시는 그 말을 꺼내지 못했다.

 엄처사는 만년에 우계현[4]으로 이사해 산 깊고 물 좋은 곳을 골라 초가집을 짓고 그곳에서 생을 마치고자 했다. 궁핍해서 살아가기 힘들었지만 마음은 느긋했다. 사람됨이 온화하고 순수하며 막힌 데 없이 드넓어서 다른 사람과 어긋나는 법이 없었으며, 늘 공손하고 정성스러웠다. 그러나 고을에서 누군가의 잘잘못을 평가하는 일, 무언가를 주고받거나 취하고 거절하는 일에는 맺고 끊음이 분명해서 감히 범접할 수 없었으며, 모든 일을 의리에 맞게 판단하므로 마을 사람들 모두가 엄처사를 사랑하고 공경했다.

 제자들을 가르칠 때에는 반드시 충효를 최우선으로 삼았고, 번잡한 명예와 이익에는 전혀 뜻이 없어 그와 관련된 말은 한마디도 입 밖에 꺼낸 적이 없었다.

 역사책을 읽다가 나라의 흥망성쇠에 관한 대목이나 군자와

4_ 우계현(羽溪縣): 강릉의 고을 이름. 지금의 강릉시 옥계면(玉溪面) 일대.

소인을 분변하는 대목에 이르면 언제나 펄펄한 의기로 정확히 논평했는데, 그 내용이 흥미진진해서 경청할 만했다. 악비[5]와 문천상[6]이 죽는 대목에 이르면 그때마다 책을 덮고 눈물을 흘렸다.

문장은 간결하면서 절실하여 법도가 있었고 시 또한 웅장하고 아름다워 입에서 입으로 전하며 외워지던 것이 백여 편이었다. 모두 글쓰기의 전범에 부합하는 작품들이었지만, 엄처사 자신은 글 짓는 일을 달갑게 여기지 않았다.

조정에서 엄처사의 명성을 듣고 가상히 여겨 거듭 재랑[7] 벼슬을 내렸지만 엄처사는 끝내 응하지 않았다.

78세로 생을 마치던 날 엄처사는 왕래가 있던 몇 사람과 학자 십여 명을 초대해서 술과 안주를 대접했다. 이윽고 엄처사는 자기가 죽은 뒤 선산에 묻어 달라고 하고, 또 자신의 어린 손자를 부탁한다고 했다. 그러고는 아끼던 그림과 책을 제자들에게 나누어 주더니 단정히 앉아 평온한 모습으로 세상을 떴다. 마을 사람들이 앞다투어 와서 곡을 했고, 엄처사와 알고 지내던 선비는 물론이고 안면이 없던 선비들까지 모두 와서 조문했다. 엄처

5_ 악비(岳飛): 1103~1141. 남송 초의 명장으로, 시호는 무목(武穆)이다. 1126년 여진족이 세운 금나라가 양자강(揚子江) 북쪽을 장악하자 이에 맞서 싸워 무공을 세웠다. 그러나 재상 진회(秦檜)의 주화파(主和派)가 득세하여 금나라에 조공을 바치기로 하는 화의(和議)를 맺은 뒤, 주전파(主戰派)의 대표자였던 악비는 처형되고 말았다.

6_ 문천상(文天祥): 1236~1282. 남송 말의 재상으로, 호는 문산(文山)이다. 남송이 멸망한 뒤 원나라 벼슬하는 것을 거절하고 남송 재건을 도모했으나 결국 원나라에 체포되어 처형 당했다.

7_ 재랑(齋郎): 제사를 담당하는 관원을 뜻하는데, 여기서는 능참봉(陵參奉)을 말한다. 능참봉은 능을 관리하는 일을 맡아보던 종9품 벼슬이다.

8_ 외사씨(外史氏): 작자인 허균 자신을 지칭한 말. '외사'란 사관(史官)이 아닌 사람이 기록한 역사 곧 야사(野史)를 말한다. 외사를 기록한 사람이 자신을 가리켜 '외사씨'라고 한다.

사가 지은 글은 모두 사라져서 책으로 엮을 수 없다.

외사씨[8]는 말한다.

"엄처사는 집에서 효성스러웠고 고을에서 올곧게 살았으니, 그에 걸맞은 지위를 얻어 마땅하다. 그러나 모친이 돌아가셨다는 이유로 벼슬길에 나가지 않고 끝내 곤궁하게 살다가 생을 마치면서 자신의 재주를 세상에 조금도 내보이지 않았으니, 참으로 애석하다.

세상 밖에 묻혀 사는 선비들도 비슷한 사정일 테니 이름이 사라져 전하지 않는 이가 어찌 엄처사 한 사람뿐이겠는가? 슬프다!"

뛰어난 덕성과 능력을 가졌지만 일생을 묻혀 산 선비 엄충정을 기린 전(傳)이다. 허균이 지은 다섯 편의 전 중에서는 가장 평범한 내용의 작품이다.

손곡산인

　　손곡산인[1] 이달은 자(字)가 익지(益之)로, 쌍매당 이첨[2]의 후손이다. 그러나 어머니의 신분이 천한 까닭에 세상에 쓰이지 못했다. 원주의 손곡에 살았기에 스스로 '손곡'이라는 호를 지어 붙였다.

　　이달은 젊어서 읽지 않은 책이 없었고, 지은 글도 매우 많았다. 한리학관[3]이 되었지만 마음에 맞지 않는 일이 있어 벼슬을 버리고 떠났다. 고죽 최경창[4]과 옥봉 백광훈[5]을 따라 노닐다가 서로 만나게 된 것을 몹시 기뻐하며 함께 시사[6]를 결성했다.

　　그 당시 이달은 소동파(蘇東坡)의 시를 모범으로 삼아 그 정수를 체득하고 있었다. 한번 붓을 잡으면 순식간에 수백 편을 쏟아 냈는데, 모두 시상(詩想)이 풍성해서 읊조리기 좋았다. 그러

1_ 손곡산인(蓀谷山人): 이달(李達, 1539~1612)의 호. '산인'은 산속에 은거해 사는 사람을 이르는 말.

2_ 이첨(李詹): 고려 말~조선 초의 문신으로, 호는 쌍매당(雙梅堂)이다. 조선 태종 때 지의정부사(知議政府事)·대제학(大提學)을 지냈다.

3_ 한리학관(漢吏學官): 이문학관(吏文學官) 곧 중국어와 이문(吏文)을 전문으로 하는, 승문원(承文院) 소속의 관리. '이문'은 중국과 주고받는 외교문서 및 우리나라의 공문서 등에 사용되던 독특한 문체로, 한문의 골격에 중국의 백화어(白話語)나 특수 용어를 섞어 썼다.

4_ 최경창(崔慶昌): 1539~1583. 선조(宣祖) 때의 시인으로, 호는 고죽(孤竹)이다. 박순(朴淳)의 문인으로, 문과에 급제하여 정언(正言)·종성부사(鍾城府使) 등을 지냈다. 당시풍(唐詩風)의 시를 잘 지어 백광훈·이달과 함께 '삼당시인'(三唐詩人)이라 불렸다.

5_ 백광훈(白光勳): 1537~1582. 선조 때의 시인으로, 호는 옥봉(玉峯)이다. 박순의 문인으로, 벼슬에 뜻을 두지 않고 시와 서예에 전념했다. '삼당시인'의 한 사람으로, 당나라의 천재 시인 이하(李賀)에 비견되기도 했다.

6_ 시사(詩社): 한시 창작을 위한 동인(同人)들의 모임.

7_ 사암(思菴): 박순(朴淳, 1523~1589)의 호. 박순은 명종~선조 때의 문신으로, 시호는 문충(文忠)이다. 서경덕(徐敬德)의 문인으로, 1553년(명종 8) 문과에 장원급제하여 대사간·대사헌·이조판서를 거쳐 영의정에 올랐다. 저술로 『사암집』(思菴集)이 있다.

던 어느 날 사암7_ 정승이 이달에게 말했다.

"시 짓는 길은 마땅히 당시(唐詩)를 정도(正道)로 삼아야 해. 소동파의 시가 비록 호방하긴 하지만 당시에 비하면 아랫자리에 놓여야지."

그러더니 시렁 위에서 이백(李白)의 악부와 가음,8_ 왕유(王維)와 맹호연(孟浩然)의 근체시9_를 꺼내 보여주었다. 이달은 불현듯 시의 진수가 당시에 있음을 깨달았다.

마침내 그때까지 배운 것을 모두 버리고 예전에 살던 손곡 땅으로 돌아가 두문불출하며 『문선』,10_ 이백과 성당 열두 대가11_의 시, 유장경12_과 위응물13_의 시, 양사홍의 『당음』14_을 외웠다. 밤을 새우기도 하며 하루 종일 앉은 자리를 떠나지 않은 지 5년 만에 환히 깨달은 바가 있었다. 시험 삼아 시 한 편을 지어 보니 시어(詩語)가 몹시 맑고 깨끗해 예전에 짓던 시와는 전혀 딴판이었다.

8_ 악부(樂府)와 가음(歌吟): '악부'는 민간의 노래를 옮기거나 본떠 만든 한시, '가음'은 노랫말 형식의 한시를 말한다.

9_ 근체시(近體詩): 당나라 때 성립된, 압운(押韻)·평측(平仄)·대우(對偶) 등의 엄격한 규범을 따른 한시.

10_ 『문선』(文選): 육조 시대 양(梁)나라의 소명태자(昭明太子)가 진한(秦漢) 이후 양나라까지의 대표적인 시문을 뽑아 엮은 책.

11_ 성당(盛唐) 열두 대가: 허균은 '성당십이가'(盛唐十二家)라고 했지만, 실은 '초당(初唐)과 성당의 열두 대가'를 가리키는 것으로 보인다. 명나라 문인 장손업(張遜業)이 간행한 『당십이가시』(唐十二家詩)에 뽑힌 왕발(王勃)·양형(楊炯)·노조린(盧照鄰)·낙빈왕(駱賓王)·진자앙(陳子昂)·두심언(杜審言)·심기(沈期)·송지문(宋之問)·맹호연·왕유·고적(高適)·잠삼(岑參)이 그들이다.

12_ 유장경(劉長卿): 중당(中唐)의 시인. 수주 자사(隨州刺史)를 지냈기에 흔히 '유수주'(劉隨州)라 부른다.

13_ 위응물(韋應物): 중당의 시인. 좌사낭중(左司郎中)과 소주 자사(蘇州刺史)를 지냈기에 흔히 '위좌사'(韋左司) 혹은 '위소주'(韋蘇州)라 부른다.

14_ 양사홍(楊士弘)의 『당음』(唐音): 양사홍은 원(元)나라 문인으로, 자는 백겸(伯謙)이다. 『당음』은 양사홍이 편찬한 당시(唐詩) 선집으로, 당시 조선에서 많이 읽힌 대표적인 책이다.

즉시 당나라 시인들의 여러 시 형식을 본받아 장단편[15]이며 율시[16]와 절구[17]를 지어 보았다. 자구(字句)를 정련하고 운율을 연구하고 격조를 가다듬어, 법도에 맞지 않는 점이 있으면 달이 가고 해가 가도록 고치고 또 고쳤다.

이달은 그렇게 십여 편의 시를 완성한 뒤 이를 가지고 여러 명망가들 앞에 가서 읊었다. 그러자 명망가들은 모두 감탄하며 신기하다 여겼고, 최경창과 백광훈은 자신들이 미칠 수 없는 경지라 했으며, 제봉[18]과 하곡[19]처럼 당대에 시로 이름을 떨친 분들도 모두 성당(盛唐) 시절의 시와 같다며 높이 평가했다.

이달의 시는 맑고 산뜻하며 우아하고 아름다웠다. 그중에서도 잘된 작품은 왕유·맹호연·고적·잠삼의 경지를 넘나들었고, 약간 못 미치는 작품이라 해도 유장경이나 전기[20]의 운치를 잃지 않았다. 신라와 고려 이래로 당시를 모범으로 삼아 시를 지은 이들 중 누구도 이달의 수준에 미치지 못했다. 이는 사암이 고무해 준 덕택이니, 사암은 한나라 고조(高祖)에게 길을 열어 준 진섭[21]의 역할을 한 것이라 할 수 있지 않을까.

이 때문에 이달은 우리나라에 명성을 떨치게 되었으니, 이달을 귀하게 여겨 그 신분에 개의치 않고 칭찬해 마지않던 문단의 거장이 서너 분이나 계셨다. 그리하여 세상의 속물들 중에 이달

15_ 장단편(長短篇): 장단구(長短句). 구절마다 글자 수가 일정하지 않은 한시 형식.
16_ 율시(律詩): 여덟 구절로 이루어진 근체시 형식.
17_ 절구(絶句): 네 구절로 이루어진 근체시 형식.
18_ 제봉(霽峯): 고경명(高敬命, 1533~1592)의 호. 선조 때의 문신으로, 문과에 장원급제하여 교리·순창군수를 지냈으며, 임진왜란 때 의병장으로 크게 활약했다.
19_ 하곡(荷谷): 허봉(許篈)의 호.
20_ 전기(錢起): 중당의 시인.

을 미워하고 질시하는 자들이 즐비해서 몇 번이나 더러운 누명을 씌워 형벌의 그물에 걸리게 하려 했지만, 끝내 이달을 죽게 하거나 그 명성을 빼앗지는 못했다.

이달은 용모가 말쑥하지 못하고 성품이 호탕해서 단속할 줄을 몰랐으며 세속의 예의범절에도 서툴렀기에 세상과 늘 어긋났다. 고금의 온갖 일에 대한 이야기를 잘했고, 산수가 아름다운 곳에 이르면 술 마시기를 좋아했으며, 진(晉)나라 사람[22]의 글씨를 잘 썼다. 그 마음은 텅 비어 막힌 경계가 없었고 생업을 꾸리는 법이 없었다. 어떤 이들은 이 때문에 그를 좋아하기도 했지만, 평생 동안 몸 붙일 곳 없이 사방으로 떠돌며 걸식하였기에 많은 사람들이 그를 천하게 여겼다.

곤궁한 운명으로 늙어 간 것은 분명 그가 시인이었기 때문일 것이다. 그러나 그 몸은 곤궁했어도 불후의 작품을 남겼으니, 어찌 한 시절의 부귀를 가지고 이 같은 명예와 바꿀 수 있겠는가! 지은 글들이 거의 다 없어져, 내가 남은 작품을 가려내 네 권의 책으로 만들어 전했다.

외사씨는 말한다.

"태사(太史) 주지번[23]이 이달의 시 「만랑옹의 검무」[24]를 읽

21_ 진섭(陳涉): 진승(陳勝)을 말한다. 진나라가 폭압적 전제정치를 펴고 있던 때 최초로 진나라에 항거하는 병사를 일으켜 진나라 멸망의 결정적인 단초를 제공했다.
22_ 진(晉)나라 사람: 동진(東晉)의 서예가 왕희지(王羲之) 등을 말한다.
23_ 주지번(朱之蕃): 제4부의 「화가 이정」 주 7 참조.
24_ 「만랑옹(漫浪翁)의 검무(劍舞)」: 원제목은 「만랑무가」(漫浪舞歌)로, 검무를 소재로 삼아 이백의 가음(歌吟) 형식을 본받아 쓴 시이다. 『손곡시집』(蓀谷詩集) 권2에 수록되어 있다.

고는 무릎을 치고 찬탄하며 말했다.

'이 시가 이백의 시와 무엇이 다르단 말인가!'

석주 권필도 이달의 시 「반죽의 원한」[25]을 보고 이렇게 말했다.

'『청련집』[26] 속에 끼워 두면 안목 있는 사람이라도 가려내기가 쉽지 않겠군!'

이 두 사람이 어찌 허튼소리를 했겠는가. 아아, 이달의 시는 참으로 기이하다!"

---

[25] 「반죽(斑竹)의 원한」: 원제목은 「반죽원」(斑竹怨)으로, 순임금이 죽은 뒤 순임금의 두 비(妃)가 슬퍼 울다 상수(湘水)에 몸을 던지자 그 자리에 눈물 자국이 있는 반죽(斑竹)이 돋아났다는 전설을 노래한 시이다. 『손곡시집』 권1에 수록되어 있다.
[26] 『청련집』(青蓮集): 이백의 문집 이름.

허균이 시를 배웠던 이달(李達)의 전(傳)이다. 허균이 전하는 불우한 천재 시인 이달의 면모도 흥미롭지만, 박순과 이달의 만남은 당대 조선의 문학 경향이 일변하는 과정을 보여주는 대목이어서 주목을 요한다.

장산인

장산인[1]은 이름이 한웅(漢雄)인데, 어떤 사람인지는 자세히 알 수 없다.

조부로부터 3대에 걸쳐 양의[2] 일을 했는데, 장산인의 부친은 상륙[3]을 먹은 뒤 귀신을 보고 부릴 수 있게 되었으며, 아흔여덟 살의 나이에도 마흔 살 정도로 보였다. 장산인의 부친은 어느 날 집을 나가 어디론가 떠났는데, 어떻게 생을 마쳤는지 아무도 몰랐다.

부친이 집을 떠나면서 장산인에게 책 두 권을 주었으니, 바로 『옥추경』[4]과 『운화현추』[5]였다. 장산인이 그 책을 받아 수만 번을 읽자 부친처럼 귀신을 부르고 학질을 치료할 수 있게 되었다.

장산인은 마흔 살이 되자 문득 모든 일을 그만두고 집을 떠나 지리산에 들어갔다. 장산인은 그곳에서 이인(異人)을 만나 연마법[6]을 배우는 한편 빈 암자에 앉아 『수진십서』[7]를 읽으며 삼

1_ 장산인(張山人): '산인'은 산속에 은거해 사는 사람, 혹은 승려나 도사를 이르는 말.
2_ 양의(瘍醫): 종기나 부스럼을 치료하는 의원(醫員).
3_ 상륙(商陸): '자리공'이라는 식물의 뿌리. 독성이 강하나 강력한 이뇨 작용이 있어서 한약재로 사용한다.
4_ 『옥추경』(玉樞經): 도교 경전의 하나. 병을 고치는 주술적인 힘이 있다고 여겨 조선 시대 민간에서 널리 읽혔다.
5_ 『운화현추』(運化玄樞): 명나라 태조의 아들 주권(朱權)이 지은 도교 의약서.
6_ 연마법(煉魔法): 귀신이나 요괴를 마음대로 부리는 법.
7_ 『수진십서』(修眞十書): 당나라부터 원나라 때까지 만들어진 도교의 내단(內丹) 관련 주요 서적을 '금단대성집'(金丹大成集) 등 10편으로 나누어 엮은 60권의 총서. 제목의 '수진'은 내단을 수련하여 진인(眞人: 신 혹은 도가의 이상적인 인간)의 경지에 이른다는 뜻이다.

년 남짓 음식을 먹지 않았다.

하루는 산골짜기 길을 가는데, 승려 두 사람이 장산인의 뒤를 따라왔다. 숲에 이르자 호랑이 두 마리가 나타나서 엎드려 장산인을 맞이했다. 장산인이 뭐라고 꾸짖자 호랑이들은 공손히 귀를 늘어뜨리고 꼬리를 흔들며 살려 달라고 애원하는 듯한 모습을 지어 보였다. 장산인이 호랑이 한 마리에 올라탄 뒤 승려 두 사람을 다른 한 마리에 함께 타게 했다. 절 문 앞에 이르자 두 마리 호랑이는 엎드려 이들을 내린 뒤 물러갔다.

장산인은 지리산으로 떠난 지 십팔 년 만에 서울로 돌아와 흥인문(興仁門) 밖에 살았다. 나이가 예순이었지만 용모는 조금도 늙지 않았다. 이웃에 빈 집이 있었는데, 흉가라서 들어가 살 수가 없었다. 그 집 주인이 장산인에게 와서 귀신을 물리쳐 달라고 청했다. 장산인이 밤에 그 집에 가니 두 명의 귀신이 와서 꿇어앉아 말했다.

"저희는 문지기신과 부뚜막신[8]입니다. 요사스런 구렁이가 이 집을 차지하고 간사한 짓을 하고 있으니 죽여 주시기를 청합니다."

귀신들이 뜰 가운데 있는 커다란 홰나무 뿌리를 가리키자 장산인은 주문을 외며 물을 뿜었다. 잠시 후 사람 얼굴을 한 커다란 구렁이가 눈을 거울처럼 번뜩이며 꿈틀꿈틀 기어 나와 몸을

8_ 문지기신과 부뚜막신: '문지기신'은 수문신(守門神) 곧 집 문간의 출입을 단속해서 불행이 들어오지 못하게 막아 준다는 귀신이다. '부뚜막신'은 늘 부엌에 있으면서 모든 길흉을 판단한다는 귀신이다.

반쯤 밖으로 빼내더니 죽어 버렸다. 장산인이 구렁이를 태우게 하자 그 집에 서려 있던 재앙이 마침내 사라졌다.

언젠가 장산인이 살곶이9에서 사람들과 어울려 놀며 물고기를 잡았다. 장산인이 죽은 물고기를 골라 물동이에 담더니 약 한 숟가락을 풀어 넣었다. 그러자 물고기들이 되살아나 펄떡거렸다. 사람들이 죽은 꿩으로 시험해 보자고 했다. 장산인이 또 약 한 숟가락을 떠서 꿩의 주둥이에 넣자 꿩은 즉시 퍼덕퍼덕 날개를 치며 되살아났다. 사람들이 모두 괴이하게 여겨 말했다.

"죽은 사람도 살려 낼 수 있습니까?"

장산인이 말했다.

"사람이 살아 있을 때는 마음대로 할 수 있지만, 혼백이 몸을 떠난 지 삼 년이 되면 완전히 소멸되고 마니, 그때는 약으로도 살려 낼 수 없습니다."

장산인은 글을 모른다고 말하고 다녔지만 실은 글을 좋아했고, 밤눈이 어두워 밤에는 밖에 나가지 않는다고 말했지만 사실은 어두운 곳에서도 작은 글씨를 잘 읽었다. 그 밖에도 능한 잡기(雜技)가 많아서, 베로 만든 병에 술 담기, 종이로 만든 통에 불 피우기 등 세상 사람들을 깜짝 놀라게 한 일들은 이루 다 기록할 수 없다.

당시에 이화(李和)라는 점쟁이가 영험하기로 유명했지만,

9_ 살곶이: 지금의 서울 뚝섬 일대.

장산인은 이화를 한 수 아래로 여겼다. 장산인은 이화가 점치는 것을 보고 있다가 틀린 점이 있으면 그때마다 고쳐 주었는데 모두 정확한 지적이어서 이화는 감히 한마디도 더 보태지 못했다. 이화가 이렇게 말했다.

"산인은 항상 귀신 삼백 명의 호위를 받고 계시니, 진짜 이인이십니다!"

임진왜란이 일어나던 해 장산인은 일흔네 살이었다. 장산인은 가산을 처분해서 조카들에게 나누어 준 뒤, 5월이 되자 승복 차림에 지팡이를 짚고 소요산[10]으로 들어가 소요산 승려들에게 말했다.

"올해 내 명이 다할 것이니 죽거든 꼭 화장해 주시오."

얼마 안 있어 왜적이 쳐들어왔다. 장산인은 앉은 채로 왜적의 칼에 찔렸는데, 하얀 기름 같은 피를 흘리면서도 몸을 꼿꼿이 한 채 고꾸라지지 않았다. 이윽고 커다란 천둥소리와 함께 큰비가 내리자 왜적은 겁을 먹고 달아났다. 소요산 승려들이 다비를 하니 사흘 밤낮 동안 서광이 하늘에 뻗쳤다. 사리가 일흔두 개 나왔는데, 가시연밥[11]만 한 크기에 검푸른 빛이었다. 사리는 모두 탑 속에 간직되었다.

그해 9월 장산인이 강화도에 사는 정붕(鄭霶)이라는 사람의 집에 나타났다. 정붕은 장산인이 죽은 줄 모르고 있었다. 장산인

10_ 소요산(逍遙山): 지금의 경기도 동두천시와 포천군에 걸쳐 있는 산.
11_ 가시연밥: 수련과에 속하는 가시연꽃의 열매로, 지름이 5센티미터가량이다.

은 그 집에서 사흘 동안 머물고 떠나면서 금강산으로 간다고 말했다. 정붕은 이듬해에야 비로소 자신이 장산인을 만나기 전에 이미 장산인이 죽었다는 사실을 알았다. 사람들은 장산인이 죽을 때 몸만 남겨 두고 혼백은 빠져나온 것이라고들 했다.

정붕은 이인을 만난 뒤 점을 잘 치고 관상을 잘 보게 되어 점을 치면 신기하게 맞히는 것이 많았다. 훗날 재랑(齋郎: 능참봉)에 임명되었지만 응하지 않았다. 어떤 이들은 정붕이 귀신을 부릴 줄 알아서 이른 나이에 세상을 떴다고 한다.

실존인물 장한웅(張漢雄)을 주인공으로 한 신선전(神仙傳)이다. 신선전은 도인이나 신선을 주인공으로 한 전(傳)으로, 조선에서 16세기 이래로 유행했다. 임진왜란을 겪은 뒤 참혹한 현실로부터 초월하고자 하는 욕망이 강해지면서 사대부들의 마음을 더욱 사로잡았던 듯하다. 장한웅은 16세기 후반에 의술로 유명했던 인물로, 어의(御醫) 양예수(楊禮壽, ?~1597)가 편찬한 『의경요람』(醫經要覽)에도 장한웅의 처방이 언급되었다. 양예수가 장한웅의 의술을 배워 명의가 되었다는 이야기도 전한다.

장생

 장생이 어떤 사람인지 자세히 알 수 없다. 장생은 기축년(1589) 무렵 서울에서 걸식하며 살았는데, 사람들이 이름을 물으면 "나도 모릅니다"라고 말했다. 조부나 부친이 어디 살았느냐 묻자 이렇게 대답했다.

 "아버지는 밀양의 좌수[1]였어요. 그런데 내가 세 살 때 어머니가 돌아가시자 첩이 헐뜯는 말에 빠져서 나를 시골 별장에 있는 하인 집으로 쫓아냈어요. 열다섯 살이 되자 시골 하인이 나를 여염집 딸과 혼인하게 해 줬지만 몇 년 만에 아내가 죽고 말았지요. 그 뒤로 전라도와 충청도 수십 고을을 떠돌아다니다 이제 서울까지 오게 되었답니다."

 장생은 용모가 매우 준수했고 미목이 그린 듯 멋졌다. 우스갯소리를 재치 있게 잘했고, 노래를 특히 잘 불러 처량한 소리로 사람들을 감동시켰다. 늘 자주색 비단 겹옷을 입고 다녔는데, 날이 춥거나 덥거나 갈아입지 않았다. 모든 기생집에 출입하며 사람들과 잘 사귀었고, 앞에 술만 보이면 제 손으로 가득 떠다 마시고는 노래를 불러 좌중을 한껏 흥겹게 한 뒤에 나왔다. 술이 얼큰하게 취할 때면 점쟁이 소경, 술 취한 무당, 게으른 선비, 소

---

[1] 좌수(座首): 조선 시대 고을 수령을 보좌하는 자문 기관인 향청(鄕廳)의 우두머리.

박맞은 아낙, 거지, 노파의 행동거지를 흉내 냈는데, 흉내 내는 것마다 진짜 같았다. 또 얼굴 표정을 이리저리 바꿔 십팔 나한[2]을 흉내 내는 것도 똑같지 않은 경우가 없었다. 또 입을 오므려 호드기, 퉁소, 거문고, 아쟁, 비파, 기러기, 고니, 황새, 오리, 까마귀, 학 등의 소리를 내면 진짜인지 가짜인지 구별하기 어려웠고, 밤에 닭 우는 소리와 개 짖는 소리를 내면 이웃의 개와 닭이 모두 따라 짖고 울어 댔다. 장생은 아침마다 시장에 나와 구걸을 했다. 하루에 얻은 것이 거의 서너 말은 되었는데, 그중 몇 되로 자기 밥을 지어 먹고 나머지는 모두 다른 거지들에게 나누어 주었다. 그랬기에 장생만 나오면 거지 아이들이 그 뒤를 졸졸 따라다녔다. 이튿날에도 똑같은 일이 벌어졌지만, 사람들은 장생이 무슨 일을 하고 다니는지 전혀 헤아릴 수 없었다.

　장생이 악공(樂工) 이한(李漢)의 집에 얹혀살던 때의 일이다. 여종 하나가 장생에게 해금을 배우느라 아침저녁으로 만나며 친하게 지냈다. 하루는 여종이 자주색 꽃구슬로 장식한 봉황 모양 뒤꽂이를 잃어버리고 왔다. 아침에 큰길을 지나올 때 잘생긴 소년이 웃으며 슬쩍 몸을 기대 집적거렸는데 그 뒤로 보이지 않는다는 것이었다. 여종이 울음을 그치지 않자 장생이 말했다.

　"허헛! 어린놈이 감히 이런 짓을 하다니. 울지 마라, 저녁에 내가 찾아올 테니."

---

[2] 십팔 나한(十八羅漢): 석가모니의 부탁을 받아 오랫동안 세상에 남아 불법을 지키는 열여덟 아라한(阿羅漢: 불교 최고의 성자). 십팔 나한을 조각한 십팔나한상을 보면 저마다 특이한 표정을 짓고 있다.

그렇게 말하고는 훌쩍 나갔다.

저녁이 되자 장생은 여종을 불러 밖으로 나갔다. 서쪽 대로변의 경복궁 서쪽 담장을 따라 빙 돌아 신호문[3] 옆에 이르렀다. 장생은 큰 띠로 여종의 허리를 묶어 자신의 왼쪽 팔에 동여매더니 날쌘 동작으로 펄쩍 뛰어올라 몇 겹의 문 위로 날아 들어갔다. 이때는 깜깜한 밤이라 전혀 길을 분간할 수 없었는데, 순식간에 경회루(慶會樓)에 도착했다. 경회루 위에서 두 소년이 촛불을 들고 장생을 맞이하며 마주 보고 껄껄 웃었다. 소년들은 이윽고 대들보 위의 구멍에서 금이며 진주며 비단을 잔뜩 꺼냈다. 여종이 잃어버린 봉황 모양 뒤꽂이도 그중에 들어 있었다. 소년들이 뒤꽂이를 돌려주자 장생이 말했다.

"두 아우는 행동을 조심하게. 세상 사람들이 우리의 종적을 알아서는 안 되니."

마침내 다시 여종을 데리고 펄쩍 날아 북쪽 성을 빠져나와서는 여종을 집으로 돌려보냈다.

이튿날 여종이 날이 밝기 전에 이한의 집에 가서 장생에게 고맙다는 인사를 하려 했다. 장생은 술에 취해 드러누워서 코를 드르렁드르렁 골고 있었다. 그 집 사람들 모두가 장생이 밤사이 밖에 나갔다 온 줄은 꿈에도 몰랐다.

임진년(1592) 4월 1일, 장생이 술을 몇 말 사다가 크게 취하

---

[3] 신호문(神虎門): 경복궁의 북문인 신무문(神武門).

도록 마시고는 대로를 막고 서서 춤추며 노래 부르기를 그치지 않더니 밤이 다 되어 수표교4_ 위에 거꾸러졌다. 이튿날 새벽에 사람들이 장생을 발견했는데, 죽은 지 이미 오래였다. 장생의 시체가 문드러져 벌레로 변하더니 모두 날개가 돋아 날아가서 하룻밤 만에 다 사라지고 옷과 버선만이 그 자리에 남아 있었다.

무인(武人) 홍세희(洪世熹)라는 이가 연화방5_에 살았는데, 장생과 가장 친하게 지냈다. 홍세희가 임진년 4월에 이일6_을 따라 왜적을 막다가 새재에 이르렀을 때 짚신을 신고 지팡이를 끌고 가는 장생을 만났다. 홍세희가 장생의 손을 잡으며 무척 기뻐하자 장생이 말했다.

"나는 사실 죽지 않았어요. 바다 동쪽으로 좋은 나라를 찾아 갔었지요."

장생은 또 이렇게 말했다.

"그대는 올해 죽을 운이 아니군요. 전쟁이 나거든 높은 산으로 가고 강 쪽으로는 가지 마세요. 정유년(1597)에는 남쪽으로 가지 않도록 조심하세요. 혹 공무가 있더라도 산성(山城)에 올라가서는 안 됩니다."

말을 마치더니 날 듯이 떠나가 순식간에 종적을 감추었다.

홍세희는 과연 탄금대 전투7_에서 장생의 말을 기억해 두었다가 산 위로 달아나 죽음을 면할 수 있었다.

4_ 수표교(水標橋): 청계천에 있던 돌다리.
5_ 연화방(蓮花坊): 지금의 서울 연건동·동숭동 일대.
6_ 이일(李鎰): 1538~1601. 선조 때의 무관으로, 임진왜란 때 경상도 순변사(巡邊使)로서 상주 전투에서 패하여 충주로 쫓겨와 새재(조령鳥嶺)에서 신립(申砬)의 군대와 합류했다.
7_ 탄금대(彈琴臺) 전투: 신립이 충주 탄금대 앞에서 배수진을 치고 왜적에 맞서다 전멸당한 전투.

정유년 7월에 홍세희는 금군[8]으로서 당직 근무를 하던 중에 오리[9] 정승에게 임금의 교지(敎旨)를 전하는 임무를 맡았다. 홍세희는 장생이 일러 준 말을 까맣게 잊고 성주(星州)로 내려갔다가 왜적에게 쫓기게 되었다. 황석산성[10]의 방비가 튼튼하다는 말을 듣고 급히 말을 달려 들어갔으나, 성이 함락되면서 목숨을 잃고 말았다.

나(허균)는 젊은 시절에 유협(遊俠) 패거리들과 가까이 지냈는데, 함께 우스갯소리를 하며 매우 친한 사이가 되어서 그들의 재주를 죄다 볼 수 있었다. 아아! 참으로 신기했다. 이들이 바로 옛날 검선[11]이라 했던 무리가 아니겠는가?

---

[8] 금군(禁軍): 국왕의 친위군(親衛軍).
[9] 오리(梧里): 이원익(李元翼, 1547~1634)의 호. 선조~광해군 때의 문신으로, 정유재란 당시 군사 조직의 최고 책임자인 도체찰사(都體察使)로서 경상도 성주(星州)에 머물며 호남과 영남의 방비를 독려했다.
[10] 황석산성(黃石山城): 경상도 안음(安陰: 지금의 경남 함양군 안의면 일대)에 있던 산성. 정유재란 당시 영남과 호남의 요충지로 중시하여 안음현감 곽준(郭䞭) 등이 수비했으나 1597년 8월 1일 왜군에게 함락당하고 말았다.
[11] 검선(劍仙): 검술에 뛰어난 신선을 뜻하는데, 후대에는 협객(俠客)을 이르는 말이 되었다.

허균의 「장생전」(蔣生傳)이다. 장생은 당시 서울에서 '장도령'(蔣都令)이라 불렸던 유명 인물로, 그에 관한 일화가 여럿 남아 있다. 서울의 소년 협객들이 지금으로 치면 청와대쯤에 해당될 경복궁 안에 아지트를 두고 암약했다는 설정이 참으로 파격적이다. 훗날 김려(金鑢, 1766~1821)가 이 작품을 읽고 또 하나의 「장생전」을 쓴 바 있는데, 두 작품을 비교해 읽는 재미가 있다.

네 친구의 집

집의 이름을 '네 친구의 집'(사우재四友齋)이라고 붙인 이유는 무엇인가? 허자(許子: 허균)의 친구가 셋이요 허자가 또 한 자리를 차지해서 도합 네 친구이기 때문이다.

친구 세 사람은 누구인가? 지금 시대의 선비가 아니라 옛사람들이다. 허자는 성격이 무엇에도 구애되지 않고 제멋대로여서 세상과 잘 맞지 않는다. 그런 까닭에 지금 시대의 사람들은 떼지어 욕하고 무리 지어 배척하니, 허자의 집에 오는 이도 없고, 나가 봐야 갈 데도 없다. 그리하여 허자가 한숨을 쉬며 말했다.

"친구는 오륜의 하나거늘 나 홀로 친구를 못 가졌으니 이 얼마나 부끄러운 일인가!"

물러나 가만히 생각했다.

'온 세상이 나를 더럽다 여겨 사귀지 않으니 어디 가서 친구를 구한단 말인가! 다른 방법이 없다면 옛사람 중에서 사귈 만한 사람을 골라 벗으로 삼을 수밖에.

내가 가장 사랑하는 사람은 진나라의 처사(處士) 도연명이지. 이분은 한가롭고 고요하며 크고 드넓어서 세상일일랑 마음에 두지 않았어. 가난을 편안히 여기고 자신의 운명을 즐거이 여기며 잠시 이 세상에 머물다 돌아갔지. 그 맑은 풍모와 준엄한 절개가 닿을 수 없는 아득히 높은 곳에 있어서 나는 매우 숭모했지만 범접할 수 없었어.

그다음으로는 당나라의 한림(翰林) 이태백이 있군. 이분은 한없이 고매하고 호방해서 천하를 내려다보며 좁다 여기고 당대의 귀인들을 개미 보듯 하찮게 여기며 산수 간에 자유로이 살았지. 나는 부러워하며 나도 그렇게 되기를 바랐어.

또 그다음으로는 송나라의 학사(學士) 소동파가 있지. 이분은 마음을 비우고 생각을 툭 틔워서 누구와도 벽이 없었어. 똑똑하든 어리석든 귀하든 천하든 모든 이들이 소동파와 함께 있으면 기뻐했으니 유하혜의 화광동진[1]을 가졌다 하겠거늘, 나는 본받고자 했지만 이룰 수 없었지.

세 군자의 문장이 천고(千古)에 진동하며 빛나지만 내가 보기에는 그 모두 대수롭지 않게 여기던 일이었을 뿐, 내가 이분들에게 취한 좋은 점은 앞서 말한 미덕에 있지 그 문장에 있지 않네. 만약 이 세 군자를 친구로 삼을 수 있다면 세속 사람들이 하는 것처럼 소매를 맞잡거나 어깨를 걸고 신이 나서 귓속말을 해 대야지만 친구라고 할 필요 있겠는가?'

1_ 유하혜(柳下惠)의 화광동진(和光同塵): '유하혜'는 춘추시대 노(魯)나라의 대부(大夫)이다. '화광동진'은 자신의 빛을 감추고 티끌과 하나가 된다는 뜻으로, 자신의 예기를 드러내지 않고 시속을 따라 살아간다는 말이다. 유하혜는 시속에 따라 원만하게 처신하며 나쁜 군주에게 벼슬하러 나가는 것도 꺼리지 않았는데, 자신의 고결함이 타인에 의해 더럽혀지지 않음을 자신하기 때문이었다고 한다.
2_ 해서(楷書): 한 점 한 획을 독립되도록 방정(方正)하게 쓰는, 한문 서체의 하나.
3_ 도연명은 팽택(彭澤)에서~벼슬을 그만뒀고: 도연명은 팽택의 고을 수령을 지내다가 다섯 말의 녹봉 때문에 상관에게 비굴하게 허리를 굽힐 수 없다 하여 벼슬을 버리고 낙향했다.

그리하여 내가 이정(李楨)에게 세 군자의 초상화를 그리게 했더니 그림이 매우 그럴듯했다. 찬(贊)을 짓고 한석봉에게 해서[2]로 쓰게 한 뒤 머무는 곳마다 자리 한 모퉁이에 걸어 두니, 세 군자가 엄연히 마주 앉아 인사(人事)를 품평하는 것도 같고, 담소하는 것도 같고, 에헴 하는 헛기침 소리가 들리는 것도 같아서 외로이 지내는 괴로움일랑 조금도 없게 되었다. 이렇게 된 뒤에야 나는 오륜을 비로소 다 갖추어 남들과 사귀는 일을 더욱 즐기지 않게 되었다.

아아! 나는 본래 글재주가 없어 세 군자가 대수롭지 않게 여기는 일에도 능하지 못하고, 성품 또한 경솔하고 망령되며 용렬해서 감히 세 군자의 인품을 바랄 수 없다. 그러나 이분들을 존경하여 친구로 지내고자 하는 정성이 천지신명을 감동시킬 만하기에 이분들과 나의 거취가 암암리에 서로 부합하게 되었다.

도연명은 팽택에서 80일 만에 벼슬을 그만뒀고,[3] 나는 이천 석(石) 녹봉의 태수(太守) 벼슬을 세 번 지냈지만 모두 임기를 못 채우고 쫓겨났다. 이태백은 심양과 야랑으로 유배 갔었고,[4] 소동파는 옥살이를 한 뒤 황강으로 유배 갔는데,[5] 이는 모두 어진 자가 불행을 겪은 경우다. 반면에 나는 지은 죄가 있어 형틀에 묶여 매질을 당하고 남쪽 땅으로 옮겨왔다.[6] 아마도 조물주

---

[4] 이태백은 심양(潯陽)과 야랑(夜郎)으로 유배 갔었고: '심양'과 '야랑'은 각각 강서성(江西省)과 귀주성(貴州省)의 지명이다. 이백은 영왕(永王) 이린(李璘)의 반란에 연루되어 심양의 옥에 갇혔고, 이후 사형을 면하여 야랑으로 유배된 바 있다.

[5] 소동파는 옥살이를~유배 갔는데: '황강'(黃岡)은 호북성(湖北省)의 지명이다. 소동파는 호주(湖州) 지사(知事)로 있던 1079년, 조정의 정치를 비방하는 내용의 시를 썼다는 죄목으로 체포되어 옥살이를 한 뒤 황강현(黃岡縣)으로 유배되었다.

[6] 나는 지은~땅으로 옮겨왔다: 당시 허균은 과거 시험관으로서 부정을 저질렀다는 죄목으로 40여 일 동안 의금부에 갇혔다가 전라도 함열현(咸悅縣: 지금의 전북 익산)으로 유배와 있었다.

의 희롱으로 같은 곤액을 겪게 한 듯한데, 타고난 재주와 천성을 갑자기 바꿀 수는 없으리라.

하늘이 복을 내려 전원으로 돌아가도록 허락해 준다면, 강원도 내 옛집의 풍경이 시상촌이나 채석강[7]과 흡사하고 고을 백성은 순박하며 땅은 비옥하여 상숙이나 양선[8] 못지않으니, 세 군자를 받들어 모시고 감호(경포호) 가로 돌아가 벼슬하기 전처럼 사는 것이 인간세상의 한 가지 즐거움 아닐까? 저 세 군자가 이를 안다면 역시 유쾌하게 여길 것이다.

내가 사는 집이 마침 외진 곳에 있어 찾아오는 이가 없고, 오동나무는 뜰에 그늘을 드리웠으며, 대나무와 들매화를 집 뒤에 죽 심어 놓았으니, 그윽하고 고요함을 즐기며 북쪽 창에 세 군자의 초상을 걸고 향을 사르며 읍하였다. 그리하여 집 이름을 '네 친구의 집'이라 붙이고, 이름 붙인 이유를 위와 같이 쓴다.

신해년(1611) 2월 춘사일[9]에 쓰다.

---

[7] 시상촌(柴桑村)이나 채석강(采石江): '시상촌'은 도연명의 고향이자 은거지로, 지금의 강서성 구강시(九江市)에 속한 곳이다. '채석강'은 안휘성에 있는 강 이름으로, 이백이 이 강물에 비친 달을 잡으려다 물에 빠져 신선이 되었다는 전설이 있다.

[8] 상숙(常熟)이나 양선(陽羨): 모두 강소성(江蘇省)의 지명이다. '상숙'은 소동파가 생을 마친 곳이고, '양선'은 지금의 강소성 의흥(宜興)으로, 소동파가 은거하고자 농장을 마련했던 곳이다.

[9] 춘사일(春社日): 입춘이 지난 뒤 다섯 번째 무일(戊日). 양력으로 대략 3월 20일 전후이다.

1611년 봄 전라도 함열 유배 중에 쓴 글이다. 도연명과 이태백과 소동파와 허균 자신을 '네 친구'라 하며 자신이 닮고 싶은 옛사람의 미덕을 기리는 한편 그들과의 공통점을 찾으며 울울한 마음을 누그러뜨리고 있다. 친구 없는 고독감이 느껴지면서도, 그 이면에 견고하게 놓인 자부심이 역시 허균답다는 생각이 든다.

이재영에게 보낸 편지 1

    강 건너던 날 미녀가 동쪽 강가에 나와 있었지. 배가 중류에 들어선 뒤 바라보니 은하수에서 직녀를 바라보는 듯했네. 진강[1]에 이르자 전송하는 관리가 작별을 고했고, 십 리를 가서 돌아보니 관리가 보이지 않았네. 그러니 미녀가 보이겠으며 자네가 보일 리 있겠나.

    장자가 말하지 않던가. "그대를 배웅하던 이가 강가에서 돌아가면 그대는 이제 멀리 떠난 것이다"[2]라고. 내 말이 그 말일세.

---

[1] 진강(鎭江): 평안북도 서부의 박천강(博川江)을 말한다. 대정강(大定江)이라고도 한다.
[2] 그대를 배웅하던~떠난 것이다: 『장자』 외편(外篇) 「산목」(山木)에 나오는 말. 초(楚)나라의 현인 시남의료(市南宜僚)가 노(魯)나라 군주에게 한 말로, 본래는 "임금을 배웅하던 이가 강가에서 돌아가면 임금께서는 이제 멀리 떠난 것입니다"라고 해석된다.

1597년 8월, 허균의 그림자 같은 벗 이재영(李再榮)에게 보낸 편지이다. 당시는 정유재란 중이었는데, 허균은 그해 7월 명나라에 구원병을 요청하는 사신단의 일원으로 서울을 떠났다. 평안도까지 동행했던 이재영을 떠나보낸 뒤, 강을 건너 먼 길 떠나는 심경을 짤막한 편지로 적었는데, 여운이 있는 글이다.

이재영에게 보낸 편지 2

내가 수령을 맡게 된 큰 고을이 마침 자네 집과 가까우니 자네 모친을 모시고 이리 오게. 당연히 내 봉급의 반을 덜어 줄 테니, 양식 걱정은 없을 걸세.

자네와 내가 처지는 비록 달라도 지향이 똑같고, 자네 재주가 나보다 열 배는 뛰어나건만 세상에서 버림받기는 나보다 심하니, 이런 생각을 할 때마다 늘 기가 막히네.

내가 비록 운수가 기박하다지만 누차 태수 벼슬을 해서 그럭저럭 연명하고 살기에 충분하거늘 자네는 호구지책을 찾아 사방을 떠도는 신세를 면치 못하고 있으니, 이게 모두 우리 책임일세. 밥상 앞에 앉으면 얼굴에 땀이 흐르고 음식이 넘어가지 않으니, 부디 어서 오게나. 이 일로 비방을 얻는다 한들 나는 아무 관심 없다네.

1608년 1월에 쓴 편지로, 서얼 이재영이 허균에게 얼마나 각별한 존재였는지를 분명히 알려 준다. 한 달 전 허균은 공주목사가 되었는데, 그 시절에 허균은 이재영을 공주로 불러 함께 지내며, 서얼 출신인 처외숙 심우영(沈友英)을 통하여 이경준(李耕俊)·서양갑(徐羊甲) 등의 서얼과 친교를 맺었다. 5년 뒤인 1613년 '칠서(七庶: 일곱 서자)의 옥(獄)'이 벌어지면서 허균의 행보가 꼬이기 시작한 것을 보면 바로 이때부터 허균에게 불행의 그림자가 드리우기 시작한 듯하다.

이재영에게 보낸 편지 3

처마에는 비가 부슬부슬 내리고, 향로에는 향이 하늘하늘 피어오르는 지금, 두어 명 친구와 웃옷 벗고 맨발로 편히 앉아 연근을 씻고 참외를 쪼개 먹으며 번뇌를 씻어 보려 하네. 이런 때 우리 여인(汝仁)[1]이 없어서야 되겠나.

여기 온다고 하면 자네 마나님은 필시 사자처럼 으르렁거려 자네가 겁먹은 고양이 얼굴을 하게 만들 테지만, 늙은 홀아비 모양 위축되지 마시게. 문지기가 우산을 들고 가니 가랑비를 피하기엔 충분할 걸세.

어서어서 오시게. 우리가 항상 모일 수 있는 게 아니니 이런 모임이 어찌 자주 있겠나. 모임이 끝난 뒤에 후회해 봐야 소용없을 걸세.

1_ 여인(汝仁): 이재영의 자.

1608년 7월에 쓴 편지이다. 허균은 한 달 뒤에 충청도 암행어사의 보고로 공주목사에서 파직당하니, 아직은 공주에서 유유자적하던 시절이다. 아직 더위가 가시지 않은 비 오는 날 시원한 과일을 차려 놓고 벗을 부르며 농담조로 졸라 대는 모습에 웃음 짓게 된다.

나를 가두지 말라

나에 대한 찬미

성옹이 누구기에
그 덕을 칭송하나.
그 덕이 뭐고 하니
지극히 어리석고 무식하단 것.
무식하기는 비루하다 할 만하고
어리석기는 용렬하다 하겠네.
비루하고도 용렬하니
자랑할 일 뭐 있을까.
비루하면 조급하지 않고
용렬하면 화내지 않지.
화내는 일 없고 조급함도 없어
바보 같은 얼굴일세.
온 세상이 몰려가는 곳이라면
성옹은 가지 않지.
사람들이 괴로이 여기는 일
성옹 홀로 좋아하네.
마음 편하고 정신이 깨끗한 건

용렬하고 비루한 데서 온 것.
정기가 모이고 기운이 온전한 건
어리석고 무식한 데서 온 것.
형벌을 당해도 두려워 않고
벼슬에서 쫓겨나도 슬퍼 않네.
비방을 하든 욕을 하든
언제나 희희낙락.
내 자신이 기리지 않으면
누가 너를 기려 주랴.
성옹은 누구인가
바로 나 허균이지.

원제목은 「성옹송」(惺翁頌)이다. 허균의 서재 이름이 '성소'(惺所: 항상 깨어 있는 곳)였으니 '성소에 사는 늙은이' 혹은 '항상 깨어 있는 늙은이'라는 뜻의 '성옹'은 여기에서 온 호이다. '송'(頌)은 본래 남의 미덕을 찬미하기 위해 짓는 글로, 흔히 4언(言)의 운문(韻文)으로 짓는다. 자신을 기리는 '송'을 지은 것도 흔치 않은 발상이고, 명민하고 박식하기로 유명한 허균이 어리석음과 무식함을 미덕으로 내세운 것도 특이하다.

누추한 방

방은 사방 열 자1_
남쪽으로 문을 두 개 내니
낮이면 햇볕 들어
밝고 따뜻하네.
집이라야 덩그러니 네 벽뿐이지만
책은 온갖 종류 그득하거늘
겨우 쇠코잠방이 하나 걸치고 사는 건
탁문군의 짝과 같지.2_
차 한 잔 따라 놓고
향 하나 피우고
한가로이 지내며
천지와 고금을 살피네.
남들은 누추한 집이라며
누추해 살 수 없다지만
내 보기엔 여기가
청도요 옥부라네.3_

1_ 사방 열 자: 방장(方丈) 곧 가로세로 각 1장(丈: 약 3미터) 너비의 작은 방을 말한다. 원문의 "十笏"(십홀)은 열 자 곧 1장이다. 유마힐(維摩詰)이 병들었을 때 그가 거처했던 방이 사방 10홀 곧 1장이었다고 해서 그 방을 '방장실'(方丈室) 혹은 '십홀방장'(十笏方丈)이라 부른다.

2_ 겨우 쇠코잠방이~짝과 같지: '쇠코잠방이'는 여름에 농부가 일할 때 입는, 무릎까지 내려오는 잠방이이다. '탁문군(卓文君)의 짝'은 한나라의 문인 사마상여(司馬相如)를 말한다. 사마상여가 과부 탁문군과 사랑에 빠져 함께 달아난 뒤 주막에서 술을 팔아 생계를 꾸렸는데, 이때 잠방이를 입고 일을 거들었다는 고사가 있기에 한 말이다.

3_ 청도(淸都)요 옥부(玉府)라네: 청도와 옥부는 옥황상제가 사는 곳을 말한다.

마음도 몸도 편안하니
그 누가 누추하다 하는지?
내가 누추하게 여기는 건
몸과 이름이 썩어 사라지는 것.
원헌은 가난해서 쑥대 엮어 문 만들고[4]
도연명은 작은 방 안에 벽뿐이었지만[5]
군자가 사는 곳에
무슨 누추함이 있겠는가.

---

[4] 원헌(原憲)은~문 만들고: 공자의 제자 원헌은 몹시 가난해서 생풀을 엮어 지붕을 만들고 쑥대를 엮어 문을 만들고 살았다는 말이 『장자』「양왕」(讓王)에 보인다.
[5] 도연명은~벽뿐이었지만: 도연명은 가난해서 좁은 집 안에 벽만 덩그러니 있었다는 말이 「오류선생전」(五柳先生傳)에 보인다.

원제목은 「누실명」(陋室銘)이다. '명'(銘)은 비석이나 기물(器物) 등에 새기는 글로, 흔히 4언의 운문으로 짓는다. 내 사는 곳이 아무리 비좁고 누추해도 천지와 고금을 헤아리는 광대한 마음이라면 거슬릴 게 없다. 허균의 말마따나 군자가 사는 곳에 무슨 누추함이 있겠는가.

『푸줏간 앞에서 크게 입맛을 다시다』에 붙인 서문

우리 집은 비록 가난했지만 선친[1]이 살아 계실 때는 사방에서 별미 음식을 예물로 보내는 이들이 많았기에 어린 시절 진귀한 음식을 두루 먹어 보았다. 또 자라서는 부잣집에 장가가서 땅과 바다에서 나는 온갖 음식을 다 맛보았다. 임진왜란 때는 북방으로 피난 갔다가 강릉의 집으로 돌아와 지방의 특산 진미를 두루 맛보았고, 벼슬한 뒤로는 남북으로 임지를 옮겨 다니며 이런저런 음식을 대접받았다. 이쯤 되니 우리나라에서 나는 음식이라면 고기며 나물이며 먹어 보지 않은 게 없다.

식욕과 성욕은 인간의 본성이요, 특히 식욕은 생명과 관계된다. 그렇거늘 옛 현인들이 먹고 마시는 일을 천히 여겼던 건 먹는 것을 탐해 이익을 좇는 일을 경계한 것이지, 어찌 먹는 일을 폐하고 음식에 관해서는 말도 꺼내지 말라는 것이겠는가. 그렇지 않다면 여덟 가지 진미를 무엇하러 『예기』에 기록했겠으며,[2] 맹가가 생선과 곰발바닥을 무엇하러 비교했겠는가.[3]

나는 하증의 『식경』과 위거원의 『식단』[4]을 본 적이 있는데, 두 분은 모두 천하의 맛을 다 보아 풍성하고 사치하기 그지없어

---

[1] 선친: 허엽(許曄, 1517~1580)을 말한다.
[2] 여덟 가지~『예기』(禮記)에 기록했겠으며: 순오(淳熬)·순모(淳母)·포돈(炮豚)·포장(炮牂)·도진(擣珍)·지(漬)·오(熬)·간료(肝膋)의 여덟 진미에 대한 기록이 『예기』「내칙」(內則)에 보인다.
[3] 맹가(孟軻)가~무엇하러 비교했겠는가: 맹가 곧 맹자는 "나는 생선도 좋아하고 곰발바닥도 좋아하지만 둘 중 하나만 택해야 한다면 생선을 포기하고 곰발바닥을 취하겠다"라고 말한 바 있다. 해당 내용은 『맹자』「고자」(告子) 상(上)에 보인다.

서 책에 수록된 음식 종류가 일만 가지는 될 텐데, 그러나 총괄해 보면 음식마다 아름다운 이름을 붙여 현란하게 꾸몄을 따름이다. 우리나라가 비록 외진 곳에 있다지만 큰 바다가 둘러싸고 높은 산이 솟아 있어 물산 또한 풍부하니, 하증과 위거원 두 분의 방식을 따라서 이런저런 이름을 붙여 음식을 구별한다면 아마도 우리나라 역시 일만 가지는 될 것이다.

내가 죄를 짓고 바닷가로 유배 갔을 때는 쌀겨조차 부족했고 밥상 위의 반찬이라곤 썩어 문드러진 뱀장어나 비린 생선에 쇠비름과 미나리뿐이었다. 그나마 하루에 간신히 두 끼를 먹다 보니 아침저녁으로 배가 고팠다. 그럴 때마다 예전에 산해진미를 물리도록 먹다가 내치던 시절을 생각하면 입안 가득 침이 고였다. 다시 먹어 보고 싶지만 천상에 있는 서왕모의 복숭아처럼 아득히 멀리 있으니, 내가 동방삭이 아니고서야 어찌 훔칠 수 있겠는가!5_

마침내 여러 음식을 종류대로 나열해 기록하고 때때로 보면서 고기 한 점을 눈앞에 둔 셈 쳤다. 다 쓰고 나서 제목을 '푸줏간 앞에서 크게 입맛을 다시다'라고 붙였는데, 이는 세상의 현달한 자들이 음식 사치를 끝없이 벌이며 절제하지 못하고 있지만 부귀영화라는 것이 영원할 수 없다는 점에 대해 경각심을 불러

4_ 하증(何曾)의 『식경』(食經)과 위거원(韋巨源)의 『식단』(食單): 하증은 진(晉)나라 때의 재상으로, 사치를 좋아해서 하루 식사 비용으로 1만 냥을 쓰면서도 마땅히 먹을 음식이 없다고 투정했다는 고사가 전하며, 음식에 관한 책인 『안평공식단』(安平公食單)을 저술했다고 한다. 위거원은 당나라 측천무후 때의 문신으로, 『식단』은 그가 지은 음식 관련 저술 『소미연식단』(燒尾宴食單)을 말한다. 『식경』은 허균이 하증의 『안평공식단』과 단문창(段文昌)의 『식경』(食經)을 혼동해 잘못 기록한 것으로 보인다. 허균은 위에 언급된 책의 일부와 왕세정의 『완위여편』(宛委餘編)에 실린 관련 기록을 읽은 것이 아닐까 싶다.

5_ 천상에 있는~훔칠 수 있겠는가: 제2부의 「우습구나 내 인생」 주 5 참조.

일으키고자 그리 한 것이다.

신해년(1611) 4월 21일, 성성거사[6]가 쓰다.

---

[6] 성성거사(惺惺居士): 허균의 호.

1611년 유배지 함열에서 『도문대작』(屠門大嚼)이라는 책을 엮으며 쓴 서문이다. 『도문대작』은 허균이 맛본 별미 음식의 산지·특징·종류 등을 간략히 기록한 책으로, 『성소부부고』 권26에 수록되어 있다. '도문대작'은 '푸줏간 앞에서 크게 입맛을 다시다'라는 뜻이다. 본래 환담(桓譚)의 『신론』(新論)에 나오는 말로, 고기 맛을 아는 사람은 푸줏간 문 앞에만 가도 군침이 돌아 입맛을 크게 다신다는 뜻이다. 흔히 먹고 싶거나 갖고 싶지만 이룰 수 없어 상상만으로 만족하는 상황을 비유하는 말로 쓰인다.

근원을 찾는 집

'근원을 찾는 집'(탐원와探元窩)은 맹인 점술가 이광의(李光義)의 집이다. 집에 왜 '근원을 찾는다'는 이름을 붙였을까? 이백이 엄군평1_에 대해 노래한 시 중 '근원을 찾아 모든 생명을 교화한다'2_라는 구절에서 이름을 따온 것이다.

이광의는 사족(士族) 출신이다. 선조인 이무3_가 조선 건국에 공이 있었으므로 집안 대대로 충의위4_에 소속되어 녹봉을 받으며 왕궁을 지켰다. 이광의 역시 충의위에 소속되어 6품의 녹봉을 받았는데, 얼마 뒤 눈에 병이 나서 입직(入直)을 담당할 수 없게 되었다. 그리하여 점술을 배우게 되었는데, 술수가 남달리 뛰어나 말하는 것마다 모두 신기하게 들어맞았다. 임진왜란이 일어나 이천(伊川)에서 난리를 피할 때는 적이 쳐들어올지 안 올지를 그때마다 모두 알아맞혀서 많은 사람들이 그 덕분에 목숨을 보전했다. 그래서 모두들 그를 신처럼 여겼다. 계사년(1593)에 중화부5_의 북쪽에 머물 때 집을 짓고 스스로 그 이름을 '근원을 찾는 집'이라 지었다.

나는 늘 세상과 반대라서 점치는 일을 좋아하지 않는다. 그래서 대동강 서쪽을 다섯 번이나 오가며 이광의를 몇 번이나 만

1_ 엄군평(嚴君平): 후한(後漢)의 처사. 『주역』과 『노자』에 밝고, 점술에 뛰어났다.
2_ 근원을 찾아 모든 생명을 교화한다: 원문은 "探元化群生"(탐원화군생)이다. 이백의 「고풍(古風) 12수」 중에 나오는 구절이다.
3_ 이무(李茂): 고려 말~조선 초의 문신. 태조 때 도체찰사를 지냈고, 태종의 즉위를 도운 공신(功臣)으로서 우정승(右政丞)·단산부원군(丹山府院君)에 올랐다.
4_ 충의위(忠義衛): 조선 시대 오위(五衛)의 하나인 충좌위(忠佐衛)에 소속된 친위 부대. 공신의 자손으로 조직하여 궁궐 숙직 등의 일을 맡겼다.
5_ 중화부(中和府): 평안도 중화현(中和縣) 일대로, 지금의 평양시 중화군 지역.

났지만, 점을 쳐 본 적은 없다. 양창서[6]를 따라 중화부에서 묵을 때 이광의와 나란히 누워 잤는데, 이광의가 문득 내 사주를 묻더니 이렇게 말했다.

"그대의 수명은 길고, 지위도 높아질 겁니다. 내년 여름엔 황해도 좌막[7]이 될 테니 그때 내가 황강[8]으로 찾아뵙지요."

그 이듬해 내가 과연 좌막이 되어서 황강으로 가게 되었다. 부임하고 며칠 뒤에 과연 이광의가 찾아와 말했다.

"내 말이 들어맞았지요?"

나는 신기해하며 말했다.

"허어! 세상 사람들이 점을 믿고 좋아하는 이유가 다 이 때문이로군요!"

이광의는 또 내가 아무 해에는 길하고 아무 해에는 흉할 것이며, 아무아무 해에는 관찰사가 되고 절도사가 되며 임금의 측근 신하가 되고 찬성[9] 벼슬을 하게 될 것이라며 내 앞날을 자세히도 말해 주었다. 나는 말했다.

"내 앞길은 내가 잘 알고 있습니다. 나는 하늘의 이치에 따라 운명대로 사는 사람입니다. 하늘과 운명이 내게 부여한 것이라면 그대가 미리 말해 주지 않더라도 결국은 내가 누리게 될 일이요, 하늘과 운명이 내게 허락하지 않았다면 그대가 나더러 '수명은 위나라 무공[10]과 같을 것이요 부귀는 주공(周公)과 같을

6_ 양창서(楊滄嶼): 정유재란 때 출전한 명나라 장군 양호(楊鎬)를 말한다. '창서'는 그 호이다.

7_ 좌막(佐幕): 감사(監司)·유수(留守)·병사(兵使)·수사(水使) 등의 지방장관을 보좌하는 관원. 허균은 1598년 황해도도사가 되었다.

8_ 황강(黃岡): 황해도 황주(黃州)의 별칭.

9_ 찬성(贊成): 종1품 관직. 재상에 버금가는 직책이라 해서 이상(貳相) 또는 이재(二宰)라고도 한다.

것입니다'라고 한들 나는 믿지 않을 겁니다."

그러자 한쪽 발이 없는[11] 조군(趙君)이 곁에 있다가 말했다.

"옛날에 임금과 재상은 운명에 대해 말하지 않는다[12]는 가르침이 있었는데, 이광의는 선생이 앞으로 재상이 될 거라고 하니, 운명에 대해 말하지 않는 게 좋겠습니다."

나는 말했다.

"아니지, 아니야.『서경』에 '내가 태어난 것은 하늘이 내린 운명 아닌가?'[13]라는 말이 있잖은가. 가령 이 말이 요임금과 순임금, 기와 고요[14]의 입에서 나왔다면 참으로 나라를 망치는 말이라 할 만하지. 그러나 이 말이 완적이나 도연명의 입에서 나왔다면 사람들은 그들이 필시 인생을 깨우쳤다거나 하늘을 즐기고 운명을 안다고 할 걸세. 나는 지금 시대와 맞지 않는 사람이라 감히 기와 고요의 업적을 기대할 수 없지만, 어디에도 구애되지 않는 완적의 모습과 막힘없이 드넓은 도연명의 마음은 나와 거의 비슷하니 '내가 태어난 것은 하늘이 내린 운명 아닌가?'라고 내가 말한다 한들 괜찮지 않겠나?"

10_ 위(衛)나라 무공(武公): 춘추시대 위나라의 군주. 95세에 이르러서도 자기 수양을 잘하고 나라를 잘 다스려 존경을 한몸에 받았다는 고사가 전한다.

11_ 한쪽 발이 없는: 원문은 "兀者"(올자)인데, '올자'는 본래 발뒤꿈치를 베는 형벌인 월형(刖刑)을 받아 한쪽 발목이 잘린 사람을 말한다.『장자』「덕충부」(德充符)에 '올자 왕태(王駘)'라는 이가 훌륭한 덕을 지녀 공자만큼 많은 제자를 가르치며 존경받았다는 이야기가 나온다.

12_ 임금과 재상은~말하지 않는다: 당나라 덕종(德宗)이 천명을 운위하자 이필(李泌)이 "임금과 재상은 운명을 만들어 나가야 하는 존재이므로 운명에 대해 말하지 않는 법입니다"라고 말했던 일이『신당서』(新唐書)「이필전」(李泌傳)에 보인다.

13_ 내가 태어난~운명 아닌가: 은(殷)나라의 폭군 주왕(紂王)이 모든 백성이 은나라의 멸망을 바란다는 신하의 간언을 듣고도 자신의 과오를 깨닫지 못한 채 한 말이다.『서경』(書經) 상서(商書)「서백감려」(西伯戡黎)에 나온다.

14_ 기(夔)와 고요(皋陶): 순임금을 보좌한 명신(名臣).

그렇게 장난스레 말하고 껄껄 웃었다. 이광의가 내가 위와 같이 한 말로 자기 집의 기문(記文)을 삼고 싶다고 간절히 청하기에 마침내 종이에 써 주었다.

이광의는 선조~광해군 때의 유명 점술가였다. 사주를 보는 데 능해서 『어우야담』(於于野譚)에도 그 이름이 잠시 언급되거니와, 허균이 황해도 좌막에 임명될 것을 미리 알아맞혔다니 참으로 대단한 능력이다. 훗날 허균이 정2품 좌참찬(左參贊)에 올랐으니 종1품 찬성에 오른다던 예언도 거의 들어맞았다. 그러나 그 용한 이광의도 허균의 불행한 죽음에 대해서는 미리 알 수 없었던 듯하다.

나를 비난하는 이들에게

풍채 좋고 당당한, 갓 쓴 사람이
내게 따져 묻네.
"그대는 문장도 잘하고
벼슬은 당상관.
높은 관 쓰고 넓은 띠 두르고
임금을 곁에서 모시면
종자들이 구름처럼 에워싸고
대로에서 물렀거라 외치지.
사귀어야 할 사람은
의당 정승 판서들
부지런히 왕래하며
힘을 합해 모의해야지.
몇 계단 뛰어넘어 권력을 잡고서는
곳간을 가득 채워야 맞는데
어찌하여 조회만 마치면
입을 닫고 바보처럼 지내는지.
출세한 자는 오지 않고

특이한 사람만 함께하네.
얼굴 검은 사람
수염 붉은 사람
수염 붉은 이는 우스갯소리 잘하고
얼굴 검은 이는 술병을 들었군.
키 작은 사내 하나
그 코가 여우 같고
애꾸눈인 이도 있고
속눈썹이 붉은 이도 있네.
날마다 마루에서 떠들썩
노래도 부르고 소리도 질러 대고
삼라만상을 아로새기며
저희끼리 즐거워하네.
그대를 질시하는 자들 숲처럼 많고
선비들은 죄다 등을 돌리니
당연하군, 그대가
진흙탕에서 뒹구는 것도.
그들을 버리고
높은 사람들과 잘 지내야 하지 않겠소?"
내 대답은 "아니오, 아니라오.

물정 모르는 그대 말씀.
내 천성 졸렬해서
허술하고 거칠다오.
기교 술수 부릴 줄 모르고
아첨 아양 부릴 줄 모르며
하나라도 내 맘에 안 맞으면
잠시도 못 견디네.
남 칭찬 좀 하려 들면
입이 벌써 우물우물
권세가에 발 들이면
발꿈치가 욱신욱신
고관에게 공손히 인사하려면
기둥이 박혔나 허리가 꼿꼿하네.
불경스런 이 모습으로
정승 찾아뵙는다면
보자마자 미워서
내 목 베고 싶으리.
어쩔 수 없어
강호에 숨어 살까 생각도 했지만
가난 때문에 월급 때문에

물러나고 싶어도 주저주저.

오직 저 두세 사람

세속에 구애되지 않고

내 재주 좋아하고

거침 없는 내 성격 사랑하네.

찾아와 술에 함께 취하고

이쪽에서 부르면 저쪽에서 응하며

한쪽이 시 지으면 한쪽이 화답하니

한 편 한 편이 진주 구슬.

화제[1] 아니면 목난[2]이요

매괴[3] 아니면 산호거늘

내 보물 내가 보배로 여겨

팔리기를 기다리지 않네.

『시경』을 친구로 삼고

『이소』를 종으로 삼아[4]

대단한 문학을 한다 우쭐대며

온 세상을 좁게 여기네.

벼슬하며 속임수 부리지 않고

내 본성대로 살아 왔고

하늘이 준 천성대로 살아

1_ 화제(火齊): 화제주(火齊珠)를 말한다. 자금색(紫金色)을 띤 옥의 일종.
2_ 목난(木難): 벽옥색 보석.
3_ 매괴(玫瑰): 매괴석(玫瑰石)을 말한다. 장밋빛 보석.
4_ 『이소』(離騷)를 종으로 삼아: 『이소』는 초나라 굴원(屈原)이 지은 부(賦)이다. 당나라의 천재 시인 이하(李賀)가 27세에 요절했는데, 당시 사람들이 이하의 수명이 좀 더 길었더라면 『이소』를 종처럼 여길 정도로 드높은 경지에 이르렀을 것이라고 했다는 고사가 있다.

만년에 이르렀네.
세력으로 이익으로 사귄 친구는
때가 되면 반드시 변하는 법이거늘
우리 우정은 변치 않으니
바위인지 무쇠인지.
벗과 함께라면 흡족하기 그지없어
희희낙락 득의만만
'나'란 존재도 잊고
먹고 자는 일도 잊는다네.
이러니 높은 벼슬아치
내 안중에 있을쏜가?
저 부귀한 자들은
자색 청색 인끈 차고[5]
긴 옷자락에 패옥 차고
여자나 좋아할 뿐.
묻혀 사는 우리는
즐길 게 따로 있어
눈과 귀로 즐길 쾌락 탐하지 않고
매서운 형벌도 두려워 않네.
도연명과 사령운[6]

---

[5] 자색 청색 인끈 차고: 한나라 때 제후는 자색 인수(印綬)를, 공경(公卿)은 청색 인수를 찼다.
[6] 사령운(謝靈運): 육조시대 송나라의 문인.

이백과 소동파

이 분들과 나란하기 바랄 뿐

인생의 부침일랑 관심도 없네.

사람들이 좋아하는 게 나는 싫고

남들이 높이는 걸 나는 하찮게 여기니

남들은 내가 병들었다고

내가 속임수를 좋아한다고 하지.

내가 매번 중죄에 빠지는 것도

당연하다고들 하지만

이 친구들과 절교하느니

처형당하는 편이 차라리 낫지.

세상인심은 잘도 변하고

인생길은 험난도 해서

터럭 끝까지 따지고 들고

손톱만 한 이익도 다투기 일쑤지만

나는 이런 세상과 맞지 않아

참으로 맞춰 살기 어렵다오.

그대 말씀 옳지만

내 미련함을 모르셨고

나를 아끼는 마음 알겠지만

도움 되진 않았소."
그 사람 하는 말이
"내가 어리석었소.
그대 말 듣고 보니
큰무당을 본 것 같네.
그대 사귐 훌륭하고
그대 말에 잘못 없으니
실언한 나야말로
진짜 소인이로군요."
말을 마치고 물러가는데
걸음걸이 멋지구나.

1610년 무렵에 쓴 글로, 허균의 성격이 잘 드러난 시원스런 작품이다. 원제목은 「대힐자」(對詰者)로, 4언 운문 형식으로 썼다. 허균은 1610년 10월 이달(李達)에게 보낸 편지에서 자신의 문장이 근래에 진보했다며 몇 편의 작품을 보아 달라고 했는데, 『『한정록』 서문」(閑情錄序), 「남궁선생전」(南宮先生傳), 「훼벽사」(毁壁辭) 등과 함께 바로 이 글을 보냈다.

개도 불성이 있다더니

수척한 개 한 마리

어디서 와서

어디로 가며

무엇을 찾고 무엇을 보았나.

개가 내게 하는 말

"나는 무생인1_을 그르쳤소.

전생에 나는 사람이었는데

이익을 탐하고 권세를 좋아해서

사람들을 형벌에 빠뜨리고

탐욕스레 재산을 긁어모았소.

이 때문에 천벌 받고

아비지옥2_에 떨어져

헤아릴 수 없는 세월 동안 고통을 받고

지금에야 개의 몸으로 태어났소.

전생의 잘못을 뉘우치고

큰 서원3_을 발하여

고기도 안 먹고 집도 떠나서

1_ 무생인(無生忍): 불교 용어로, 모든 사물과 현상이 무상함을 깨닫고 생성도 소멸도 없는 진리에 통달하여 평정심을 가지는 경지를 말한다.
2_ 아비지옥(阿鼻地獄): 불교에서 말하는 8대 지옥의 하나. 죽은 사람의 영혼이 아비지옥에 떨어지면 살가죽이 벗겨진 채 활활 타는 불 속에 던져져 온갖 고통을 겪는다고 한다.
3_ 서원(誓願): 불법을 깨닫기를 희구(希求)하는 마음, 혹은 윤회를 끊고 해탈에 이를 것을 맹세하는 마음.

부처님과 보살님께 절하며
나무아미타불 염불을 외오.
성거산4에 들어갔다
사방을 돌아다녀
금강산 낙가사(洛迦寺)
오대산 태백산
지리산 천왕봉
속리산 묘향산.
가는 곳마다 참선하고
머무는 곳마다 염불하며
손가락 한 번 튕기는 잠깐 사이에
천겁에 쌓인 죄 씻어 주시길 빌었소.
사람으로 다시 태어나게 해 주시면
삼보5에 머리를 조아리고
부처님의 진실한 뜻에 귀의하여
단박에 뛰어넘어 부처의 경지에 오르겠다고."
말을 다하고 뜰에 꿇어앉아
귀를 늘어뜨리고 잘못을 비는 듯.
목에 걸린 표찰 보니
머물렀던 산 이름 모두 다 적혀 있네.

4_ 성거산(聖居山): 충남 천안에 있는 산.
5_ 삼보(三寶): 불교에서 말하는 세 가지 보배, 곧 부처와 불법과 승려.

이 개가 고기를 안 먹느냐 물으니
승려는 정말 그렇다고 대답하네.
석가의 말씀에
개에게도 불성6_이 있다더니
그 말이 옳구나
사람이 개만 못해서야.

6_ 불성(佛性): 부처가 될 수 있는 본성. 불교에서는 세상의 모든 중생에게 불성이 있기 때문에 누구나 부처가 될 수 있다고 한다.

허균이 1610년 무렵에 쓴 글로, 원제목은 「산구게」(山狗偈)이다. '게'는 '게송'(偈頌)이라고도 하는데, 부처의 공덕이나 가르침을 찬미하는 시를 말한다. 황당무계한 설정처럼 보이지만 전생에 인간이었다는 개의 말을 빌려 '개에게도 불성이 있다'는 생각을 피력한 점이 흥미롭다. 이 점 허균의 평등 지향과 일정한 관계가 있다고 보인다.

깨달음의 집

사람에게 중요한 건 오직 하나, '각성'(覺性: 본성을 깨달음)뿐이다. '각'(覺: 깨달음)이라는 한 글자로 의심과 사사로운 정을 끊고, 사악함과 망령됨을 없애며, 잡스럽고 어지러움을 하나로 모을 수 있고, 진상[1]으로 돌아갈 수 있다.

사람이 진실로 기개와 도량이 청명하고 마음과 정신이 드넓고 환하면 부정한 기운이 어디에서 들어오겠는가? 오직 어둡고 혼란스러운 마음이 절로 생겨나 견해를 전도시키므로 외사[2]와 객기[3]가 그 틈을 타고 들어오는 것이다. 그러나 외사와 객기는 바로 나의 전도된 견해일 뿐, 밖에서 온 것이 아니다. 안이 바르지 않으므로 '외사'라 하고, 마음에 주인이 없으므로 '객기'라 한다. 그러니 각성은 어두워지기 쉬움을 마땅히 알아야 한다. 오직 정성으로 길러야만 밝아지고, 안정으로 유지해야만 맑아지며, 맑음과 밝음이 지극하면 도를 이룰 수 있다. 그러니 공경을 다해 신을 섬기는 일은 도리어 하늘로부터 타고난 본성을 섬기는 것만 못하다.

성성옹[4]은 이 말을 늘 가슴에 품고 있으므로 집 이름을 '깨달음의 집'(각헌覺軒)이라 짓고, 다음의 명(銘)을 짓는다.

1_ 진상(眞常): 본연의 마음 혹은 본성을 뜻하는 불교 용어.
2_ 외사(外邪): 외부에서 침입해 오는 부정한 기운.
3_ 객기(客氣): 내실 없이 들뜬 기운 혹은 교만한 기운.
4_ 성성옹(惺惺翁): 허균의 호. '깨어 있는 노인'이라는 뜻.

사람의 본성

깨달으면 어둡잖고

깨닫지 못하면

물욕이 뒤섞이네.

먼지 낀 거울처럼

떨어내면 맑아지며

깨달은 뒤의 원만한 본성은

크고 맑은 거울 같네.

밖으론 망령됨과 사악함 제거하고

안으론 맑음과 밝음 보존해야 하는데

맑음과 밝음은

공경과 정성에서 비롯되네.

이 깨달음은 신선이 아니며

이 깨달음은 부처도 아니며

성인 또한 아니니

오직 내 마음 홀로 하늘을 마주하는 것.

유가에서 깨달음의 대상인 '본성'이란 불가에서 누구나 가슴속에 품고 있다는 부처와 비슷하다. 깨달음은 신선을 통해, 부처를 통해, 성인을 통해 오는 것이 아니라, 하늘 앞에 홀로 맞서 있는 내 마음으로부터 온다는 말이 좋다.

꿈 풀이

　성성옹은 어릴 때 꿈을 별로 꾸지 않았지만 어쩌다 꿈을 꾸면 잘 들어맞았다. 장성해서는 점점 꿈을 자주 꾸었지만 꿈은 차츰 들어맞지 않았다. 어떤 이가 이렇게 말했다.
　"꿈은 생각에서 나오는 겁니다. 그대가 어렸을 때는 욕심이 없어 마음이 담박하니 동요하지 않았기에 생각이 적어서 꿈도 드물게 꾸었고, 꿈이 드물었기에 그때마다 잘 들어맞았던 거지요. 하지만 장성하고 나서는 영욕과 득실에 대한 생각이 마음을 어지럽혔기에 생각의 불이 활활 타올라 꿈도 자주 꾸고, 꿈을 자주 꾸다 보니 차츰 들어맞지 않았던 겁니다."
　나는 말했다.
　"그럴까요? 나는 그렇지 않다고 봅니다. 꿈이 많고 적은 건 생각 때문일 수 있겠지만, 잘 들어맞고 안 맞고는 생각과 무관합니다. 무엇인가를 앞으로 얻게 되는 꿈으로는 고종의 꿈[1]과 무왕의 꿈[2]이 있고, 미래의 일을 꿈꾼 것으로는 숙손표의 꿈[3]과 조나라 사람의 꿈[4]이 있었습니다. 장차 병이 들려면 꿈에 음식을 먹고, 장차 노래를 부르려 하면 꿈에 울며, 사람의 머리카락

---

[1] 고종(高宗)의 꿈: 상나라 고종이 꿈에서 현인을 본 뒤 그를 찾아나서 명재상 부열(傅說)을 만났다는 고사를 가리킨다.
[2] 무왕(武王)의 꿈: 주나라 무왕이 상제(上帝)에게 구령(九齡)을 받는 꿈을 꾼 뒤 '구령'의 의미를 이해하지 못하자 문왕(文王)이 '구령'은 90세의 수명을 뜻한다고 일러 주었다는 고사를 말한다.
[3] 숙손표(叔孫豹)의 꿈: 춘추시대 노나라의 대부 숙손표가 자신의 몸이 하늘에 눌려 위태로운 순간 소를 닮은 누군가에게 도움을 청해 목숨을 건지는 꿈을 꾸었다. 그 뒤 부인을 맞이했는데, 부인이 데려온 아들이 꿈에서 자신을 도와주었던 이와 똑같이 생겨서 그를 신하로 삼았다는 고사가 『춘추좌전』(春秋左傳)에 보인다.

을 새에게 물리면 날아다니는 꿈을 꾼다는데,5_ 이 모두가 과연 생각에서 말미암은 것일까요? 이런 것들은 마음이 신령하면 일이 들어맞고, 정신이 맑으면 현실에 부합해서, 아득한 어둠 속에서 때마침 꼭 들어맞아 꿈이 우연히 현실로 드러나는 것에 불과합니다. 그러니 꿈과 현실을 그때마다 억지로 끼워 맞추려 해서야 되겠습니까?

그렇긴 하지만 생각이 명징하면 마음이 절로 환해지고, 생각이 명징하고 마음이 환해지면 절로 자연과 부합하며, 자연과 부합하면 근원에 있는 하나의 기운이 맑고 깨끗해지며 오묘한 천기6_가 유동하게 되지요. 그렇게 되면 미래의 길흉과 화복이 마치 거울에 물건을 비추어 보듯 모두 또렷이 드러나므로 앞날을 미루어 헤아릴 수 있습니다. 꿈으로 앞날을 점치는 일은 여기서 생겨난 것 아니겠습니까?"

어떤 이가 말했다.

"생각은 아마도 꿈과 가까운 관계일 겁니다. 그대는 오랫동안 벼슬길에 있으면서 생계가 곤궁하면 귀인들을 찾아가 고을 수령 자리를 간청하기도 했지요. 빈 자리를 엿보며 자리 얻기를 바랄 때 처음에는 꿈을 꾸면 그 자리를 얻었습니다. 그 뒤로는 얻기도 하고 못 얻기도 했으니, 이는 마음속 깊이 동요함이 있었

4_ 조(曹)나라 사람의 꿈: 춘추시대 조나라의 어떤 사람이 꿈을 꾸었는데, 사람들이 조나라를 멸망시키기 위해 모의하다가, 공손강(公孫彊)이 오면 그때 멸망시키자는 조나라 시조 조진탁(曹振鐸)의 말에 모두 합의하는 내용이었다. 조나라 사람은 꿈에서 깨어 공손강이라는 사람을 찾아보았지만 없기에 자식에게 훗날 공손강이란 사람이 국정을 맡으면 나라를 떠나라고 당부했다. 훗날 과연 공손강이 조나라의 국정을 좌우지한 뒤 조나라는 멸망에 이르렀다. 이 고사 역시 『춘추좌전』에 보인다.
5_ 사람의 머리카락을~꿈을 꾼다는데: 『열자』(列子) 「주목왕」(周穆王)에 나오는 말.
6_ 천기(天機): 하늘의 오묘한 조화, 천지자연의 오묘한 비밀.

기 때문일 겁니다. 난리를 겪고 난 뒤로는 이익과 명예에 대한 생각을 끊어 버리고, 오직 수련7-에만 뜻을 두어 도가(道家)의 경전과 비결을 많이 읽으며 잠심해서 연구했지요. 그랬기에 꿈만 꾸면 자양이나 해경8- 같은 진인(眞人: 신선)을 만나서 그 오묘한 비결을 들었으며, 심지어는 신선이 되어 옥경9-으로 날아가 난새와 학을 타고 오색구름 속에서 신선의 퉁소 소리를 들은 일도 여러 차례였습니다. 그러니 이런 일은 바로 생각의 부림을 받아 생긴 것이지요."

이 사람의 말이 여기에 이르니 참으로 믿을 만했다. 그렇다면 온 천하의 꿈은 생각에서 벗어나지 않는 것일 따름이다. '꿈이 드물면 잘 들어맞는다'는 말은 마음이 명징하고 정신이 환하면 넋이 밖으로 치달리지 않고, 마음이 명징하고 정신이 환하므로 반드시 인간사에 현실로 드러난다는 뜻이니, 참으로 이치에 맞다. 이 사람과는 함께 도를 논할 만하다.

7_ 수련(修煉): 도교에서 기(氣)를 단련하는 내단(內丹)과, 단약(丹藥)을 만드는 외단(外丹)을 아우르는 수도(修道) 활동.
8_ 자양(紫陽)이나 해경(海瓊): '자양'은 '자양진인'(紫陽眞人)이라 불리는 북송의 도사 장백단(張伯端)을 말한다. '해경'은 남송의 도사 갈장경(葛長庚)의 호이다.
9_ 옥경(玉京): 옥황상제가 산다는 하늘의 궁전.

꿈에 대해 허균에게 깨우침을 주는 '어떤 이'란 이 글을 위해 창조해 낸 '또 하나의 허균'이 아닐까 싶다. 평소의 생각이 꿈에 드러난다는 것은 오늘날의 꿈 분석에서도 주요 전제 중 하나이다. 미래를 예언하는 신령한 꿈이 있는 것이 아니라, 명징한 마음과 간절한 소망이 꿈으로 나타나고 그 꿈이 현실화할 수 있다는 말인데, 그럴 듯한 생각이다.

나의 운명

나는 기사년(1569) 병자월 임신일 계묘시[1]에 태어났다. 점쟁이는 내 사주를 두고 이렇게 말했다.

"신금이 명목을 해치고[2] 신수 또한 비었으니,[3] 재액이 들고 곤란을 겪으며 가난하고 병들어 계획하는 일이 이루어지지 않겠소. 하지만 자수[4]가 중간에 있으므로 수명이 짧지는 않겠고, 동쪽으로 맑은 물이 흐르니 재주가 넘치겠고, 또 묘금[5]이 울리므로 이름이 천하 후세에 퍼질 것이오."

나는 늘 이 말을 의심했지만, 벼슬길에 나온 지 17~18년 동안 낭패한 상황이며 영예와 치욕을 번갈아 겪은 모습이 암암리에 사주 점괘와 부합하니 신기한 일이다.

살펴보니 한퇴지[6]는 마갈궁[7]이 신궁[8]이었고, 소동파는

---

[1] 병자월(丙子月) 임신일(壬申日) 계묘시(癸卯時): '병자월 임신일'은 음력 11월 3일이다. 사주(四柱) 중 일주(日柱: 날짜 간지)가 임(壬)일 경우 시주(時柱: 시각 간지)는 경자시(庚子時)부터 출발하므로 순서대로 간지를 대응하면 묘시(卯時: 오전 5시부터 7시 사이)는 계묘시가 된다.

[2] 신금(申金)이 명목(命木)을 해치고: '신금'은 십이지를 오행에 대응시킨 것 중 하나로, 허균은 임신일에 태어났기에 '신금'에 해당한다. '명목'은 '목명'(木命)을 말하는데, 생년의 갑자를 오행에 대응시킨 것 중 하나로, 허균은 기사년에 태어났기에 '목명'에 해당한다. '금'(金)과 '목'(木)은 음양오행설에서 상극으로 친다.

[3] 신수(身數) 또한 비었으니: 점술에서는 신수가 텅 비어 움직이지 않으면 도모하는 일을 성취할 수 없다고 한다.

[4] 자수(子水): 십이지를 오행에 대응시킨 것 중 하나로, 허균이 병자월에 태어났기에 한 말.

[5] 묘금(卯金): 십이지를 오행에 대응시킨 것 중 하나로, 허균이 계묘시에 태어났기에 한 말.

[6] 한퇴지(韓退之): 당나라의 문인 한유(韓愈). '퇴지'는 그 자이다.

[7] 마갈궁(磨蝎宮): 황도 12궁 중 하나인 염소자리. 신궁(身宮)이나 명궁(命宮)이 마갈궁인 사람은 평생 남의 비방을 많이 입는다는 말이 있다.

[8] 신궁(身宮): 후천적인 운세와 관련된 별자리. 태어난 시에 따라 정해진다.

마갈궁이 명궁9_이었는데, 마갈궁은 바로 묘시 출생임을 말한다. 아아! 나 또한 묘시에 태어난 사람으로, 문장과 기개는 감히 두 분을 넘볼 수 없지만, 참소를 받고 시샘을 당해 한 시절에 현달하지 못하고 곤란을 겪으며 배척당하고 버림받은 자취는 천년 뒤에 부절(符節)을 합한 듯 꼭 들어맞는다. 아아! 정말 괴이한 일이다.

 마침내 나의 운명을 풀이하는 글을 지어 스스로를 위로해본다.

  내가 태어난 해는
  금(金)과 목(木)이 상극이요10_
  수(水 : 子水)가 가운데서 구했다지만
  신수가 또 비었군.
  태어난 시는 또
  마갈궁을 범했으니
  아아! 하늘이 내린 것 바꿀 수 없어
  내 운명 궁하기도 하군.
  금이 목을 치려 해서
  몸이 항상 허약했고
  신수가 비었으니

9_ 명궁(命宮): 태어난 시기 동쪽 하늘에 있는 별자리로, 사람의 천부적 재능·정신·개성을 주재한다고 한다.
10_ 금(金)과 목(木)이 상극이요: 이 글의 주 2 참조.

계획한 일이 늘 어그러졌네.
입을 함부로 놀려 남을 건드린 일도
마갈궁 때문이었나.
아아! 하늘이 나를 가엾게 여기지 않아
모진 재앙 만나 죽을 지경일세.
한밤중 시든 오동나무에 기대
눈물 흘리며 생각하는데
꿈에서 본 신선
풍채 좋고 훤칠하네.
내 방에 들어와
평상에 걸터앉아 이렇게 말하네.
"자네는 왜 운명을 원망하나
자네의 수명 매우 길거늘.
살면서 하늘을 원망 말게
하늘이 글재주를 주지 않았나.
육기[11]의 재주에 사령운의 화려함
송옥[12]의 아름다움에 반고[13]의 향기.
비단처럼 환히 빛나며
피리소리 종소리처럼 맑게 울리니
이것만으로도 한 세상에 드날릴 터

---

[11] 육기(陸機): 진나라의 문인. 제2부의 「고단한 나그네 이재영」 주 2 참조.
[12] 송옥(宋玉): 전국시대 초나라의 문인.
[13] 반고(班固): 후한(後漢)의 역사가. 『한서』(漢書)를 지었고, 부(賦)에도 능했다.

높은 벼슬아치가 어찌 감히 당해 낼까.

저 높은 갓 쓰고 큰소리치는 이들

마음은 더럽고 지저분해서

아무리 화려하게 치장해 봤자

가마에 탄 허수아비를 종들이 호위한 격.

부귀하되 얼마 못 가 사라지는 건

자네가 원치 않는 일일 텐데

이제 내가 옥황상제께 아뢰어 볼까

자네의 태어난 해를 바꿔 달라고.

자네의 재주 빼앗고

자네의 지혜 어둡게 한 뒤

그 대신 벼슬 높이고

은총과 권세 두텁게 해 달라고.

하지만 초목과 함께 맥없이 썩어 가는 걸

자네는 필시 원하지 않을 거야.

아아! 군자는

모든 것을 하늘에 맡길 뿐

굳이 재주 부려 부귀영화 얻은들

저 좌구명과 사마천[14]을 능가할 수 있는가?

저 창려[15]의 한유와

---

[14] 좌구명(左丘明)과 사마천(司馬遷): 좌구명은 『춘추좌전』을 지었다고 전하는 춘추시대 노나라의 맹인 역사가이고, 사마천은 『사기』(史記)를 지은 한나라의 역사가이다.
[15] 창려(昌黎): 한유의 고향.
[16] 미산(眉山): 소동파의 고향.

미산[16]의 소동파

태어난 시(時)가 모두 마갈궁이거늘

고원한 문장 길이 남겼네.

두 사람은 기구한 운명 원망했지만

마침내 천년 뒤에 명성 남겼지.

조양으로 좌천되고[17]

무창으로 쫓겨난 일[18]

태어난 시(時)가 그렇게 만든 거지

운명이 잘못된 건 아닐세.

지금 자네의 명성은

두 분에 비견할 만하니

원망 말고 허물 말고

흐르는 물처럼 순리대로 살게.

유유히 생을 마친 뒤

신선세계로 나를 찾아오면

푸른 난새 타고

붉은 용이 끄는 수레 타고

나와 함께 올라가세

다섯 성 열두 누각[19]에."

말 마치고 사라지자

17_ 조양(潮陽)으로 좌천되고: 한유가 당나라 헌종(憲宗)에게 불교를 배척하라고 극렬히 간언하다가 조주(潮州) 자사(刺史)로 좌천된 일을 말한다. 조양 곧 조주는 광동성의 지명이다.

18_ 무창(武昌)으로 쫓겨난 일: 소동파가 조정의 정치를 비방하는 내용의 시를 썼다는 죄목으로 체포되어 호북성 황주(黃州: 황강현黃岡縣)로 유배된 일을 말한다. 소동파의 「적벽부」(赤壁賦)에 나오는 '무창'은 호북성의 지명으로, 황주 인근에 있다.

19_ 다섯 성 열두 누각: 신선이 산다는 전설 속의 공간. 옥경(玉京)에 있다고 한다.

나는 잠 깨어 일어나
가만히 생각하는데
신선의 말이 아직 귓전에 맴도네.
신선이 나를 속일 리 없으니
유쾌하고 즐거워라 내 마음
우리 옥황상제를 따라 유유자적 살 테니
천명을 즐기며 무슨 의심 있을까.

당송팔대가 중에서도 으뜸 자리에 놓이는 한유와 소동파는 일생 동안 극심한 정치적 부침을 겪으며 무수한 비방에 시달렸다. 공교롭게도 두 사람이 태어난 시는 마갈궁에 속했는데, 일찍이 소동파가 이 사실을 간파하고 한유와 자신은 마갈궁에 속했기에 비방을 얻었다고 말한 바 있다. 허균 자신도 마갈궁에 속했기에 이 글을 쓰며 한유와 소동파의 운명과 자신의 운명을 견주어 본 것인데, 그러다 보니 슬픔보다는 유쾌함이 클 수밖에 없다. 현세의 괴로움보다는 불후의 작품, 불후의 명성이 더 소중하다 여겼을 테니.

『한정록』서문

　아아! 선비가 이 세상에 태어나 어찌 벼슬을 더럽다 여겨 버리고 세상을 피해 살고자 하겠는가? 다만 자신의 도(道)가 세상과 맞지 않고 자신의 운명이 시대와 어긋나기에 고결한 지조를 지키고자 세상을 피한 자라면 그 뜻을 슬퍼할 만하다.
　요순시대에는 요임금과 순임금을 군주로 삼아 임금과 신하가 한마음으로 정사를 의논하니 나라가 잘 다스려졌다. 그런데도 소부와 허유 같은 이들은 귀를 씻거나 표주박마저 내던지며 마치 제 몸이 더럽혀진 것처럼 세상을 버리고 떠났으니,[1] 이들은 또 무슨 생각이었을까.
　성성옹(허균의 호)은 어려서부터 제멋대로였던데다 부친과 스승의 가르침을 제대로 받지 못하고 자라다 보니 행동에 법도가 없었다. 세상에 보탬이 되기에 부족한 작은 재주를 가지고 어린 나이에 벼슬길에 올랐으나 거침없는 행동으로 당대 귀인들의 뜻을 거스르고 말았다.[2] 마침내 노자(老子)와 부처의 세계로 달아나 육신의 굴레를 벗어던지고 인생의 득과 실을 똑같이 여기

---

[1] 소부(巢父)와 허유(許由)~버리고 떠났으니: 요임금이 허유에게 왕위를 물려주려 하자 허유는 더러운 말을 들었다며 강물에 귀를 씻었다. 이때 허유의 친구 소부가 소에게 물을 먹이러 왔다가 허유가 귀를 씻은 사연을 듣고는 소에게 더러운 물을 먹일 수 없다 하여 소를 끌고 상류로 올라갔다. 한편 허유는 물 떠먹는 그릇 하나 없이 손으로 물을 떠 마시다가 누군가에게 표주박을 받았다. 허유는 표주박을 나무에 걸어 놓았는데 표주박이 바람에 흔들려 소리 내는 것이 싫어 표주박을 내던졌다는 고사가 전한다.
[2] 거침없는 행동으로~거스르고 말았다: 허균이 황해도도사·병조정랑·수안군수·삼척부사·공주목사 재임 중에 풍기 문란, 상관에 대한 무례, 불교 숭상 등의 이유로 거듭 파직되었던 일을 말한다.

는 태도를 숭상하며 인생사 순조롭든 그렇지 않든 개의치 않은 채 미치광이처럼 살아 왔다.

지금 내 나이 벌써 마흔둘이 되어 머리숱은 줄어들었건만 잘할 수 있는 일이 없다. 세월은 쏜살같이 지나가는데 이룬 일은 아무것도 없다.

가만히 생각해 보니 내 자신이 애처롭다. 나는 최상의 경지라는 사마승정3_이나 방덕공4_처럼 산과 계곡에서 마음껏 뜻을 펼치고 살지 못했다. 그다음 경지라는 상장5_이나 도홍경6_처럼 자녀를 다 혼인시킨 뒤 먼 곳으로 떠나거나 벼슬을 그만두고 속세를 떠나지도 못했다. 그 아래 경지라는 사령운7_이나 백거이8_처럼 벼슬길에 머물면서 고결하고 드넓은 마음을 자연에 깃들이지도 못했다. 벼슬살이에 급급해서 한 해 내내 편안할 날 없이 작은 이해관계에도 마음이 위축되었고, 칭찬하거나 헐뜯는 시끄러운 소리에 마음이 동요되었다. 그리하여 발걸음을 머뭇거리고 숨죽이고 살며 함정에 빠지지 않기만 바랄 뿐이었다. 기러기가 날듯이, 봉황새가 날듯이, 매미가 허물을 벗듯이 혼탁한 세상을

3_ 사마승정(司馬承禎): 당나라 때의 도교 종사(宗師)로, 자는 자미(子微)이다. 중국의 명산을 두루 다니며 수도하다가 천태산(天台山)에 은거했다.
4_ 방덕공(龐德公): 후한(後漢) 양양(襄陽)의 은사(隱士)로, 사마휘(司馬徽)·서서(徐庶)·제갈량(諸葛亮)과 교분이 두터웠다. 형주 자사(荊州刺史) 유표(劉表)가 누차 벼슬을 내렸으나 응하지 않고 녹문산(鹿門山)에 은거했다.
5_ 상장(向長): 후한(後漢) 때의 은사. 벼슬을 사양하고 은거하다가 자녀들의 혼사를 다 치른 뒤 집을 떠나 중국의 명산을 두루 유람하다 생을 마쳤다.
6_ 도홍경(陶弘景): 육조시대(六朝時代)의 학자. 제(齊)나라에서 전중장군(殿中將軍) 등의 벼슬을 지냈으나 양(梁)나라가 들어서자 벼슬을 거절하고 은거하며 도교를 숭상하여 연단술(煉丹術)과 의술에 전념했다.
7_ 사령운(謝靈運): 육조시대의 시인. 송(宋)나라에서 영가 태수(永嘉太守)·시중(侍中) 등의 벼슬을 지내며 정원을 경영하고 산수 간에 노닐었다.

떠난 옛 현인들과 비교해 볼 때 저들의 지혜로움과 내 어리석음이 어찌 하늘과 땅의 차이뿐이겠는가!

요사이 병 때문에 휴가를 얻어 두문불출하던 중 우연히 유의경과 하양준의 『서일전』,[9] 여조겸의 『와유록』,[10] 도목의 『옥호빙』[11]을 읽었는데, 이 책들에 깃든 한적하고 상쾌한 마음이 내 마음에 쏙 들었다. 마침내 네 분의 글을 합하고 내가 읽은 다른 글을 사이사이에 덧붙여 한 권의 책으로 엮은 뒤, 옛사람의 시와 부(賦)와 잡문에서 한가로운 삶에 대해 언급한 것을 가져와 후집(後集)을 만들었다. 도합 10편으로 만들고 『한정록』(閒情錄)이라는 제목을 붙였으니, 이 책을 만든 것은 나 자신을 성찰하기 위함이다.

성성옹은 작은 재주로 아직 도(道)를 듣지 못했지만 태평성대에 태어나 당상관 벼슬에 오르고 국왕의 교서를 작성하는 직책을 맡고 있다.[12] 그러니 어찌 감히 소부와 허유의 뒤를 따라 요순 같은 임금을 차마 저버리고 스스로 고상하다 여길 수 있겠는가. 그러나 시대와 운명이 어긋나 옛사람이 탄식하던 것과 비

---

[8] 백거이(白居易): 당나라의 시인으로, 호는 향산(香山)이다. 항주 자사(杭州刺史)·형부상서(刑部尚書)를 지냈다. 강주 사마(江州司馬)로 좌천되었다가 복귀한 40대 중반 이후 벼슬살이하는 틈틈이 장안(長安)·항주·낙양(洛陽) 등의 산수에 노닐며 시와 음악을 즐겼다.

[9] 유의경(劉義慶)과 하양준(何良俊)의 『서일전』(棲逸傳): 육조시대 송나라 유의경이 쓴 『세설신어』(世說新語)와 명나라 하양준이 쓴 『하씨어림』(何氏語林)에서 속세를 떠나 은거한 고사(高士)들의 일화를 뽑아 엮은 책.

[10] 여조겸(呂祖謙)의 『와유록』(臥遊錄): 송나라의 문신이자 학자인 여조겸이 『세설신어』 등에서 고사들의 일화를 뽑아 만든 책.

[11] 도목(都穆)의 『옥호빙』(玉壺氷): 명나라의 문신 도목이 고사들의 일화를 뽑아 만든 책.

[12] 당상관 벼슬에~맡고 있다: 허균은 1609년(광해군 1) 9월 형조참의에 임명되어 당상관(정3품 이상의 벼슬)이 되었고, 1600년 이래로 국왕의 교서(教書)를 기초하는 관직인 지제교(知製教)를 겸임했다.

슷한 점이 있으니, 만약 건강한 시절에 벼슬에서 물러나 천수(天壽)를 다 누릴 수 있다면 이보다 더 다행한 일이 없을 것이다.

훗날 내가 숲 속에 살 때 세상을 버리고 속세의 인연을 끊어 버린 선비를 만나 이 책을 꺼내 놓고 함께 품평하고 토론한다면 내 타고난 본성을 저버리지 않을 것이다.

1610년에 『한정록』을 엮고 쓴 서문이다. 허균은 1606년 조선에 온 명나라 사신 주지번(朱之蕃)에게 『서일전』, 『와유록』, 『옥호빙』을 선물로 받았는데, 『한정록』은 세 권의 책을 4부로 재편성하고 몇몇 다른 글을 덧붙여 총 10부로 증보한 것이다. 허균은 훗날 북경에서 구입한 4천 권의 책에서 관련 내용을 뽑아 1617년 봄에 16부의 증보판 『한정록』을 만들었다. 당시 허균은 격심한 정치적 대립의 한가운데 서 있었는데, 『한정록』 증보 작업을 하며 은거를 꿈꾸었을 터이나 실행에 옮기지 못하다가 1년 뒤 형장의 이슬로 사라지고 말았다.

최천건[1]에게 보낸 편지 1

교외까지 나오셔서 손잡고 전송해 주실 때 두터운 정과 은근한 정성을 느꼈습니다. 그때 해 주신 말씀을 돌이켜 생각해 보니 감히 잠시도 잊을 수 없습니다.

고을(삼척)에 도착한 지 13일째 되던 날 저리[2]가 경보[3]와 편지를 가져왔더군요. 읽어 보니 5월 6일에 제가 사헌부의 탄핵을 받아 파직당했답니다.[4] 저도 모르게 실소하고 말았습니다. 선친께서 이 고을을 맡으신 지 13일 만에 교체되셨는데,[5] 못난 아들이 또 그리 되었습니다. 아마도 조물주의 장난이겠지요. 어찌 사람이 일부러 이렇게 만들 수 있겠습니까.

저는 세상과 들어맞지 않는 사람이라서 생사와 득실에 관한 모든 것을 마음에 담아 두기에 부족하다 여겼습니다. 차츰 노장과 불교의 무리를 추종하며 이에 의탁해 세상으로부터 달아났는데, 세월이 오래 흐르다 보니 저도 모르게 깊이 젖어 들었습니다. 특히 불경을 좋아해서 그 통달한 식견을 보면 골짜기가 갈라

---

[1] 최천건(崔天健): 1568~1617. 선조~광해군 때의 문신으로, 호는 분음(汾陰)이다. 1588년(선조 21) 문과에 급제하여 도승지·대사헌·이조판서를 지냈다. 1608년(광해군 즉위년) 소북과 영수 유영경(柳永慶)과 결탁한 뒤 정치적 부침을 겪다가 1616년 김제남(金悌男)의 일파로 몰려 온양에 안치된 뒤 이듬해 죽었다.

[2] 저리(邸吏): 서울과 지방 관청 혹은 각 감영(監營)과 군현의 연락 업무를 담당하는 아전.

[3] 경보(京報): 조보(朝報). 조선 시대 정부에서 발행하던 신문. 국왕의 전교, 관리의 인사, 특이한 사건, 각종 보고서 등이 실렸다.

[4] 5월 6일에~파직당했답니다: 허균은 1607년 5월 6일, 삼척부사로 부임한 지 두 달이 채 못 되어 불교를 숭상한다는 사헌부의 탄핵으로 파직당했다.

[5] 선친께서 이 고을을~교체되셨는데: 허균의 부친 허엽 역시 1563년(명종 18) 삼척부사로 부임했으나 부임 전 경연(經筵)에서 과격한 발언을 했다는 탄핵을 받아 파직된 바 있다.

지고 강물이 터져 나오는 듯했고, 그 문장을 보면 황홀하고 아득하여 마치 구름을 타고 날아오르는 용을 보고도 꼬리며 갈기며 발톱이며 허물을 구별하지 못하는 듯했습니다. 불경을 읽으면 아득해져 정신이 우주 밖에서 노니니, 저는 불경을 읽지 않았다면 일생을 거의 헛되이 보내고 말았을 거라고 늘 생각했습니다. 깊이 연구하고 저변에 온축된 것까지 다 살펴보니 심성(心性)이 저절로 명료해져 깨닫는 바가 있었습니다. 때때로 소싯적에 배운 네 선생6_과 염락7_의 책을 꺼내 심성에 대해 말한 곳의 같고 다른 점을 비교하며 참과 거짓이 통함을 분석하고 따져 자못 스스로 터득함이 있었습니다. 그 결과로 책을 지어 그 의미를 밝히기에 이르렀는데, 제가 부처를 섬긴다고 하는 말은 이 일을 가리키는 듯합니다.

    저는 지금 세상의 미움을 받아 누차 명예를 더럽혔고 탄핵을 당했지만 추호도 동요하지 않았으니, 그런 일로 제 정신을 상할 이유가 어디 있겠습니까? 더구나 사헌부의 탄핵 글에 곽공8_과 함께 제 이름이 들어 있으니, 이른바 이백과 두보가 명성을 나란히 했다는 격이거늘, 죽는다 한들 무슨 한이 있겠습니까.

6_ 네 선생: 공자(孔子)·증자(曾子)·자사(子思)·맹자(孟子)를 말한다.
7_ 염락(濂洛): 북송의 유학자 주돈이(周敦頤)와 정호(程顥)·정이(程頤) 형제를 말한다.
8_ 곽공(郭公): 임진왜란 때의 의병장 곽재우(郭再祐, 1552~1617)를 말한다. 임진왜란 이후 조정의 거듭된 출사 요구가 있었으나 대부분 응하지 않고 은거했다. 1607년 5월 사헌부에서 곽재우는 도교를 숭상하고 허균은 불교를 숭상한다는 명목으로 함께 탄핵한 일이 있었다. 이때 삼척부사에 임명되었다가 파직당한 허균은 「내 삶을 살아가리니」(聞罷官作)라는 시를 지었다. 이 시는 이 책의 제2부에 실려 있다.

형과 대중[9]·덕보[10]가 애당초 제게 좋은 벼슬을 주선하려 했던 것부터가 일의 기미를 헤아리지 못한 까닭 아닐까요? 작은 고을의 수령 자리도 허락되지 않거늘 하늘처럼 높은 옥당(玉堂: 홍문관)의 벼슬이 제게 허락되겠습니까?

머잖아 서울에 도착하면 손잡고 자세히 이야기 나누지요. 인사를 다 갖추지 못합니다.

---

[9] 대중(大中): 이유홍(李惟弘, 1566~1619)의 자. 선조 때 병조좌랑·예조참의·지제교 등 청요직(淸要職)을 두루 지냈으나, 광해군 즉위 후 영창대군(永昌大君)을 지지하던 소북(小北)의 일당이라는 탄핵을 받아 관작을 삭탈당하고 평안도 강계(江界)로 유배되어 죽었다.

[10] 덕보(德甫): 성준구(成俊耉, 1574~1633)의 자. 선조 때 이조정랑 등 요직을 지냈으나 광해군 즉위 후 이이첨과 불화하여 16년 동안 유배 생활을 했다. 인조반정 이후 다시 기용되어 선천부사·황해도 관찰사 등을 지냈다.

1607년 삼척부사에서 파직당한 뒤 최천건에게 보낸 편지이다. 부자가 모두 삼척부사에 임명되었다가 파직당한 기막힌 사연도 눈길을 끌지만, 허균이 불경에 심취했던 이유가 가장 소상히 드러난 글이라는 점에서 주목을 요한다.

최천건에게 보낸 편지 2

벼슬살이에 대한 제 마음은 엷은 가을 구름 같아서, 가을바람이 한 번 불어오면 고향으로 돌아가고픈 생각[1]을 금하지 못합니다. 한 고을을 얻어 입에 풀칠이라도 할 수 있다면 만호후[2]가 된 양 여기겠거늘, 공께서는 왜 이리 인색하신지요? 공께서 인재를 아끼시는 한결같은 마음은 하늘에 알릴 만한데, 때때로 사랑이 지혜를 어둡게 만든다는 걸 모르시는 건 아닌지요.

공명(功名)을 손에 넣지 못했거늘 젊은 날의 씩씩한 기상은 이미 시들었습니다. 마치 힘이 약한 망아지가 우리 안에서 망설이고 있는 격이니 얼마나 비참한 일입니까.

궁함과 현달함은 본래 정해진 분수가 있어서 하늘도 헤아릴 수 없지요. 대장부의 일생은 관(棺) 뚜껑을 덮고 나서야 판단할 수 있는 법입니다.[3] 한번 보십시오, 제 혀는 여전히 붙어 있지 않습니까?[4] 큰 바다의 용을 고삐와 쇠사슬로 얽어매려 하지 마십시오. 용은 본래 길들이기 어려우니까요.

---

1. 고향으로 돌아가고픈 생각: 원문은 "季鷹之思"(계응지사) 곧 '계응의 생각'인데, '계응'은 서진(西晉)의 문인 장한(張翰)의 자이다. 장한은 벼슬하러 서울에 왔다가 가을바람이 불자 고향 소주(蘇州)의 순챗국과 농어회가 그리워 벼슬을 사양하고 귀향했다는 고사가 전한다.
2. 만호후(萬戶侯): 식읍(食邑) 1만 호(戶)를 가진 제후.
3. 대장부의 일생은~있는 법입니다: 두보가 벗의 아들인 소계(蘇係)를 격려하기 위해 쓴 시 「그대는 보지 못했는가 – 소계에게」(君不見, 簡蘇係)에서 따온 말.
4. 제 혀는~있지 않습니까: 전국시대의 유세객 장의(張儀)가 초나라에서 식객으로 있던 시절 절도 누명을 쓰고 매질을 당해 초주검이 되어 집으로 돌아왔는데, 아내가 눈물을 흘리자 장의는 "내 혀가 아직 붙어 있소? 혀만 붙어 있으면 괜찮소"라고 말했다는 고사가 전한다.

1607년 9월 최천건에게 쓴 편지이다. 당시에 허균은 삼척부사 직에서 파직당한 뒤 정3품 내자시정(內資寺正)으로 복귀해 있었다. 석 달 뒤인 12월 공주목사에 임명된 것으로 보아, 허균은 최천건을 통해 지방관 자리를 얻을 수 있도록 도와 달라고 청탁했던 모양이다. 궁한 이야기를 늘어놓다가도 마지막 문단에 이르면 또 허균 특유의 오만한 자존심이 고개를 높이 든다.

문학에 대한 나의 생각

글쓰기에 대하여

손님이 허자(許子: 허균)에게 물었다.

"오늘날 고문(古文)을 잘한다고 이름난 이들은 반드시 당신이 최고라고들 하더군요. 그런데 제가 당신의 글을 보니 비록 끝없이 웅대하고 드넓은 듯하긴 했지만, 일상어를 쓴 데다 문장은 글자 흐름대로 순탄해서, 글을 읽으면 입을 벌리고 목구멍을 보는 듯이 글 뜻을 이해하는 사람이나 이해하지 못하는 사람이나 모두 막힘없이 읽을 수 있겠습디다. 고문이라는 게 본래 이런 겁니까?"

나는 이렇게 대답했다.

"그게 바로 고문입니다. 당신은 요순시절과 우임금 시절의 글이며 상나라와 주나라의 글[1]을 보셨을 텐데, 이는 모두 최고 경지의 문장들입니다. 이 중에 문장을 억지로 엮고 구절을 까다롭게 이으며 어려운 말로 기교를 다투는 것이 있던가요? 공자는 '말은 뜻을 전달하는 것일 뿐이다'[2]라고 했습니다. 옛 문장은 윗사람과 아랫사람의 뜻을 통하게 하고 도를 실어 전하는 역할을 했기에, 명백하고 공명정대하며 정성스럽고 간절해서 듣는 사람이 그 가리키는 의미를 환히 알 수 있었습니다. 이게 바로

1_ 요순시절과~주(周)나라의 글: 『서경』(書經) 우서(虞書)의 「요전」(堯典)·「순전」(舜典)·「대우모」(大禹謨)·「고요모」(皐陶謨), 『서경』 상서(商書)의 「이훈」(伊訓)·「태갑훈」(太甲訓), 『서경』 주서(周書)의 「태서」(泰誓)·「무성」(武成)·「홍범」(洪範) 등 『서경』에 수록된 중국 고대의 문장을 말한다.
2_ 말은 뜻을~것일 뿐이다: 『논어』 「위령공」(衛靈公)에 나오는 말.

문장의 효용입니다.

　삼대의 육경[3]과 같은 성인의 책, 『노자』를 비롯한 제자백가의 책은 모두 도를 논하기 위한 것이었으므로 그 글이 이해하기 쉬우며 문장은 절로 예스럽고 전아했습니다. 후대로 내려오면서 문장과 도가 둘로 갈라져 비로소 문장을 억지로 엮고 구절을 까다롭게 이으며 어려운 말로 기교를 다투는 일이 생겨났습니다. 이야말로 문장의 재앙이요, 문장의 지극한 경지와는 거리가 머니, 제가 비록 노둔하지만 이런 일은 원치 않습니다. 그래서 저는 의미 전달을 위주로 해서 평탄하게 글을 짓습니다."

　손님이 말했다.

　"그게 아니지요. 당신은 좌씨(좌구명)와 장자와 사마천과 반고, 그보다 후대의 한유와 유종원과 구양수와 소동파의 문장을 보지 못했습니까? 그들의 문장에 어디 일상어가 쓰였습디까? 더구나 당신의 문장은 옛날을 모범으로 삼지 않은 채 도도하고 성대하기만 하니, 그건 너무 지나친 것 아닌가요?"

　내가 말했다.

　"저 몇 분의 문장 역시 일상어와 무슨 다른 점이 있다는 겁니까? 제가 보기에 간략한 듯, 웅혼한 듯, 심오한 듯, 자유분방한 듯, 생경하고 기묘한 듯한 저분들의 문장은 모두 자기 시대의 일상어를 변화시켜 전아한 언어로 만든 것이니, 참으로 점철성금[4]

---

[3]_ 삼대(三代)의 육경(六經): 삼대(하夏·상商·주周 시대) 이래로 성립했다고 전하는 유가(儒家)의 여섯 경전. 곧 『시경』·『서경』·『역경』(易經)·『예기』(禮記)·『악기』(樂記)·『춘추』(春秋).

[4]_ 점철성금(點鐵成金): 쇠를 달구어 황금을 만듦. 여기서는 기존의 평범한 언어를 새로운 문맥에서 변용함으로써 지극히 빼어난 표현에 이른 것을 말한다.

이라 할 만합니다. 훗날의 사람이 지금의 문장을 보는 것이나 지금 사람이 옛날 저분들의 문장을 보는 것이 다르다고 할 수 있을까요? 더구나 도도하고 성대한 것은 바로 위대해지고자 하는 것이고, 옛날을 모범으로 삼지 않는 것은 홀로 서고자 하는 것이니, 대체 무엇이 지나치단 말입니까?

당신은 저 몇 분의 문장을 자세히 읽지 않았습니까? 좌씨는 그대로 좌씨이고, 장자는 그대로 장자이며, 사마천과 반고는 그대로 사마천과 반고이고, 한유와 유종원과 구양수와 소동파는 그대로 한유와 유종원과 구양수와 소동파여서, 이분들은 남을 그대로 모방하지 않고 저마다 일가를 이루었습니다. 제 소원은 이런 점을 배우는 것입니다. 남의 집 아래 집을 짓고 표절한다는 꾸지람 듣는 일을 저는 부끄러워합니다."

손님이 말했다.

"당신의 문장은 평이하고 막힘이 없습니다. 그렇다면 이른바 '법고'(法古)라는 것의 원리는 어디에서 찾아야 할까요?"

내가 말했다.

"편법[5]과 장법[6]과 자법[7]에서 찾아야 합니다. 편(篇: 작품 전체)에는 하나의 의미로 곧장 내려가는 것도 있고, 고리로 연결하여 열고 잠그는 것도 있으며, 구절마다 정감이 일게 하는 것도 있고, 차근차근 서술해 나가다가 냉어[8]로 마무리하는 것도 있으

---

[5] 편법(篇法): 한 편의 작품 전체를 구성하는 방법.
[6] 장법(章法): 하나의 단락을 구성하는 방법.
[7] 자법(字法): 글자를 운용하는 방법.
[8] 냉어(冷語): 조롱이나 풍자를 담은 차가운 말, 냉소하는 말.

며, 자질구레할 정도로 자세하되 법도가 있는 것도 있습니다.

장(章: 단락)에는 정연하여 어지럽지 않은 것도 있고, 뒤섞이되 난잡하지 않은 것도 있으며, 끊어진 듯 보이지만 앞과 뒤를 연결해 주는 것도 있고, 아주 장황하거나 아주 짧은 것도 있으며, 하려던 말을 다 마치지 못한 것도 있습니다.

자(字: 글자)에는 울림이 있는 곳, 뼈대가 되는 곳, 복선이 되는 곳, 수습하는 곳, 중첩되지만 어지럽지 않은 곳, 강하지만 힘쓰지 않은 곳, 끌어당기되 힘들이지 않은 곳, 열고 닫는 곳, 외쳐 부르는 곳이 있습니다.

자(字)가 밝지 않으면 구(句: 구절이나 문장)가 전아하지 못하고, 장(章)이 마땅치 않으면 뜻이 통하지 않으니, 이 두 가지가 갖추어져야만 편(篇)을 이룰 수 있습니다.[9] 저의 문장은 단지 이 점을 깨달은 것일 뿐이요, 옛 문장 역시 이를 실천한 것일 뿐입니다. 지금 이른바 고문을 안다는 이들조차 이런 사실을 전연 모르고 있으니, 고문을 이해하지 못하는 사람이야 더 말해 무엇 하겠습니까?"

손님이 말했다.

"좋은 말씀입니다! 제가 미처 몰랐습니다."

---

[9] 자(字)가 밝지 않으면~이룰 수 있습니다: 여기서 허균은 '자'가 모여 '구'를 이루고 '구'가 모여 '장'을 이루며 '장'이 모여 '편'을 이루는 과정이 유기적으로 연계되어야 함을 말하고 있다.

원제목은 「문설」(文說)이다. 자(字)·구(句)·장(章)·편(篇)의 개념을 동원해 글쓰기의 방법을 논한 글로, 조선 후기 문학 비평의 중요한 자료이다. 옛 대가들 역시 자기 시대의 일상어로 쉽게 읽히는 글을 썼으며, 지금의 글쓰기 역시 옛 글쓰기와 동일한 원리에서, 과거 전범의 모방이 아닌 자기 시대의 독창을 발휘하는 방식으로 이루어져야 한다는 인식이 주목할 만하다.

시는 어떻게 지어야 하는가

지금 시를 짓는 자들은 한(漢)·위(魏)·육조(六朝) 시대의 시를 최고로 치고, 당나라 개원·천보·대력[1] 연간의 시를 그 다음으로 친다. 송나라 소동파와 진사도[2]의 시는 가장 낮게 보아 누구나 그 자리쯤은 빼앗을 수 있다고들 생각하지만 이는 망상이다. 이런 사람들은 남의 말과 뜻을 주워 모아 답습하고 표절하며 자신을 현시하는 자에 불과하니 어찌 시도(詩道)를 족히 말할 수 있겠는가?

『시경』 삼백 편은 그대로 『시경』 삼백 편이고, 한나라는 그대로 한나라이며, 위·진·육조는 그대로 위·진·육조이고, 당나라는 그대로 당나라이며, 소동파와 진사도 또한 그대로 소동파와 진사도이니, 어찌 남을 모방하여 천편일률의 시를 지어낸 적이 있던가? 저마다 일가를 이룬 뒤에 바야흐로 지극한 경지에 이르렀다 할 것이다. 간혹 남을 본떠 지은 작품이 있긴 하지만 그 또한 하나의 시도로서 형식을 갖추어 본 것이지 항상 그리했던 것은 아니다. 남의 발밑에서 사는 사람은 호걸이 아니다.

그렇다면 시는 어떠해야 지극한 경지에 나아갈 수 있는가?

먼저 흥취 있게 뜻을 세우고, 다음으로 격조 있게 말을 정하

---

[1]_ 개원(開元)·천보(天寶)·대력(大曆): '개원'(713~741)과 '천보'(742~756)는 당나라 현종(玄宗)의 연호이고, '대력'(766~779)은 당나라 대종(代宗)의 연호이다. 당시(唐詩)를 넷으로 시대 구분할 때 성당(盛唐)에 해당하는 시기이다.

[2]_ 진사도(陳師道): 북송의 시인. 황정견(黃庭堅)과 함께 '강서시파'(江西詩派)의 핵심 인물이다.

되 구절은 활력 있게, 글자는 원활하게, 음향은 밝게, 마디와 마디의 연결은 긴밀하게 만들어야 한다. 소재를 취하여 짜 나가되 올바른 자리를 범해서는 안 되고 겉모습에 집착해서도 안 된다. 두드리면 맑은 소리를 울려야 하고, 다가서면 화려하게 빛나야 하며, 내려가면 끝 모를 심연이요 올라가면 하늘을 향해 훌쩍 뛰어올라야 한다. 닫으면 전아하고도 굳세고, 열면 호방하고 자유분방해야 하고, 풀어 놓으면 생동하며 고무되어야 한다. 쇠를 달구어 금으로 만들고, 썩은 것을 변화시켜 신선하게 만들어야 한다. 평범하고 담박하되 얕고 속됨에 이르지 않고, 기이하고 예스럽되 괴벽에 이르지 않으며, 사물의 형상을 노래하되 사물과 비슷함에 구애되지 않고, 서사를 배치하되 음운과 율격에 얽매이지 않아야 한다. 화려하게 꾸미되 이치를 손상시켜서는 안 되고, 펼치는 논리가 피상적이어서도 안 된다. 비와 흥[3]이 깊으면 사물의 이치와 통하고, 용사[4]가 교묘하면 자기가 만들어 낸 것처럼 보인다. 그리하여 격조가 한 편 전체에 나타나면 충만해서 깎아내릴 수 없고, 말하지 않은 것으로부터 기운이 뿜어져 나오면 드넓어 굴복시킬 수 없다. 이상의 조건을 다 갖추고 나오면 진정한 시라고 할 수 있다.

저 한·위 이하의 여러 대가들은 모두 이 점을 깨닫고 힘써 지킨 사람들이다. 그렇게 하지 못한다면 한나라 사람처럼 뛰고,

---

3_ 비(比)와 흥(興): '비'는 시에서 말하고자 하는 내용을 비유로 표현하는 수사법이고, '흥'은 시에서 말하려는 내용과 직접 관계가 없는 다른 사물을 읊조림으로써 말하고자 하는 내용을 시사하는 수사법이다.
4_ 용사(用事): 전고(典故)나 유명 문학작품의 표현을 끌어와 새로운 문맥에서 활용하는 일.

위나라 사람처럼 걷고, 육조 사람처럼 옷을 입고, 당나라 사람처럼 말하고 행동하고, 소동파와 진사도를 부려 말을 달리게 한다 한들 자신의 더러움을 드러내기에 족할 뿐이니, 아아, 모두 잘못된 일이다!

원제목은 「시변」(詩辨)이다. 역시 자기 시대의 독창적인 시를 지어야 한다는 기본 전제 위에서 최고 경지의 시가 갖추어야 할 덕목이 나열되어 있다. 당대 최고의 시 비평가가 제시한 지침이라 그런지 도달해야 할 목표가 참으로 높다. 다른 분야도 마찬가지겠지만, 문학 예술 분야에서는 정말 "남의 발밑에서 사는 사람은 호걸이 아니다"라는 말이 중요해 보인다.

우리 문학의 계보와 나의 문학

보내 주신 편지 잘 읽었습니다. 편지에서 불후의 대업1_에 대해 물으시니 참으로 성대한 마음입니다. 하지만 제 천박한 식견으로 어찌 만의 하나라도 대강을 요약할 수 있겠습니까? 그런데 제가 이상하게 생각하는 것은 그대의 질문이 선진(先秦)과 한나라와 당나라의 대가(大家)들을 향해서가 아니라 유독 우리나라 작가에 대해서만 자세하다는 점이니, 이것은 낮은 수준의 논의가 아닐는지요?

우리나라는 바다 한 귀퉁이 궁벽한 곳에 있으니 당나라 이전의 문헌은 아득하여 비록 을지문덕과 진덕여왕의 시가 역사서에 실려 있으나 과연 그들의 손에서 나온 것인지 감히 믿기 어렵습니다. 신라 말에 최치원(崔致遠) 학사(學士)가 처음으로 명성을 크게 날렸으나, 지금의 시각에서 보면 문장은 너무 곱고 파리하며 시는 거칠고 여립니다. 허혼2_과 정곡3_ 같은 시인들 사이에 두더라도 추한 모습을 드러낼 터인데, 성당(盛唐)의 시인들과 뛰어남을 다툴 수 있겠습니까?

고려의 정지상(鄭知常)은 당시(唐詩)의 한 귀퉁이를 엿보았다 하기에 족하지만 역시 만당의 곱고 화려한 시에 해당하는 것

1_ 불후의 대업(大業): 문학을 말한다.
2_ 허혼(許渾): 만당(晚唐)의 대표적인 시인. 율시(律詩)에 능해서 두보(杜甫)에 비견되기도 했다.
3_ 정곡(鄭谷): 만당의 대표적인 시인. 청신(淸新)한 시풍으로 유명했다.

이었습니다. 이인로(李仁老)와 이규보(李奎報)는 맑고 기이했고, 진화(陳澕)와 홍간(洪侃) 또한 풍성하고 고왔으나, 모두 소동파의 울타리를 벗어나지 못했습니다. 급기야 익재(益齋) 이제현(李齊賢)이 새로 길을 열고 가정(稼亭) 이곡(李穀)과 목은(牧隱) 이색(李穡)이 이어받아 포은(圃隱) 정몽주(鄭夢周), 도은(陶隱) 이숭인(李崇仁), 척약재(惕若齋) 김구용(金九容)이 고려 말의 명가(名家)가 되기에 이르렀습니다.

조선 초에는 삼봉 정도전과 양촌 권근[4]이 명성을 드날리니, 문장이 이에 이르러 비로소 통달했다 일컬을 만하며, 조탁이 화려하게 빛나 큰 변화가 일어났다고 하기에 족합니다. 이러한 중흥(中興)의 가장 큰 공은 목은에게 있습니다.

그 뒤로 김종직(金宗直)이 포은과 양촌을 계승하여 사람들이 대가라고 여겼으나, 다만 문장이 탁 트이지 못해 한스럽습니다. 그 뒤로는 이행[5]의 시가 입신의 경지에 들었고, 신광한[6]과 정사룡[7]이 그 뒤에 우뚝했으며, 노수신[8] 역시 힘껏 떨쳐 일어났으니, 이 몇 분이 중국에 태어났다면 어찌 강(康)·이(李)[9] 두 분의 아래에 있겠습니까?

4_ 삼봉(三峯) 정도전(鄭道傳)과 양촌(陽村) 권근(權近): 모두 이색의 제자이다.
5_ 이행(李荇): 1478~1534. 중종 때의 문신으로, 호는 용재(容齋)이다. 이조판서·대제학·좌의정을 지냈다.
6_ 신광한(申光漢): 1484~1555. 중종~명종 때의 문신으로, 호는 낙봉(駱峯)이다. 이조판서·대제학을 지냈다.
7_ 정사룡(鄭士龍): 1494~1573. 중종~명종 때의 문신으로, 호는 호음(湖陰)이다. 예조판서·대제학을 지냈다.
8_ 노수신(盧守愼): 1515~1590. 중종~선조 때의 문신으로, 호는 소재(蘇齋)이다. 대제학·영의정을 지냈다.
9_ 강(康)·이(李): 강해(康海, 1475~1540)와 이몽양(李夢陽, 1472~1530)을 가리키는 듯하다. 두 사람은 16세기 명나라 문단의 핵심을 이루었던 전칠자(前七子)의 일원으로, 진한(秦漢)의 문장과 성당(盛唐)의 시를 모범으로 삼아야 한다는 복고적인 문학론을 펼쳤다.

오늘날 문장은 최립[10]을, 시는 이달(李達)을 최고로 치는데, 모두 천 년 이래의 빼어난 문인입니다. 동년배 중에는 권필(權韠)이 몹시 아름답고 맑으며, 이안눌[11]이 몹시 깊이 있고 굳건합니다만, 이 두 사람 외에는 잘 알지 못합니다.

문장이 비록 작은 재주라고 하지만, 학력(學力)이 없고 식견이 없고 공력이 없으면 지극한 경지에 이를 수 없습니다. 그 도달한 바가 비록 크고 작음과 높고 낮음이 있다 하더라도 그 오묘함은 한가지지요. 우리나라 사람들은 옛 글을 널리 배우지 않기에 학력이 없고, 스승에게 나아가 배우지 않기에 식견이 없으며, 배운 것을 충분히 익히지 않기에 공력이 없습니다. 이 세 가지가 없으면서도 망령되게 스스로를 높이며 옛사람을 뛰어넘어 후세에 이름을 남길 수 있다고 여기는 자를 저는 감히 믿지 못하겠습니다.

저는 열두 살 때 아버지를 여의었습니다. 그러다 보니 어머니와 형들은 저를 불쌍히 여기고 아끼셔서 꾸지람을 하지 않으셨지요. 조금 자라서는 사람들이 과거 공부하는 것을 보곤 따라 하다가 마침내 빨리 이루고 싶은 마음이 생겨 육경과 여러 역사서를 두루 읽고 대의(大義)는 이해했지만, 체득해서 깊이 연구하려 들지는 않았습니다. 허튼 마음을 품고서 대담하게도 하루에 수만 자를 읽고 입만 열면 글귀가 줄줄 나오니, 사람들은 총명과

10_ 최립(崔岦): 1539~1612. 명종~선조 때의 문신으로, 호는 동고(東皋)이다. 형조참판을 지냈다.
11_ 이안눌(李安訥): 1571~1637. 선조~인조 때의 문신으로, 예조판서를 지냈다.

민첩함이 남달리 뛰어나다고 했습니다. 저 또한 스스로 뽐내는 마음이 있어서 학문과 문장이 애당초 박람강기(博覽强記)에 달려 있지 않다는 점은 전혀 몰랐습니다.

중형이 유배지에서 돌아와[12] 비로소 고문(古文)을 가르쳐 주셨고, 문장은 서애[13] 정승께, 시는 손곡[14]에게 배웠습니다. 이런 배움이 있고 나서야 문장의 길이 어디에 있는지 알아 차츰 문학에 입문하게 되었습니다. 그러다 세속의 이끌림을 거부하지 못하고 나와 과거에 급제했으나,[15] 예법에 얽매이지 않고 행동을 검속하지 못한다는 이유로 세상에서 배척받아 마침내 두문불출하며 공부에 진력한 것이 이제 십육 년이 되었습니다.

그동안의 제 성취를 감히 스스로 평가할 수는 없습니다. 다만 맑고 엄숙하며 깊고 기이하여 독창성을 으뜸으로 삼는 점에서는 동료들에게 못 미친다 하더라도, 폭넓은 지식을 온축해 두었다가 손 가는 대로 뽑아내며, 마땅히 갈 곳에서 가고 그칠 곳에서 그치며, 큰 강물이 하늘에 닿을 듯 용솟음치며, 화려한 용궁에 간혹 굴이 더미로 쌓인 산도 있고 뱀장어가 깃든 집도 있듯 못난 것이 끼어 있더라도 버리지 않고 취하는 점은 위의 몇 분에 견주어 볼 때 손톱만큼이나마 낫다고 생각합니다. 하지만 식자들이 그리 생각해 줄지는 모르겠군요.

비록 그렇긴 하지만, 제 스승과 벗이 이어받은 전통이 없었

12_ 중형(仲兄)이 유배지에서 돌아와: 허봉은 1583년 병조판서 이이(李珥)를 탄핵하다가 오히려 함경도 갑산으로 유배되었으며, 1585년에야 유배에서 풀려났다. 1585년 당시 허균은 17세였다.
13_ 서애(西厓): 유성룡(柳成龍, 1542~1607)의 호.
14_ 손곡(蓀谷): 이달의 호.
15_ 과거에 급제했으나: 허균은 26세이던 1594년 정시문과에 합격했다.

다면 어찌 지금의 제 문학이 있을 수 있겠습니까? 형과 누나의 문장은 가학(家學)을 이은 것이고, 선친께서는 젊은 시절 모재[16]에게 배우셨습니다. 모재의 스승은 허백[17]이고, 허백은 그 형 성간[18]과 김수온[19]에게 배웠습니다. 그 두 분은 모두 유방선[20]의 제자이고, 유방선은 목은이 마음에 들어하던 제자였습니다.

목은은 중국에 유학 가서 한림원[21]에 명성을 드날렸고, 오랫동안 우집[22]과 구양현[23]의 문하에 있으면서 그들의 칭찬과 격려를 받아 의발이 해외로 전해졌다는 말[24]이 있기에 이르렀습니다. 구양현은 강서성 사람으로, 문천상[25]과 사고[26]를 몸소

---

[16] 모재(慕齋): 김안국(金安國, 1478~1543)의 호. 중종 때의 문신으로, 병조판서·대제학을 지냈다.

[17] 허백(虛白): 성현(成俔, 1439~1504)의 호. 세조~연산군 때의 문신으로, 예조판서·대제학을 지냈다.

[18] 성간(成侃): 1427~1456. 세종~세조 때의 문신으로, 수찬(修撰)을 지냈다.

[19] 김수온(金守溫): 1410~1481. 세종~성종 때의 문신으로, 호는 괴애(乖崖)이다. 호조판서·영중추부사를 지냈다.

[20] 유방선(柳方善): 1388~1443. 조선 초의 학자로, 호는 태재(泰齋)이다. 특히 시학(詩學)에 밝았고 서거정(徐居正)·한명회(韓明澮) 등의 제자를 배출했다.

[21] 한림원(翰林院): 학술·문학·황실의 문서 작성을 관장하던 관서.

[22] 우집(虞集): 1272~1348. 원나라의 학자로, 호는 도원(道園)이다. 규장각시서학사(奎章閣侍書學士)를 지냈으며, 유학과 시에 모두 뛰어나 원나라의 4대 유학자이자 4대 시인의 한 사람으로 꼽힌다.

[23] 구양현(歐陽玄): 1273~1357. 원나라의 학자로, 호는 규재(圭齋)이다. 한림학사와 문형(文衡)을 지냈으며『요사』(遼史)·『금사』(金史)·『송사』(宋史)의 수정 편찬을 주도했다.

[24] 의발(衣鉢)이 해외로 전해졌다는 말: 이색의 시「기사」(記事)에 "의발이 해외로 전해질지 그 누가 알았으랴/규재의 그 한마디 아직 귀에 선연하네"(衣鉢誰知海外傳, 圭齋一語尙琅然)라는 구절이 있다. '의발이 해외로 전해졌다'는 것은 구양현이 이색을 빼어난 제자로 인정하며 그 성취를 칭찬하고 격려한 말이다.

[25] 문천상(文天祥): 남송(南宋)의 재상으로, 강서성 출신이다. 원나라에 결사 항전했던 충신으로 유명하다.

[26] 사고(謝翺): 남송의 대표적인 애국 시인으로, 복건성(福建省) 출신이다. 문천상의 군대에서 함께 싸운 바 있다.

섬기며 범성대27_와 양만리28_의 유훈(遺訓)을 익히 들었고, 당시까지 뚜렷이 전했던 왕안석·증공·구양수·황정견29_ 네 원로의 정수를 배워 목은에게 전수했습니다. 그러니 우리나라에서 문학의 시작과 끝을 조금이나마 엿볼 수 있었던 건 모두 목은이 중국에서 돌아온 데서 비롯되었다는 말이 어찌 타당하지 않겠습니까?

권필의 선천30_은 신광한에게 배웠고, 신광한은 이행의 칭찬과 격려를 받았으며, 이안눌은 또 이행의 증손자였으니 역시 가학으로 꽃피운 사람입니다. 신광한과 이행 두 분은 모두 김종직에게 학문을 배웠고, 김종직의 부친31_은 야은(冶隱) 길재(吉再)를 스승으로 섬겼고, 길재는 양촌 형제32_를 스승으로 섬겼으며, 목은이 또 양촌 형제의 스승이었으니, 이 역시 똑같이 목은에게서 나온 것입니다. 무릇 시와 문장을 짓는 사람이 목은을 떠나 별도의 문호(門戶)를 세우는 것은 망령된 일이 아니면 참람한 일입니다.

보내신 편지에서 최경창과 백광훈33_을 기리셨던데, 두 분은 당나라에 태어났더라도 역시 명가(名家)가 되었을 터이나, 의

27_ 범성대(范成大): 남송의 문신으로, 호는 석호(石湖)이다. 참지정사(參知政事)를 지냈으며, 양만리·육유(陸游)·우무(尤袤)와 함께 남송사대가(南宋四大家)로 일컬어지는, 남송의 대표적인 시인이다.
28_ 양만리(楊萬里): 남송의 문신으로, 호는 성재(誠齋)이다. 보막각학사(寶漠閣學士)를 지냈으며 평생 금나라와의 항전을 주장했다.
29_ 왕안석(王安石)·증공(曾鞏)·구양수(歐陽脩)·황정견(黃庭堅): 북송(北宋)의 대표적 문인들.
30_ 권필의 선친: 권벽(權擘)을 말한다. 중종~선조 때의 문신으로, 강원도 관찰사를 지냈다.
31_ 김종직의 부친: 김숙자(金叔滋)를 말한다. 조선 초의 문신·학자로, 사예(司藝)를 지냈다. 길재(吉再)에게 수학하여 아들 김종직에게 학문을 전수하였다.
32_ 양촌 형제: 권근과 그 아우 권우(權遇, 1363~1419)를 말한다. 권우는 고려 말~조선 초의 문신으로, 대사성을 지냈다.

경³⁴⁻이 좁았던 것이 한스러울 뿐입니다. 말씀하신 이산해³⁵⁻와 고경명³⁶⁻은 제가 아직 그분들의 전집(全集)을 보지 못했으니 감히 언급할 수 있겠습니까?

지금 형조(刑曹)의 언의³⁷⁻에 참석해야 한다고 문 앞에서 재촉해 부르고 있어 급히 답장을 쓰다 보니 하고 싶은 말을 다하지 못하니, 다음 기회에 자세히 이야기하기로 하지요. 인사를 다 갖추지 못합니다.

33_ 최경창(崔慶昌)과 백광훈(白光勳): 이달과 함께 '삼당시인'(三唐詩人)으로 꼽히던 선조 때의 대표적인 시인.
34_ 의경(意境): 작품의 의미 공간. 묘사 대상과 시인의 감정이 융합된 작품 세계.
35_ 이산해(李山海): 1539~1609. 선조~광해군 때의 문신으로, 호는 아계(鵝溪)이다. 북인(北人)의 영수로서 이조판서·대제학·영의정을 지냈다.
36_ 고경명(高敬命): 선조 때의 문신으로, 호는 제봉(霽峯)이다. 문과에 장원급제하여 교리·순창군수를 지냈다.
37_ 언의(讞議): 죄에 대한 처벌을 논하는 일.

한 선비에게 답하는 편지 형식 속에 허균이 간추린 우리 한문학사가 들어 있다. 조선의 한문학은 거슬러 올라가면 모두 이색으로 귀결된다는 생각, 최치원과 정지상에 대한 낮은 평가, 김종직에 대한 유보적인 평가, 정도전·권근·이행·신광한·정사룡·노수신에 대한 높은 평가 등 주목할 만한 견해가 많다. 동시대 인물로는 최립·이달·권필·이안눌 정도만 허균의 인정을 받고 있을 뿐이다. 허균 자신의 문학에 대한 평가도 음미해볼 만하다.

옛날과 지금

　내가 사람들에게 "무숙[1]의 사륙문[2]은 고운[3]보다 뛰어나지요"라고 했더니, 사람들이 모두 괴이하게 여기며 나를 꾸짖더군. 또 사람들에게 "무숙의 문장은 왕엄주[4]와 비슷합니다"라고 했더니, 사람들이 그리 의아히 여기지 않았네.
　이는 옛날을 귀하게 여기고 가까운 시대를 천하게 여기기 때문일세. 기실 엄주의 문장은 멀리 한나라의 두 사마[5]를 계승하여 고운을 내려다보는 경지이니, 엄주와 고운의 차이를 봉황과 참새에 비길 뿐이겠나?
　자네는 자신을 믿고 남의 말에 흔들리지 않았으면 하네.

1_ 무숙(茂叔): 임숙영(任叔英, 1576~1623)의 자. 1611년(광해군 3) 문과에 급제했는데, 과거 답안에서 왕실 외척과 권신 이이첨을 비판한 일로 합격이 취소되었다가 다시 번복되었다. 주서(注書) 등을 지내다가 영창대군 탄핵에 참여하지 않았다는 이유로 파직당한 뒤 인조반정 이후 복직되어 검열·지평 등을 지냈다. 사륙문(四六文)에 특히 뛰어났다.
2_ 사륙문(四六文): 사륙변려문(四六騈儷文). 넉 자 또는 여섯 자씩 대구를 맞추어 쓰는 글.
3_ 고운(孤雲): 최치원(崔致遠)의 호.
4_ 왕엄주(王弇州): 명나라의 문인 왕세정(王世貞, 1526~1590)을 말한다. '엄주'는 그 호이다. 복고적인 문학론을 내세웠던 후칠자(後七子)의 중심인물로서 16세기 후반 명나라 문학을 주도하며 후대에 큰 영향을 끼쳤다. 허균이 가장 존경해 마지않던 문인이었다.
5_ 두 사마(司馬): 한나라의 역사가 사마천(司馬遷)과 한나라의 문인 사마상여(司馬相如)를 말한다.

1610년 7월 임숙영에게 보낸 편지이다. 허균은 당대 조선을 대표하는 열 사람의 빼어난 문인을 뽑아 전오자(前五子)와 후오자(後五子)라 명명한 바 있는데, 임숙영은 바로 후오자의 한 사람이었다. 평소 숭모의 대상이던 왕세정에 임숙영을 비기며 격려한 점만 보더라도 허균이 후배 임숙영의 재능을 얼마나 아꼈는지 알 수 있다. 옛날을 이상화하고 자기 시대를 하찮게 여기는 문학 풍조를 비판하는 대목에서는 문학에 대한 허균의 일관된 생각을 확인할 수 있다.

『고시선』 서문

『고시선』(古詩選)은 허자가 손수 시를 뽑아 엮은 책이다. 허자는 어려서부터 고시1_ 읽기를 좋아해서, 뜻을 이해하든 못하든 언제나 책을 펼쳐 놓고 밥 먹기를 잊을 정도로 즐겼다. 그렇게 수십 년을 쉬지 않고 읽다가 어느 날 문득 깨닫는 바가 있었으니, 다음과 같다.

시의 본령을 확인할 수 있는 작품은 많지 않다. 뛰어난 시인은 한 시대에 몇 되지 않고, 한 사람의 시인 역시 걸작은 몇 편에 불과하다. 그러니 그들의 시를 외며 모범으로 삼는 후세 사람이 많은 작품을 읽어서 무엇할까?

요순시절과 하나라 이래로 시를 지은 이가 적지 않았을 테지만, 『서경』에 기록된 시와 공자가 정리한 『시경』에 수록된 시는 이처럼 적다. 그렇다면 소리를 절실히 하고 화려하게 꾸미기에만 힘쓴 후대의 작품은 많이 취하여 비교하기에 부족하다.

1_ 고시(古詩): 당나라 때 형식이 성립된 근체시(近體詩)보다 이전에 지어진 한시.
2_ 고시 19수: 『문선』(文選)에 실려 전하는 한나라 때의 5언 고시 열아홉 편. 작자 미상의 작품들로, 이별이나 실의 등의 정서를 소박한 언어로 표현했다.
3_ 소무(蘇武)와 이릉(李陵)의 증별시(贈別詩): 소무(?~기원전 60)와 이릉(?~기원전 74)은 모두 전한(前漢)의 무장이다. 소무는 흉노에 사신으로 갔다가 붙잡혔는데, 흉노의 항복 요구에 응하지 않아 19년 동안 포로 생활을 하고 돌아왔다. 이릉은 흉노와의 전투 중에 사로잡혀 항복한 뒤 선우(單于)의 딸과 결혼하고 선우의 군사 고문 역할을 했다. '증별시'는 이별할 때 주는 시를 말한다. 소무와 이릉이 흉노에 억류되어 있을 때 주고받은 시 십수 편이 전하는데, 그중 이릉의 「소무에게 주는 시」(與蘇武詩) 세 편과 소무의 시 네 편이 『문선』에 실려 있다.
4_ 원성(元聲): 천지의 원기(元氣)가 발하는 소리.
5_ 탁문군(卓文君): 「백두음」(白頭吟)이 전한다. 제2부의 「계랑을 애도하며」 주 5 참조.

한나라에서 가장 빼어나다고 하는 작품은 오직 고시 19수[2] 및 소무와 이릉의 증별시[3]뿐으로 원성[4]이 옅지 않아 『시경』에 가깝다. 탁문군[5]과 반첩여[6] 및 『고악부』[7]에 수록된 채옹[8]과 송자후[9] 이하 수십 편이 조금 전아하고 화려할 뿐, 그 나머지는 너무 소박하거나 너무 꾸밈이 많거나 구절을 이루지 못하니 한마디로 모두 올바른 소리가 아니다.

　　위·진 이후로는 전아함은 비록 갖추었으나 대우[10]에 힘쓰다 보니 기운이 손상되었고, 육조 때는 더욱 꾸밈이 많아져 옛날로부터 더욱 멀어졌다. 당나라 때는 스스로 시 형식을 갖춘 것이지 결코 고시는 아니었다.

　　지금 내가 가려 뽑은 것은 한·위 때의 시가 많고, 진(晉)나라와 송나라[11]의 시는 적으며, 양나라와 진(陳)나라[12]의 시는 더욱 적다. 먼 시대의 시라도 근래의 기풍에 가까운 것은 뽑지 않기도 했고, 가까운 시대의 작품이라도 옛날을 모범으로 삼은 것은 감히 버리지 못했으니, 오직 고시에 부합하는 것을 뽑고자 했을 따름이다.

6_ 반첩여(班婕妤): 한나라 성제의 후궁. 그가 지었다는 「원가행」(怨家行)이 『문선』에 실려 전한다. 제2부의 「계랑을 애도하며」 주 4 참조.

7_ 『고악부』(古樂府): 원나라 좌극명(左克明)이 역대의 악부를 모아 엮은 책. 또는 그보다 앞선 육조시대의 『문선』과 『옥대신영』을 비롯하여 채옹·송자후 등의 고악부를 수록한 선집을 가리키기도 한다.

8_ 채옹(蔡邕): 후한 말의 문인. 「음마장성굴행」(飮馬長城窟行)이 『문선』과 『옥대신영』 등에 실려 전한다.

9_ 송자후(宋子侯): 후한 때의 인물. 「동교요」(董嬌饒)가 『옥대신영』 등에 실려 전한다.

10_ 대우(對偶): 글자 수를 맞추고 연관되거나 상반되는 자구를 나란히 배열하여 두 구절이 서로 대칭을 이루게 하는 수사법.

11_ 진나라와 송나라: 삼국시대 오나라 이래로 양자강 남쪽에서 흥망을 거듭한 육조(六朝) 중 동진(東晉)과 유송(劉宋).

12_ 양(梁)나라와 진(陳)나라: 육조 중 남량(南梁)과 남진(南陳).

책은 여섯 편으로 나누고 다만 삼백 수의 시를 뽑았다. 간혹 낮은 소견으로 짧은 평을 붙이기도 했는데, 세상에 전하고자 함이 아니라 애오라지 내가 홀로 터득한 바를 드러내 수시로 외며 법도를 얻고자 함이다. 당나라의 좋은 시가 많지만 내가 별도로 만든 『당시선』이 있기에 이 책에는 수록하지 않았다.

허균이 『고시선』이라는 선집을 엮고 붙인 서문이다. 『고시선』은 한·위·육조의 고시를 뽑아 엮은 책인데, 현재 전하지 않는다. 『시경』을 시의 정점에 두고 시대가 내려올수록 건강한 기풍이 사라진다고 보는 점에서 허균은 분명 복고주의 문학 노선을 취하고 있다. 그런데 다른 한편에서는 또 일관되게 옛날을 모방하지 말고 자기 시대의 자기 시를 써야 한다고 말한다. 모순적인 듯하지만, 문학에 대한 허균의 생각 안에서는 이 두 지향이 공존하고 있다. 허균이 존경했던 왕세정과 후칠자의 입장도 이 언저리에 놓여 있다.

『당절선산』[1] 서문

일찍이 "시도(詩道)는 『시경』에 크게 갖추어져 있다"라고 했는데, 그 넉넉하고 두터움이 선한 마음을 감발하고 악을 징계하기에 충분하기로는 국풍이 가장 훌륭하다. 아와 송[2]은 이치 설명에 가까운 면이 있어 성정(性情)과는 다소 거리가 멀다.

한나라와 위나라 이후로 시인이 많고 훌륭한 시 또한 많으나 지나치게 상세하고 세밀한 점이 문제다. 이는 아와 송이 흘러넘친 것이니, 어찌 성정의 도에 관계될 수 있겠는가? 당나라에서 시로 이름을 얻은 이가 거의 수천 명에 이르지만 대개 이에서 벗어나지 못했고, 심지어는 화려한 수식이 바른 기운을 손상하기에 이르러 결국 교화주의 질책[3]을 받고 말았으니, 이 어찌 시도의 재앙이 아니겠는가?

내가 보건대 당나라의 오언절구와 칠언절구 중 출판되어 전하는 것이 만 수에 이르는데, 시는 짧지만 뜻은 원대하고, 그 수식은 아름답되 지나치게 화려하지 않으며, 시에서 하는 말은 반어인 듯도 하고 직설인 듯도 하되 바르고 마땅한 자리를 범하지

1_ 『당절선산』(唐絶選刪): 허균이 만든 당시(唐詩) 절구(絶句) 선집.
2_ 아(雅)와 송(頌): 『시경』의 시는 풍(風)·아(雅)·송(頌)의 세 부문으로 나뉜다. '풍'은 민간의 노래로서 『시경』에서는 국풍(國風)이라 하여 노래를 지방(제후국)별로 나누어 편성했다. '아'와 '송'은 조정과 종묘에서 쓰는 노래이다. '아'는 국가 행사에 쓰이는 정악(正樂)으로, 그중 대아(大雅)는 조회나 제사에 쓰이는 음악이고, 소아(小雅)는 연회에 쓰이는 음악이다. '송'은 조상의 공덕을 찬미하는 노래로, 종묘에서 쓰인다.
3_ 교화주(教化主)의 질책: 당나라의 시인 백거이(白居易)가 쉽고 노래할 수 있는 시를 짓자는 이른바 '신악부운동'(新樂府運動)을 주도한 일을 말한다. 본래 '교화주' 또는 '광대교화주'(廣大教化主)는 불교에서 중생의 교화를 주재하는 석가세존을 이르는 말이다. 시에서는 시어의 구사가 물 흐르듯 자연스럽고 시 속에 사물의 정경이 모두 갖추어져 있다는 의미에서 당나라의 백거이를 '광대교화주'라 부른다.

않고 의미를 얻기 위한 수단으로 전락하지 않으며, 풍자를 함축하고 사물에 정취를 의탁하되 풍자하고 기롱하면 반드시 핵심을 찔러, 읽는 사람을 세 번 감탄하게 한다. 참으로 국풍의 전통을 얻어서 『시경』에 가장 가까운 것은 바로 당시 절구이다.

이 때문에 그 시대의 음악인들이 당시 절구를 뽑아 노랫말로 삼았으니, 왕유와 이익의 작품 같으면 천금을 주고 사서 노랫말로 삼기에 이르렀고,[4] 왕창령과 고적[5]의 노랫말은 운소원[6]의 기녀들이 모두 부를 줄 알았으니, 얼마나 성대한가?

당나라의 여러 시인이 훌륭하고 또 훌륭했으되 중당(中唐)·만당(晚唐)에 이르러 차츰 기풍이 흐려졌지만, 절구만은 성당(盛唐)과 만당을 막론하고 시인의 빼어난 운치를 얻어 모두 읊조릴 만하다. 민가의 여성뿐 아니라 세상 밖에서 신선을 좇고 괴이한 일을 추구하는 무리들이 지은 시조차 모두 빼어났으니, 당시는 이에 이르러 지극히 완비되었다고 할 만하다.

나는 한가한 날에 이반룡의 『고금시산』,[7] 서자충의 『백가선』,[8] 양사홍의 『당음』, 고병의 『당시품휘』[9] 등을 가져다가 이 책들에 실린 절구 중 묘한 작품 몇 편씩을 뽑은 다음 열 권으로 나누고 『당절선산』이라 제목을 붙였다. 이 책을 책상에 두고 아

---

[4] 왕유(王維)와 이익(李益)의~삼기에 이르렀고: 왕유와 이익은 각각 성당과 중당의 대표적인 시인이다. 노랫말로 가장 많이 쓰인 당시의 작가로 초당과 성당에서는 왕유, 중당과 만당에서는 이익과 백거이를 꼽는다.
[5] 왕창령(王昌齡)과 고적(高適): 성당의 대표적인 시인.
[6] 운소원(雲韶院): 당나라 궁중에서 음악과 가무를 교습하던 곳.
[7] 이반룡(李攀龍)의 『고금시산』(古今詩刪): 이반룡은 명나라 후칠자의 일원으로, 호는 창명(滄溟)이다. 『고금시산』은 이반룡이 만든 시선집으로, 고대부터 명나라까지의 빼어난 시를 뽑아 수록하되 송나라와 원나라의 시는 일절 싣지 않은 점이 특징이다.
[8] 서자충(徐子充)의 『백가선』(百家選): 미상.
[9] 고병(高棅)의 『당시품휘』(唐詩品彙): 명나라 초의 문인 고병이 편찬한 당시 선집.

침저녁으로 읊조리나니, 아아! 당나라 절구의 진면목이 이 책에 다 들어 있다. 『시경』의 전통 또한 여기에서 미루어 구할 수 있을 테니, 그 성정의 도에 혹 작은 보탬이 없지 않을 것이다.

허균이 당시 중 오언절구와 칠언절구만을 뽑아 만든 선집 『당절선산』에 붙인 서문이다. 『시경』 중에서도 가장 훌륭한 것이 국풍의 노래이고, 국풍의 전통을 가장 잘 계승한 것이 당시 절구이며, 그중 가장 뛰어난 것이 가락을 붙여 노래 부를 수 있는 작품이라고 허균은 생각했다. 『당절선산』은 후칠자의 대표적 시인인 이반룡의 『고금시산』 등의 당시 선집을 취합하여 오언절구와 칠언절구를 각각 다섯 권씩 뽑고 평을 붙인 책이다. 이백과 왕유 등 성당의 시를 중심으로 하되 만당의 시까지 다수 포함했다. 오랫동안 일실된 책으로 알고 있었으나 국립중앙도서관 소장본이 뒤늦게 발견되었다.

『명사가시선』[1] 서문

명나라 시인들은 "나는 성당(盛唐)이다", "나는 이백(李白)이요 두보(杜甫)다", "나는 육조(六朝)다", "나는 한(漢)나라요 위(魏)나라다"라고 말하며 주의 주장을 내세워 저마다 문단(文壇)의 맹주(盟主)가 될 만하다고 여겼다. 하지만 내가 보기에는 말을 표절하거나 의미를 답습해서 모두 남의 집 아래 집을 짓는 신세를 면치 못했으면서 스스로를 과대평가한 데 불과하니, 야랑왕[2]과 비슷하지 않은가?

그런데 홍정[3] 연간에는 하늘과 땅의 기운이 온전해서 뛰어난 인물이 성대하게 일어났다. 이때 이몽양[4]이 깃발을 세우고 하경명[5]이 뒤이어 나서서 아름다운 소리를 내고 휘황한 광채를 냈는데, 거의 성당 시절과 우열을 가리기 어려울 지경이었으니, 참으로 대단하지 않은가? 세상에서 이들을 숭상하여 온 천하가 다 쓸려 들어가더니 몸에 성한 살갗이 없다는 비난[6]이 일어나기에 이르렀지만, 그것은 이들을 본뜬 자의 허물이지 어찌 이들

1_ 『명사가시선』(明四家詩選): 허균이 명나라의 네 시인 이몽양·하경명·이반룡·왕세정의 시를 뽑아 만든 선집.
2_ 야랑왕(夜郎王): 물정 모르고 자기가 최고라고 생각하는 사람을 비유하는 말. '야랑'은 한나라 때 중국 귀주성(貴州省) 지역에 있던 작은 나라 이름이다. 한나라 무제(武帝)가 야랑에 사신을 파견하자 야랑의 왕은 사신에게 "한나라와 우리나라 중에 어디가 더 큰가?"라고 물었다고 한다.
3_ 홍정(弘正): 명나라 효종(孝宗)의 연호인 홍치(弘治, 1488~1505)와 무종(武宗)의 연호인 정덕(正德, 1506~1521)을 합해 부른 말.
4_ 이몽양(李夢陽): 1473~1530. 16세기 전반 명나라 문단의 핵심을 이루었던 전칠자(前七子)의 대표자로, 호는 공동(空同)이다. 오언시에 능했다.
5_ 하경명(何景明): 1483~1521. 전칠자의 핵심 인물로, 호는 대복(大復)이다. 서정성 짙은 율시에 능했다.

의 잘못이겠는가?

　이반룡7_이 탁월한 재주로 떨쳐 일어나 명성을 드날렸고, 왕세정8_이 마침내 뒤이어 일어나더니 중원에 우뚝 서서 천고(千古)를 흘겨보며 백대(百代) 뒤에 한나라의 사마상여·사마천9_과 우열을 다투었으니, 아아! 기이한 일이다.

　저 네 대가(大家)는 실로 하늘이 재주를 내려 명나라의 성대함을 울리게 한 분들이며, 이분들이 지은 시는 모두 천지자연의 조화(造化)와 하나가 되어 후대 사람들에게 빛을 주고 전대 사람들을 앞지르기에 족하니, 주의 주장을 내세우며 남의 것을 표절하고 답습하는 자들과 어찌 한자리에서 논할 수 있겠는가?

　하경명의 시는 유창하고 화려한데, 비록 남을 답습하고 본뜨는 병은 있지만 육조와 이백·두보의 경지에 드나들어 화려한 문채가 사랑스럽다. 이몽양은 웅장한 힘으로 글을 열고 닫는 변화가 무쌍한데, 비록 온전히 두보에게서 배운 것이지만 도도하고 성대해서 기운이 절로 창대하다. 이 두 분이 당나라 때 살았다면 역시 개원·천보10_ 연간의 명가가 되었을 것이다.

　이반룡의 시는 우뚝하고 준엄하며 맑고 씩씩해 평론하는 이

6_ 몸에 성한 살갗이 없다는 비난: 16세기 명나라의 문인들이 너도나도 이몽양과 하경명의 시구를 표절하여 두 사람의 작품이 만신창이가 되었다는 말. 왕세정의 『예원치언』(藝苑卮言)에 자세한 내용이 보인다.

7_ 이반룡(李攀龍): 1514~1570. 16세기 후반 명나라 문단의 정점에 서 있던 후칠자의 대표자. 호는 창명(滄溟)이다. 제6부의 「당절선산」 서문」 주 7 참조.

8_ 왕세정(王世貞): 후칠자의 대표자. 형부상서를 지냈고, 이반룡 사후에 20여 년간 홀로 문단의 맹주 역할을 했다. 제6부의 「옛날과 지금」 주 4 참조.

9_ 사마상여(司馬相如)·사마천(司馬遷): 각각 한나라 때의 문인·역사가.

10_ 개원(開元)·천보(天寶): 당나라 현종의 연호. 이백과 두보가 활약하던, 당시의 전성기이다.

들이 민산과 아미산11_에 쌓인 눈에 비유했는데, 타당하다고 할 만하다. 이반룡의 고악부12_가 비록 모방을 면치 못한 것이기는 하나, 수천 년 동안 감히 아무도 이루지 못했던 일을 이반룡이 홀로 흡사하게 재현했으니, 바로 "과거의 전범을 충분히 고려한 뒤 변화를 이룬다"13_는 그의 말이 허튼 것이 아니었다. 오언시는 핵심을 꿰뚫어 참으로 심전기와 송지문14_처럼 맑고 굳세다.

왕세정에 이르러서는 큰 바다가 넘실거리듯 온축된 것이 지극히 큰데, 간혹 격조가 근래의 습속으로 떨어진 것이 있긴 하지만 만대(萬代)를 포괄하고 제자백가를 아우르며 삼가(三家: 유·불·선 3교)를 적시에 취하여, 채찍을 치고 고삐를 당기며 말을 몰아가듯 나아가니 전쟁으로 치면 거록 전투의 초패왕15_과 같다.

이 네 대가를 보면 명나라 시는 다 보았다고 할 수 있다. 내가 뽑은 네 대가의 시는 모두 천삼백 편으로, 모두 스물네 권이다. 서정경·변공·오국륜·서중행16_ 등의 작품 역시 거두어 간직해 둘 만한데, 바빠서 겨를이 없으니 훗날을 기약하고자 한다.

11_ 민산(岷山)과 아미산(峨眉山): '민산'은 감숙성(甘肅省) 서남쪽, 사천성 북쪽에 있는 산이고, '아미산'은 사천성 미산시(眉山市) 일대에 있는 산이다.
12_ 고악부(古樂府): 옛날의 악부. 여기서는 옛날의 악부를 본떠 지은 한시를 말한다.
13_ 과거의 전범을~변화를 이룬다: 본래 『주역』 「계사(繫辭) 상(上)에 나오는 말로, '행동하기에 앞서 충분히 생각하여 변화를 이룬다'라는 뜻이다. 이반룡은 「고악부 서문」(古樂府序)에서 이 말을 인용하여 '과거의 전범을 충분히 고려한 뒤 변화를 이룬다'는 의미로 썼다.
14_ 심전기(沈佺期)와 송지문(宋之問): 초당(初唐)의 대표적 시인. 율시(律詩) 형식을 엄격하고 정밀하게 발전시켰다.
15_ 거록(鉅鹿) 전투의 초패왕(楚霸王): '거록'은 진나라 때의 현(縣) 이름으로, 지금의 하북성 평향현(平鄉縣)이다. '초패왕'은 항우(項羽)를 말한다. 항우는 이곳에서 진나라 40만 대군을 대파하고 진나라를 멸망으로 몰고 갔다.
16_ 서정경~서중행: 서정경(徐禎卿, 1479~1511)과 변공(邊貢, 1476~1532)은 전칠자의 일원이고, 오국륜(吳國倫, 1517~1578)과 서중행(徐中行, 1517~1578)은 후칠자의 일원이다.

허균이 명나라 네 시인의 시를 뽑아 만든 『명사가시선』의 서문이다. 네 시인은 바로 전 칠자의 대표자인 이몽양과 하경명, 후칠자의 대표자인 이반룡과 왕세정이다. 이들 전 후칠자는 16세기 명나라 문학을 휩쓸다시피 했고, 허균을 비롯한 조선 문인들은 물론 일본에까지 큰 영향을 미쳤다. 이들이 모방과 표절을 일삼았다는 비판이 거듭 일어났 고 허균 또한 이에 대해 잘 알고 있었던 듯하지만, 허균은 여전히 전후칠자의 업적에 대 한 찬양을 거두지 않았으며, 특히 숭모의 감정을 품고 있던 왕세정은 항우·사마상여· 사마천에 비길 만큼 극찬을 아끼지 않았다.

『구소문략』[1] 발문

구양수와 소동파는 송나라의 대문장가이다. 구양수의 문장은 법도가 있으면서도 아름답고, 감정이 격앙되면서도 완곡하고 적절해 옛사람 중에서도 짝을 찾을 수 없다. 소동파의 문장은 베를 짜듯 자연스레 나오되 변화가 무궁하여 사람들이 그 오묘함을 헤아리지 못하니 역시 천 년 이래의 빼어난 작품이다. 그런데도 근래에 선진(先秦)과 전한(前漢) 시대를 으뜸으로 여기는 이들은 구양수와 소동파를 가벼이 여겨 읽지 않으니, 이는 말도 안 되는 일이다.

문장에는 저마다 특유의 맛이 있다. 어떤 사람이 황제의 식탁에 오르는 진미인 표범 태반(胎盤)이며 곰발바닥을 맛보고는 천하의 진미를 모조리 맛보았다고 여겨 마침내 곡식이며 생선회며 구운 고기를 모두 먹지 않겠다고 한다면 이러고도 굶어 죽지 않을 사람은 드물 것이다. 선진과 한나라를 으뜸으로 삼고 구양수와 소동파를 가벼이 여기는 사람들이 이 경우와 무엇이 다른가?

왕세정은 만년에 소동파의 문장 읽기를 좋아했고, 모곤[2]은 평생 동안 구양수를 추앙하여 한유보다도 뛰어나다고 여겼는데,

---

1_ 『구소문략』(歐蘇文略): 허균이 뽑아 만든, 구양수와 소동파의 문선집.
2_ 모곤(茅坤): 1512~1601. 명나라의 문인으로, 당송(唐宋) 고문(古文)을 중시한 당송파(唐宋派)의 주요 인물이다. 『당송팔대가문초』(唐宋八大家文抄)를 엮어 후대에 큰 영향을 끼쳤다.

이 두 분은 남을 속일 사람이 아니다. 한 사람의 글만 다 읽어 나가다가는 너무 배가 불러 소화를 못 시킬까 싶어서, 구양수와 소동파의 문(文) 중 간결하고 절실한 것을 각각 예순여덟 편, 일흔두 편 뽑아 『구소문략』이라 이름 붙였으니, 총 여덟 권이다. 때때로 이 책을 읽어 모범으로 삼으려 한다.

허균이 구양수와 소동파의 문장을 뽑아 만든 선집 『구소문략』에 붙인 발문이다. 허균은 왕세정을 비롯한 전후칠자를 추종했지만, 전후칠자 중 이몽양이나 이반룡 등이 내세운 과격한 주장, 이를테면 "문장은 반드시 선진양한(先秦兩漢)을 모범으로 삼는다"라거나, "한나라 이후의 문장은 취하지 않는다"라는 말은 그대로 받아들이지 않았다. 허균의 생각은 퍽 유연해서 선진양한을 으뜸으로 삼되 구양수와 소동파도 버리지 않겠다는 것이었다.

『서유기』 발문

내가 소설 수십 종을 얻어 보니, 『삼국지연의』와 『수당지전』[1]을 제외한 나머지 작품 중 『양한연의』[2]는 앞뒤가 잘 들어맞지 않고, 『제위』[3]는 졸렬하고, 『잔당오대사연의』[4]는 거칠고, 『북송삼수평요전』[5]은 소략하고, 『수호전』은 속임수가 교묘하니, 모두 교훈이 되기에 부족하다. 이 소설들은 한 사람의 손에서 저술되었으니, 나관중의 자손 삼대가 벙어리였다[6]는 것도 당연하다.

『서유기』는 종실 제후에게서 나왔다고 하는데,[7] 현장[8]의

1_ 『수당지전』(隋唐志傳): 원나라 말~명나라 초에 나관중(羅貫中)이 지었다고 전하는 역사소설. 현재 전하지 않지만 청나라 초 저인획(褚人獲)은 『수당지전』을 비롯한 여러 작품을 토대로 수·당 교체기 영웅들의 활약을 그린 역사소설 『수당연의』(隋唐演義)를 지었다고 하였다.
2_ 『양한연의』(兩漢演義): 『서한연의』(西漢演義)와 『동한연의』(東漢演義)를 말한다.
3_ 『제위』(齊魏): 미상.
4_ 『잔당오대사연의』(殘唐五代史演義): 당나라 말과 오대(五代) 시기를 배경으로, 나관중이 지었다고 전하는 역사소설.
5_ 『북송삼수평요전』(北宋三遂平妖傳): 나관중이 지었다고 전하는 『삼수평요전』을 말한다. 북송의 왕칙(王則)이 일으킨 농민 반란을 소재로 삼은 신마소설(神魔小說)이다. 명나라 풍몽룡(馮夢龍)이 훗날 증보개편한 『신평요전』(新平妖傳)이 널리 유행했다.
6_ 나관중의 자손 삼대가 벙어리였다: 나관중은 『수호전』을 비롯한 수십 편의 소설을 지었는데, 간사한 속임수로 사람의 마음을 어지럽혔기에 천벌을 받아 자손 삼대가 벙어리였다는 이야기가 명나라 전여성(田汝成, 1503~1557)의 『서호유람지여』(西湖遊覽志餘) 등에 실려 전한다.
7_ 종실(宗室) 제후에게서 나왔다고 하는데: 허균은 『서유기』 1592년 간행본의 진원지(陳元之)가 쓴 서문 중 "『서유기』는 누가 지었는지 알 수 없는데, 황실의 어떤 제후국으로부터 나왔다는 말도 있고 (…) 제후가 직접 지었다는 말도 있다"라는 구절을 읽고 이렇게 말한 듯하다.
8_ 현장(玄奘): 삼장법사(三藏法師, 602~664). 당나라 태종 때의 고승으로 중국 유식불교(唯識佛敎)의 창시자이자 불경 번역가이다. 629년 인도에 가서 17년 동안 공부하고 돌아와 인도에서 가져온 불경을 번역했다. 인도 여행기인 『대당서역기』(大唐西域記)가 전한다.
9_ 『취경기』(取經記): 『당삼장취경기』(唐三藏取經記). 삼장법사가 원숭이 행자와 함께 인도에 가서 불경을 얻어오는 이야기를 담은, 작자 미상의 책. 송나라 혹은 원나라 때 이루어져 『서유기』의 원형이 되었다고 알려져 있다.

『취경기』9-를 부연한 것이다. 『서유기』의 사건은 『석보』10-와 『신승전』11-에 대략 보이는데, 의심스러운 대목도 있고 믿을 만한 대목도 있다.

그런데 『서유기』는 도가 수련(修煉)의 의미를 이야기로 꾸민 것일 뿐이다. 원숭이 왕이 좌선하는 대목12-은 곧 자신을 단련하는 것에 해당하고, 노조궁에서 단약을 훔치는 대목13-은 곧 서주14-를 삼키는 것에 해당하며, 천궁에서 큰 소동을 벌이는 대목15-은 곧 마음을 단련하는 것에 해당하고, 삼장법사를 모시고 서쪽으로 가는 것은 곧 하거16-를 운반하는 것에 해당하며, 화염산의 홍해17-는 곧 화후18-에 해당하고, 흑수하와 통천하19-는 곧

10_ 『석보』(釋譜): 당나라의 고승 도선(道宣, 596~667)이 편찬한 『석가씨보』(釋迦氏譜)를 가리키는 듯하다. 석가의 일생과 그의 사후 불교의 전파 경과를 기록한 책이다.
11_ 『신승전』(神僧傳): 명나라 성조(成祖)의 명으로 편찬된 고승전(高僧傳). 현장의 전(傳)도 실려 있다.
12_ 원숭이 왕이 좌선(坐禪)하는 대목: 『서유기』 제2회에서 손오공이 조사(祖師)의 가르침을 받아 홀로 참선하는 장면을 말한다.
13_ 노조궁(老祖宮)에서 단약(丹藥)을 훔치는 대목: 『서유기』 제5회에서 손오공이 태상노군(太上老君: 노자)의 궁궐인 도솔천궁(兜率天宮)에서 금단(金丹)을 훔쳐 먹는 장면을 말한다.
14_ 서주(黍珠): 연단술에서 납과 수은을 합성해 만든다는 불로장생의 영약(靈藥).
15_ 천궁(天宮)에서 큰 소동을 벌이는 대목: 『서유기』 제7회에서 손오공이 선단(仙丹)과 반도(蟠桃)를 훔쳐먹고 화로 안에 갇혀 있다가 탈출하여 옥황상제의 궁궐에서 난동을 부리는 대목을 말한다.
16_ 하거(河車): 연단의 원료가 되는 납을 말한다.
17_ 화염산(火燄山)의 홍해(紅孩): 화염산에서 300년 동안 수련하여 불을 자유자재로 부리는 요괴 홍해아(紅孩兒)를 말한다. 『서유기』 제40회부터 제43회까지 등장하여 손오공을 위기에 빠뜨린다.
18_ 화후(火候): 내단(內丹)에서 마음에서 생기는 신(神)과 의념(意念)을 '화'(火)라 하고 연단 과정 중 의념을 장악하는 것을 '화후'라 한다. 화후는 연단의 마지막 과정으로, 연단 성패의 관건이 된다.
19_ 흑수하(黑水河)와 통천하(通天河): 모두 손오공이 인도로 가는 길에 요괴를 만나 곤경에 빠지는 강의 이름. 제43회에 나오는 '흑수하'에서는 악어 요괴를 만나고, 제47회 이하에 나오는 '통천하'에서는 붕어 요괴를 만난다.

퇴부20_에 해당하며, 서쪽에 이르렀다가 다시 동쪽으로 돌아오는 것은 곧 서호와 동룡이 만나 융합하는 과정21_에 해당하고, 하루 만에 서천(西天) 십만 리 길을 되돌아오는 것22_은 곧 수련의 횟수를 채우고 단번에 도를 얻는 것23_에 해당한다.

이 책은 비록 서사가 지루하고 늘어지며 언어가 엄숙하지 않다는 단점이 있지만, 하나하나가 모두 단(丹)의 비결을 가탁하여 말한 것이어서 참으로 폐할 수 없다. 나는 오직 『서유기』 한 권을 간직해 두고 수진24_하는 사이에 피곤하면 이 책으로 수마(睡魔)를 몰아내려 한다.

20_ 퇴부(退符): 화후를 움직이는 방식의 하나로, '퇴화'(退火)라고도 한다. 화후의 진행 과정은 '진화'(進火)와 '퇴화'로 이루어지는데, 자시(子時)에 시작되는 '진화'에서는 양(陽)을 위주로, 오시에 시작되는 '퇴화'에서는 음(陰)을 위주로 하여 음양의 변화에 따라 화후를 이룬다.
21_ 서호(西虎)와 동룡(東龍)이 만나 융합하는 과정: 양(陽)을 대표하는 동해(東海)의 용과 음(陰)을 대표하는 서산(西山)의 호랑이가 중앙에서 싸움을 벌여, 용이 호랑이의 골수를 삼키고 호랑이가 용의 정기를 삼키며 하나로 융합해 천지의 진액(眞液)과 일월의 정수로 변화하며 단(丹)을 이루는 과정을 말한다. 내단에서 용은 사람의 마음과 신(神)을 비유하는 말이고, 호랑이는 사람의 몸과 기(氣)를 비유하는 말이다. 외단에서는 용과 호랑이가 각각 수은과 납을 뜻한다.
22_ 하루 만에~되돌아오는 것: 삼장법사 일행은 인도까지 10만 8천 리의 여정 동안 여든한 가지 고난을 다 겪은 뒤 팔대금강(八大金剛)의 바람을 타고 하루도 못 되어 장안(長安)으로 돌아온다.
23_ 수련의 횟수를~얻는 것: 연단술에서는 90일을 1주천(周天: 순환 주기)으로 삼아 360주천에 이르러 단(丹)을 이루면 도를 얻어 신선이 된다고 한다.
24_ 수진(修眞): 도교에서 도를 공부하며 수행하는 일.

『서유기』(西遊記)는 오랫동안 전승되어 오던 삼장법사와 원숭이 행자의 인도 기행 이야기를 16세기 중반 명나라의 문인 오승은(吳承恩)이 100회본으로 완성한 소설이다. 허균은 『서유기』의 전체 구도를 도교의 연단술에 대한 비유로 이해했는데, 흥미로운 견해이다. 『서유기』를 비교적 높이 평가한 반면, 명말청초의 문인들 사이에서 호평받았던 『수호전』에 대한 평가가 박한 점이 특이하다.

제자백가를 읽고

부령에 있을 때[1] 일이 없었는데 마침 제자백가 전집을 얻어 열심히 읽었다. 책을 읽으며 얻은 약간의 소득을 각각의 책 뒤에 적어 두었다. 내 비루한 견해가 감히 옳다고 주장하자는 게 아니라 애오라지 내 천한 생각을 드러내 보이기 위해서일 뿐이다.

노자(老子)

누가 『노자』를 분절(分節)했는지는 모르겠지만, 의미가 본래 끊어지지 않는 대목에서 억지로 끊어 놓은 곳들이 있어서 오류가 심하다. 『노자』는 전체 문장을 연결해 읽어야만 의미가 통한다.

세상에서는 『노자』가 육경(六經)에 들어갈 만하다고들 하는데, 대도(大道)를 논하는 곳에 이르면 지극히 오묘하고 깊어서 그 규모를 헤아릴 수 없는 것이 있다. 『주역』이나 『중용』에서 말하지 못한 것을 콕 집어내 말한바, 『노자』가 스스로 떨어져 나와 육경과 더불어 나란히 서고자 하지 않는 이유가 여기에 있다. 아

---

[1] 부령(扶寧)에 있을 때: '부령'은 전라도 부안을 말한다. 허균이 부안에 몇 달 이상 머물던 시기는 1608년 공주목사에서 파직된 이후와 1611년 함열 유배지에서 풀려난 이후이다.

아, 참으로 신묘하다!

후세에 그 무리들이 이 학문을 신선술(神仙術)로 바꾸어 수련과 복식2과 부록3과 재초4 등의 법을 만드는 쪽으로 흘러가게 하니, 황당무계하며 불경하여 혹세무민하는 일이 많았다. 이 무리를 헐뜯는 자들은 『노자』까지 아울러 헐뜯지만, 그것이 어찌 『노자』에서 내세운 청정(清靜)의 본의겠는가? 그 글은 경(經)이고, 그 뜻은 전(傳)이며, 도를 논함에 이르러서는 하늘의 핵심을 곧장 설파했거늘, 나는 그 실체를 더듬어 잡을 수조차 없으니, 『노자』의 도는 용과 같은 것이 아닐까?

열자(列子)

『열자』의 「천서」와 「황제」5 두 편에서 도를 논한 대목은 이치가 지극히 현묘하고 은미하며 남김없이 다 말하고 숨긴 바가 없으니, 『도덕경』(道德經: 『노자』) 및 『남화경』(南華經: 『장자』)과 더불어 표리를 이룰 만하며, 문장 또한 예스럽고 심오하다.

그런데 이 두 편의 뒤로는 문장이 점점 흩어져 어지럽고 단속됨이 없이 느슨하며 도리를 논하는 것 또한 오류가 많아 한 사람의 손에서 나오지 않은 듯하니, 당연히 유향6이 의심했을 만

2_ 복식(服食): 단약을 복용하는 일.
3_ 부록(符籙): 부적을 써서 주술을 행하는 일.
4_ 재초(齋醮): 제사 의식을 베풀어 주술을 행하는 일.
5_ 「천서」(天瑞)와 「황제」(黃帝): 『열자』의 서두에 실린 두 편.

하다. 오늘날의 『열자』 여덟 편은 역시 진(晉)나라가 동쪽으로 건너온 뒤에 제가(諸家)의 책에서 섞여 나온 듯하고, 또한 유향이 교열한 것도 아니다.[7]

장자가 누차 열어구[8]를 인용하였으니, 그 사람됨과 뜻이 모두 참으로 귀하게 여길 만한데, 지금 그 전편을 볼 수 없으니 탄식하지 않을 수 없다.

앞의 두 편은 『열자』의 본래 내용이지만 나머지는 한나라 혹은 위진 시대 사람이 보탠 것이라고 나는 생각한다.

장자(莊子)

젊은 시절에 『장자』를 읽을 때는 그 깊은 의미는 알지 못한 채 다만 문장만 열심히 좇아 읽으며 문장 꾸미는 법을 배웠을 뿐이다. 중년에 다시 『장자』를 읽으니 담긴 의미가 심대하고 황홀해서 그 규모를 헤아릴 수 없을 듯했고, 그 우언(寓言)이 참으로 좋았으며, 삶과 죽음을 한가지로 보고 득과 실을 똑같이 여기는 생각을 귀하게 여겼다. 지금 또 『장자』를 보니, 그 담박하고 적막함과 청정무위[9]가 암암리에 부처와 서로 부합하되, 다만 그 터

---

[6] 유향(劉向): 전한(前漢)의 학자. 스무 편으로 전해 오던 『열자』에서 중복된 부분을 빼 여덟 편으로 정리하고, 의심스런 구절을 교감(校勘)했다.
[7] 오늘날의 『열자』~교열한 것도 아니다: 「천서」와 「황제」로부터 「양주」(楊朱), 「설부」(說符)에 이르는 오늘날의 『열자』 여덟 편 중 대개의 내용은 위진 시대의 인물이 기존의 여러 책을 취합해 엮은 것으로 보는 설이 유력하다.
[8] 열어구(列禦寇): 열자(列子). 전국시대의 사상가로, 『장자』「소요유」(逍遙游)·「열어구」 등에 열자에 대한 언급이 보인다.

무늬없이 황당무계한 말은 불경의 엄정한 말씀과 다르다. 사정이 이러하니 『장자』를 얕게 읽으면 그 시작과 끝을 알 수 없다.

그중 안자(顏子)가 가만히 앉아서 물아(物我)를 잊었다는 단락10_을 유가(儒家)에서는 힘써 꾸짖는다. 그러나 『예기』에 "앉아 있을 때는 재계(齋戒)하듯이 하고, 서 있을 때는 시동(尸童)처럼 하라"11_는 구절이 있고, 『논어』에 "안회는 하루 종일 바보처럼 지냈다"12_라는 구절이 있으니, 이런 구절들과 "가만히 앉아서 물아를 잊었다"는 것 사이에 무슨 다른 점이 있는가? 이 또한 말을 부연한 것일 뿐 허튼 말은 아니다.

『장자』에서 주공과 공자를 헐뜯었다는 말 또한 틀렸다. 노담(老耼: 노자)은 장자의 스승 격인데, 장자는 진일이 노담을 조문한 일을 가설하여 노담을 비난했지만,13_ 이는 우스개와 속이는 말을 잘하는 장자의 본래 태도이지 정말로 비방한 것은 아니다. 제자백가의 학술을 논의한 「천하」(天下) 편의 맨 앞에 유가를 내세운 것만 보더라도 장자가 주공과 공자를 존중했음을 알 수 있다.

9_ 청정무위(清靜無爲): 마음을 비워 맑고 고요함을 지키고, 억지로 하는 일 없이 순리대로 따라 자연으로 돌아간다는 도가의 핵심 생각.
10_ 안자(顏子)가 가만히~잊었다는 단락: 『장자』「대종사」(大宗師)의, 안회가 공자에게 자신의 학문이 진보했다면서 인의(仁義)를 잊고 예악(禮樂)을 잊고 급기야 물아를 비롯한 모든 존재의 분별을 잊는 좌망(坐忘)에 이르렀다고 말하자 공자가 찬탄했다는 대목을 말한다.
11_ 앉아 있을~시동(尸童)처럼 하라: 『예기』(禮記)「곡례」(曲禮) 상(上)에 나오는 말.
12_ 안회는 하루 종일 바보처럼 지냈다: 『논어』「위정」에 "내가 하루 종일 안회와 이야기했는데 전혀 거스르지 않는 것이 마치 바보 같았다"라는 구절이 있다.
13_ 장자는 진일(秦佚)이~노담을 비난했지만: 『장자』「양생주」(養生主)에 나오는 다음의 고사를 말한다. 노담이 죽자 친구 진일이 조문하러 가서 세 번 호곡하고 나왔다. 노담의 제자들이 진일이 성의 없이 조문했다며 불만을 표시하자 진일은 이렇게 말했다. "전에는 노담을 지극한 도를 지닌 사람이라 여겼지만, 이제 그렇지 않다는 것을 알았다." 삶과 죽음은 모두 자연스러운 것이라 죽음을 슬퍼할 이유가 없는데, 노담의 제자들이 스승의 죽음을 슬퍼하는 모습을 보고 노담에 대한 실망을 드러낸 것이다.

관자(管子)

『관자』는 내용이 어지럽게 뒤섞이고 중복되어 있어 한 사람의 손에서 나오지 않은 듯하다. 그중 「심술」(心術)과 「내업」(內業) 등의 편(篇)은 모두 도가를 견강부회한 것이고, 「주합」(宙合) 등의 여러 편은 모두 은어(隱語)를 써서 이해하기 어렵고 괴상하기 그지없으니, 부국강병을 추구하며 실무를 숭상했던 관중(管仲)이 어찌 이처럼 실제와 동떨어진 말을 했겠는가? 설령 관중의 손에서 나왔다 하더라도 임시변통의 말을 일부러 만들어 꾸며 낸 데 불과할 것이다.

관중의 마음이 책에 드러난 것은 오직 「목민」(牧民)·「대광」(大匡)·「경중」(輕重) 편뿐이요, 그중에서도 「목민」이 가장 간명하다. 군사 제도와 농사나 양잠 같은 온갖 이익의 근원을 논하는 것이 조리 정연해서 핵심을 찌르니, 실제로 알맞게 시행하면 그때마다 실효가 있어 마침내 나라를 부유하게 하고 군대를 강하게 만들었을 것이다. 그리하여 위엄을 떨쳐 패권을 정하고 자기 군주를 높여 오패14_의 으뜸이 되게 했다.

아아! 세상은 이미 말세요, 끝내 왕도 정치(王道政治)를 시행할 수 없다면 어찌해야 관자 같은 이를 얻어 정치를 하고 백성을 다스리게 할 수 있을까?

14_ 오패(五霸): 춘추오패(春秋五霸). 춘추시대에 중국의 패권을 장악했던 다섯 제후. 관중이 섬겼던 제(齊)나라 환공(桓公)을 필두로, 진(晉)나라 문공(文公)·진(秦)나라 목공(穆公)·송(宋)나라 양공(襄公)·초(楚)나라 장왕(莊王)을 오패로 꼽는다.

안자(晏子)

　안자[15]는 옛날의 이른바 '법가'(法家)에 속하는 인물로, '관중과 안영'이라 하여 나란히 일컬어진다.[16] 지금 이 책에는 단지 제나라를 섬긴 사적만 실려 있는데, 문장은 고아(古雅)하지만 관자처럼 정치를 확립하고 백성을 다스리는 요체를 자세히 말하지는 못했다. 안자는 자기 몸을 더럽히지 않고 때에 알맞게 처신하며 세상에 용납된 사람일 뿐이니, 최저와 경봉[17]의 손에 죽지 않은 것 역시 다행이다. 만약 안자가 제나라 환공의 시대에 살았다면 그 공적은 필시 관자에 미치지 못했을 터인데, 관자와 안자를 나란히 일컫는 것은 무엇 때문일까?

상자(商子)

　상앙[18]이 처음에 진나라에서 왕도 정치와 패도 정치의 방책으로 유세하자 진나라 효공이 듣지 않았으나, 부국강병책으로 유세하자 효공이 자리를 바짝 앞으로 당기고는 전혀 지겨워하지

15_ 안자(晏子): 안영(晏嬰). 춘추시대 제나라의 세 군주인 영공(靈公)·장공(莊公)·경공(景公)을 내리 섬긴 명재상.

16_ '관중과 안영'이라 하여 나란히 일컬어진다: 사마천의 『사기』에서도 열전(列傳) 첫머리의 「백이열전」(伯夷列傳)에 이어 관중과 안영을 함께 묶은 「관안열전」(管晏列傳)을 두었다.

17_ 최저(崔杼)와 경봉(慶封): 춘추시대 제나라의 재상. 두 사람은 제나라 장공(莊公)을 시해하고 실권을 장악한 뒤 신하들을 모아 놓고 충성 맹세를 받으며 응하지 않는 신하를 모두 죽였는데, 안영만은 민심 이반을 염려하여 죽이지 못했다.

18_ 상앙(商鞅): 전국시대 진(秦)나라의 정치가로, 본명은 공손앙(公孫鞅)이다. 진나라 효공(孝公)에게 등용되어 부국강병책을 추진하며 법에 의한 엄격한 통치를 시행했다.

않고 들었다. 상앙의 공부는 본래 왕도 정치나 패도 정치가 아니라 부국강병책에 뛰어났다. 처음에 왕도 정치와 패도 정치로 유세한 것은 수사(修辭)일 뿐이었고, 마침내 자기가 뛰어난 분야를 내보여 진나라 군주의 마음을 사로잡았다.

『상자』는 문장이 몹시 굳세고 거칠어 역시 선진(先秦)의 필치이지만, 견강부회한 것들이 많아 의심스럽다. 「개색」(開塞) 편에서 "부정을 고발한 자에게 상을 내린다"라고 했던 말은 상앙이 평생 동안 받아들인 것인데, 이 때문에 결국 목숨을 잃었으니[19] 참으로 하늘의 도는 돌고 도는가 보다.

후세의 군자들은 걸핏하면 왕도 정치를 일컬으며 관중과 상앙을 비루하게 여겨 멸시하지만, 그 공적을 따져 보면 도리어 관중과 상앙에 미치지 못한다. 아아! 어떻게 하면 상자(商子) 같은 이를 등용하여 부국강병을 이루고 포악한 외적을 막아 낼 수 있을까?

한비자(韓非子)

선진시대 제자백가의 글 중 『노자』와 『장자』를 뺀 나머지는 착종이 있거나 뜻이 명료하지 않거나 일관성 없이 산만한데, 오

19_ 이 때문에 결국 목숨을 잃었으니: 상앙은 10여 년 재상을 지내다가 효공 사후에 반역죄로 몰려 달아났다. 그러나 여행 허가를 받지 않은 사람을 묵게 하면 주인을 처벌한다는, 자신이 만든 엄격한 법 조항 때문에 머물 곳을 찾지 못하고 떠돌다 목숨을 잃었다.

직 한비(韓非)의 글은 전아하고 아름다우며 명료하고 핵심을 찌른다. 연관된 일을 대비하여 서술하기를 잘하는 데다 전달하는 내용이 절실해서, 문장으로 따져도 참으로 대가이다. 그중에서도 「세난」(說難)과 「팔간」(八姦) 편은 더욱 좋아서, 한번 그 열고 닫는 곳, 누르고 들어 올리는 곳, 치달리고 멈추며 곡진하게 나아가는 곳을 보면 후세의 글 짓는 이들이 한 편의 글을 열고 잠그는 법이며 앞뒤를 연결하여 맺는 법의 실마리를 암암리에 깨우친다. 당초에는 질박하기만 하던 고문(古文)이 한비에 이르러 기지(機智)를 가지게 되었다. 한비의 학술은 대개 상앙과 신불해[20]로부터 온 것이지만, 엄격하고 각박한 점은 그들보다 더하다.

묵자(墨子)

묵자의 학문은 그 도가 몹시 각고하여[21] 우임금과 비슷한 점이 있어서 우임금의 도라고 자주 일컫는데, 이는 허행[22]이 농가(農家)의 학설을 내세우며 스스로 신농씨의 말씀이라고 주장하던 것과 같다. 그 시작은 모두 성인(聖人)에 뿌리를 두었지만 그 말류(末流)의 폐단이 마침내 이에 이르렀기에 맹자는 힘써 이

---

[20] 신불해(申不害): 전국시대 한나라의 재상이자 법가(法家)의 주요 사상가.
[21] 그 도가 몹시 각고(刻苦)하여: 『장자』 「천하」(天下)에서 묵가에 대해 "살아서는 부지런하고 죽어서는 검소하니 그 도가 몹시 각고(刻苦)하다"라고 한 데서 따온 말.
[22] 허행(許行): 춘추시대의 사상가. 모든 사람이 직접 농업 생산에 종사하여 자급자족 생활을 해야 한다고 주장한 농가(農家)의 대표적 인물이다. 허행과 그 추종자들은 농업의 신에 해당하는 고대의 전설적인 제왕 신농씨(神農氏)를 숭배 대상으로 삼았다.

들을 배척하였다.

　묵가가 유가와 더불어 나란히 일컬어지는 것은 다만 인의(仁義)를 근본으로 삼는 점과, 현인(賢人)을 높이고 덕(德)을 숭상하는 점이 유가와 가깝기 때문인데 이는 옳은 듯하지만 그릇된 것이어서 사람들을 미혹시키기 쉽다. 그럼에도 한유가 "공자는 필시 묵자의 도를 썼을 것이다"[23]라고 한 것은 무슨 까닭일까?

　『묵자』의 문장이 비록 예스럽지만 역시 간혹 잡박하여 무질서한 곳이 있으니, 후세 사람이 끼워 넣은 게 아닐까?

순자(荀子)

　순경(荀卿)은 "굽힐 줄만 알고 펼 줄은 몰랐다"[24]라고 노담(老聃)을 비난했고, "하늘에 가리어 사람을 알지 못했다"[25]라고 장주(莊周)를 비난했는데, 그 말이 몹시 옳다. 그는 또 왕도 정치를 숭상하고 패도 정치를 천하게 여길 줄 알았으며, 공자를 존숭하고 이단을 물리칠 줄 알았으니, 맹자 이후 최고의 인물이다.

　다만 천품이 교만하고 어리석어 망령되이 도를 안다고 자처하며 증자(曾子)와 자사(子思)와 맹자를 무시하고 공자의 전통을 직접 잇겠다고 했기에, 말과 가르침을 다른 유자들과 다르게

23_ 공자는 필시~썼을 것이다: 한유는 「『묵자』를 읽고」(讀墨子)라는 글에서 "공자는 필시 묵자의 도를 썼을 것이요 묵자는 필시 공자의 도를 썼을 것이니, 서로 쓰지 않으면 공자와 묵자가 되기에 부족하다"라고 했다.
24_ 굽힐 줄만 알고 펼 줄은 몰랐다: 『순자』 「천론」(天論)에 나오는 말.
25_ 하늘에 가리어 사람을 알지 못했다: 『순자』 「해폐」(解蔽)에 나오는 말.

하는 데 힘썼다. 맹자가 "사람의 본성은 착하다"라고 하니 순경은 "사람의 본성은 악하다"라고 해서 맹자를 이기고자 했지만 끝내 이길 수 없었다. 만약에 순경이 순리에 따라 자사와 맹자의 전통을 지키며 큰소리치지 않고 특이한 논변(論辨)에 힘쓰지 않았다면, 작은 흠이 있다는 공박[26]과 "선택이 정밀하지 못하고 말이 자세하지 못했다"[27]라는 나무람이 나왔겠는가. 순경은 오직 교만하고 어리석어 자기 고집만 부리며 제멋대로 했기에 그 학문이 한 번 전하여 이사[28]와 한비가 나오고 말았으니, 참으로 애석하다.

양자(揚子)

순경은 자기 학문을 스스로 높이 평가하고 자신의 지혜를 대단하다 여겨 제자백가를 이기려 했던 반면, 양웅[29]은 자기 학문을 스스로 천하게 여기고 자신의 지혜를 보잘것없다 여겨 성인에 부합하고자 하였다. 그러므로 두 사람은 모두 지혜로운 이들에게 배척당했으니, 도를 알지 못했던 점에서는 두 사람이 마찬가지였기 때문이다.

양웅은 『법언』(法言)을 지으면서 『논어』를 따랐고, 『태현경』

26_ 작은 흠이 있다는 공박: 한유는 「『순자』를 읽고」(讀荀子)에서 "순경과 양웅(揚雄)은 크게는 순정하지만 작은 흠이 있다"라고 했다.
27_ 선택이 정밀하지~자세하지 못했다: 한유의 「원도」(原道)에 나오는 말.
28_ 이사(李斯): 순경의 제자로, 한비자와 함께 법가의 주요 사상가였다. 진시황의 중국 통일에 큰 공을 세웠고, 이후 승상을 지내며 분서갱유를 주도했다.
29_ 양웅(揚雄): 전한(前漢)의 학자. 제4부의 「권필」 주 12 참조.

(太玄經)을 지으면서 『주역』을 따랐다. 자기의 학문이 성인에 미치지 못하고 자기의 지혜가 제자백가에 미치지 못하니 따로 책을 지어 경전으로 삼을 수 없다고 여겼기에 두 책을 지어 성인의 뜻에 부합하고자 했는데, 그 뜻이 비루하다. 양웅이 어렵고 심오한 말을 사용한 것은 얕고 쉬운 내용을 꾸미기 위해서였지만, 말이 어려울수록 의미는 평탄하고, 말이 심오할수록 의미는 얕으며, 말이 유창할수록 의미는 막혀서 그 졸렬함을 가릴 수 없다. 양웅이 만약 이런 저술을 내지 않고 부(賦)[30]만 지어 세상을 울렸다면 사람들이 그 출처에 대해 논하지 않았을 터이다. 하지만 양웅은 도리어 마음과 힘을 다해 유학에 부합하기를 추구하다가 끝내 '왕망의 대부'라는 비난[31]을 면치 못하고 말았으니, 비난받을 만한 이유가 있었던 것이다.

그렇긴 하지만 양웅의 잘못은 비루한 데 있고 순경의 잘못은 자신의 역량을 헤아리지 못한 데 있으니, 어리석은 것보다는 차라리 비루한 것이 낫다.

손자(孫子)

춘추시대 이래로 군사에 대해 말한 이는 손무(孫武) 한 사람

30_ 부(賦): 양웅은 「우렵부」(羽獵賦)와 「장양부」(長楊賦) 등을 남겼다.
31_ '왕망(王莽)의 대부(大夫)'라는 비난: '망대부'(莽大夫: 왕망의 대부)는 불의한 왕망의 조정에서 대부 벼슬을 지낸 양웅을 폄하하여 이르는 말이다. 전한(前漢)의 신하였던 왕망이 제위를 찬탈하고 나라 이름을 신(新)으로 고친 뒤 양웅은 왕망의 조정에 들어가 대부 벼슬을 지낸 바 있다.

뿐이요, 용병에 능했던 후세 사람 중 누구도 손무의 범위를 넘어설 수 없었으니, 비록 왕도 정치를 펼친 제왕의 스승은 아니었지만 역시 기이한 인물이다.

『손자』의 문장에는 열고 잠그는 곳, 열고 닫는 곳이 있고 마디마다 정감이 생동하니 선진 시대 제자백가의 글 중 한비와 손무의 글이 최고이다. 간략하고 절실하며 명료하고 핵심을 찌르는 점에 이르러서는 결코 다른 이들이 미칠 수 없다.

회남자(淮南子)

유안[32]은 손님을 좋아해서 숙소를 마련해 기이한 선비들을 대접했는데, 대산·소산 및 팔공[33]과 같이 모두 빼어나고 기이한 사람들이었다. 그들의 변론은 하늘과 사람의 모든 일에 족히 통달했고, 문장은 제자백가를 족히 포괄했으므로 함께 『회남자』를 저술하였다. 대개 유가·도가·명가(名家)·법가(法家) 등의 여러 사상과 천문·지리·위수[34]·복련[35] 등의 학설이 뒤섞여 나왔는데, 넓은 분야를 관통하고 지식의 규모가 광대하여 모든 것을

---

[32] 유안(劉安): 회남왕(淮南王). 한나라 고조(高祖) 유방(劉邦)의 손자로, 문학과 예술을 즐기며 인재를 후원해 수천 명의 식객을 거느렸다.

[33] 대산(大山)·소산(小山) 및 팔공(八公): '대산'과 '소산'은 본래 회남왕 휘하의 문인들이 지은 사부(辭賦)를 『시경』의 대아(大雅)와 소아(小雅)처럼 분류하여 붙인 명칭이다. 이것이 회남왕을 추종하는 유학자나 문인을 가리키는 말이 되었다는 설도 있고, 본래 인명(人名)이라는 설도 있다. '팔공'은 회남왕이 초빙한 소비(蘇飛)·이상(李相)·좌오(左吳)·전유(田由)·뇌피(雷被)·모피(毛被)·오피(伍被)·진창(晉昌)의 여덟 학자·문인을 가리킨다. 유안은 팔공 및 대산·소산의 무리와 함께 『회남자』를 저술했다고 한다.

[34] 위수(緯數): 우주의 변화를 수학으로 나타내는 상수학(象數學)과 점성술.

[35] 복련(服煉): 불로장생을 추구하는 연단술.

갖추었다고 할 만하다. 그러나 말이 잡박하고 무질서한 경우가 있으니, 역시 『여씨춘추』[36]처럼 여러 사람의 손에서 이루어졌기 때문일 것이다.

『한서』에는 유안이 반역죄로 죽었다고 기록되어 있고[37] 『신선전』에는 신선이 되어 승천한 것으로 기록되어 있는데,[38] 팔공의 무리가 세상을 미혹시키는 말을 한 것이 아닐까? 위백양의 『참동계』[39]에서도 유안이 신선이 되었다고 한 것을 보면 역사가가 혹시 사실대로 기록하기를 꺼린 것일까? 시비를 가리기 어렵다.

『회남자』는 문장이 웅대하고 호걸스러우며, 사물의 이치를 헤아리고 음양을 탐색하는 곳 역시 남들보다 크게 뛰어나니, 전한(前漢)의 책 중 가장 웅대한 것이리라.

36_ 『여씨춘추』(呂氏春秋): 진(秦)나라의 재상 여불위(呂不韋)가 자신의 후원을 받는 학자들로 하여금 춘추전국시대의 여러 사적과 학설을 모아 편찬하게 한 책.
37_ 『한서』(漢書)에는 유안이~기록되어 있고: 『한서』 「회남왕전」(淮南王傳)에는 유안이 모반을 꾀했다가 실패하여 처형당할 상황에 이르자 자결한 것으로 기록되어 있다.
38_ 『신선전』(神仙傳)에는 신선이~기록되어 있는데: 동진(東晉)의 갈홍(葛洪)이 지은 『신선전』에서는 유안이 신선인 팔공의 도움으로 역시 신선이 되어 승천했다고 했다.
39_ 위백양(魏伯陽)의 『참동계』(參同契): 후한 때의 도사 위백양이 지은 『주역참동계』(周易參同契)를 말한다. 『주역』의 형식을 빌려 연단술(煉丹術)을 논한 책이다. 이 책에서 회남왕 유안은 황제(黃帝)·팔공과 함께 대표적인 신선의 한 사람으로 언급되었다.

허균의 제자백가 독서기이다. 총 열여섯 편 중 자화자(子華子)·오자(吳子)·여자(呂子: 여씨춘추)·문중자(文仲子)의 네 편은 생략했다. 관중을 비롯해 부국강병책을 주장한 사상가에 대한 높은 평가가 두드러지고, 손자의 문장을 한비자와 나란히 두어 제자백가 중 으뜸으로 치는 발상이 눈여겨볼 만하다.

해설

1

허균(許筠, 1569~1618)은 16세기 후반에서 17세기 초 조선과 동아시아의 격변기를 살다 간 인물이다. 정치가로서의 허균은 허다한 추문 속에 살다 마침내 반역죄로 처형당한 '괴물'로 남고 말았다. 반면 문학가로서의 허균은 조선 한문학사의 보배로운 존재였다. 당대 최고 수준의 시인이자 문장가로 꼽혔을 뿐 아니라 특히 문학적 감식안에 대해서만큼은 허균에 대해 반감을 품은 이들조차 인정하지 않을 수 없었던 조선 제일의 비평가였다. 그러나 허균 사후의 조선 사회에서 허균의 문학은 금단의 영역에 가까웠다. 허균은 경박한 반항아, 음험한 반역자의 표상으로 운위될 뿐 허균 문학에 대한 정당한 평가는 거의 이루어지지 않았다. 허균의 문집 『성소부부고』(惺所覆瓿藁)의 원고는 허균이 죽기 직전 사위 이사성(李士星)에게 맡겨져 비밀리에 보관되었고, 이후에도 공식적으로 간행할 수 없어 필사본으로만 전해졌다. 오늘날 완질로 전하는 필사본도 규장각 소장 2종을 포함하여 대여섯 종에 불과하다. 고려대 소장본의 표제가 '간죽'(看竹)으로 되어 있듯, 『성소부부고』는 본래의 이름 대신 『간죽집』(看竹集)이라는 제목으로 일컬어지기도 했다. '간죽'(看竹)은 당나라 왕유(王維)의 시 「봄날 배적(裴迪)과 함께 신창리(新昌里)를 지나다가 여일인(呂逸人)을 방문했으나 만나지 못하다」(春日與裴迪過新昌里, 訪呂逸人, 不遇)라는 시 중의 "대나무를 봤으면 됐지 주인은 찾아 무엇하나?"(看竹何須問主人)라는 구절에서 따온 말이다. 그저 작품만 볼 일이지 작자에 대해서는 알려고 하지 말라는 뜻이다. 조선 후기 문인들이 허균에 대해 어떠한 태도를 취했던지 짐작하게 한다.

근대로 접어들어 허균은 전혀 다른 시각에서 각광받기 시작했다. 정(情)을 긍정하고 자유를 외친 허균의 강렬한 시문이 눈에 들어왔고, 처형당한 반역자의 형상은 서얼 등용을 주장했던 생전의 주장과 「홍길동전」에 힘입어 어느덧 중세를 거부하고 평등에 입각한 새로운 세계 질서를 꿈꾸었던, 날개 꺾인 혁명가의 이미지로 바뀌었다.

허균의 참모습은 어느 쪽에 가까운가.

2

허균은 1569년(선조 2) 11월 3일 초당(草堂) 허엽(許曄, 1517~1580)의 3남 3녀 중 막내아들로 태어났다. 부친 허엽은 그로부터 6년 뒤 조정 신하들이 동인(東人)과 서인(西人)으로 나뉘어

대립하게 되자 동인의 영수 역할을 떠맡았다. 허균의 두 형 허성(許筬, 1548~1612)과 허봉(許篈, 1551~1588), 손위누이인 허난설헌(許蘭雪軒, 1563~1589) 역시 한 시대의 인물들이다. 두 형과 허균은 스무 살 가량 나이 차이가 난다. 허엽은 상처한 뒤 강릉 김씨(예조참판 김광철金光轍의 딸)와 재혼했고, 허난설헌과 허균은 그 후처 소생이었기 때문이다. 자형인 우성전(禹性傳, 1542~1593)과 김성립(金誠立, 1562~1593) 또한 문과에 급제하여 조정에 선 문신들이었다.『선조실록』에서는 허엽의 세 아들과 두 사위가 조정에 올라 함께 의논하며 서로의 수준을 높였기에 허엽 일가가 조선에서 가장 흥성한 가문이라는 칭송을 들었다고 했다. 허균은 조선의 대표적인 명문가의 막내 귀공자로 태어났던 것이다.

소년기의 허균에게 가장 큰 영향을 끼친 인물은 둘째형 허봉이었던 듯하다. 허봉은 스물두 살에 문과에 급제한 천재형 인간으로, 문학에 대한 높은 안목을 가지고 문단의 중심에서 활약했다. 조정에서는 동인의 선봉장 역할을 맡아 선조(宣祖) 앞에서 극언을 마다하지 않다가 병조판서 이이(李珥)를 탄핵한 일로 함경도 갑산(甲山)으로 유배 갔고, 2년 뒤 유배지에서 풀려났음에도 도성 안으로 들어오는 것이 금지될 정도로 선조로서는 골치 아픈 존재였다. 십 대의 허균은 유배지에서 풀려나 백운산(白雲

山)에 머물러 있던 허봉에게 고문(古文)과 당시(唐詩)를 배웠다. 유년기부터 허봉과 그 주변 인물들 간의 문학 토론을 곁에서 지켜본 일 또한 허균에게는 중요한 문학 수업이었고, 허균이 문단의 저명한 인물들과 교유하게 된 것도 주로 허봉을 통해서였다. 허균이 이달(李達, 1539~1612)에게 이백(李白)의 시를 배운 일 역시 허봉의 매개로 이루어졌다. 그렇다면 서얼에 대한 허균의 깊은 동정도 허봉의 영향에서 비롯된 면이 있지 않을까 싶다.

3

허균의 이십 대는 우울하게 시작되었다. 정치에 뜻을 잃고 방랑하던 허봉이 1588년 금강산에서 갑자기 세상을 떴다. 허봉을 잃은 슬픔은 그 15년 뒤 금강산 원통사(圓通寺)에서 형을 추억하며 지은 시에도 절절하다.

> 문에 들어서니 노승이 나와
> 반가운 얼굴로 맞이하네.
> 스님 하는 말이, 중형(仲兄)과 노닐며
> 좋은 경치 찾아 그윽한 곳을 다 다녔다네.

그때 지은 시를 내보이니

읽다가 눈물 흐르네.

서글퍼라 형님 잃은 내 마음

아득히 구름 바라보며 그리워하네.

—「원통사」 중에서

    이듬해인 1589년에는 생원시에 급제하는 경사가 있었지만 곧이어 가족 중에 가장 애틋한 정을 가졌던 누이 난설헌이 세상을 떴다. 1592년에는 임진왜란이 일어나 피난길에 올랐다. 함경도 단천(端川)에서 첫아들을 얻었으나, 산후 조리도 못한 채 급히 피난길을 재촉하다 사흘 뒤 아내와 아들을 모두 잃었다. 결혼 7년 만의 일이었다. 과거 급제도 못한 때이니 아내 안동 김씨는 아무런 영화도 못 누리고 스물둘의 젊은 나이에 죽었다. 하필 아들의 생일이 7월 7일이라 1년 뒤 칠석에 허균은 직녀성을 바라보며 죽은 아내와 아들 생각에 눈물 흘렸다(「그리운 아내」). 20년 가까운 세월이 흐른 1609년 허균이 정3품 형조참의에 오르면서 조강지처 안동 김씨에게도 '숙부인'(淑夫人)의 직첩이 내려졌다. 이때에야 비로소 허균은 아내의 행장(行狀)을 쓰며 젊은 날의 대화를 떠올렸다.

곤궁하던 시절에 나는 당신과 마주 앉아 작은 등불을 켜 밤을 밝히며 책을 읽었다. 그러다 내가 조금 게으름을 피울 것 같으면 당신은 그때마다 농담처럼 이렇게 말했다.

"게으름 부리시면 제 부인첩(夫人帖)이 그만큼 늦어집니다."

그때야 어찌 알았겠는가, 십팔 년 뒤에 이 부질없는 문서 한 장을 당신의 영전에 바치게 될 줄을! 그 영예를 누릴 사람은 조강지처 당신이 아니니, 당신이 이 일을 안다면 필시 한숨 쉬며 서글퍼할 테지. 아아, 슬프다!

—「아내」 중에서

4

전쟁이 소강상태로 접어든 1594년에 허균은 문과에 급제했다. 이때 처음 외교 임무를 맡아 요동(遼東)에 간 이래로 그는 도합 다섯 차례나 명나라에 사신으로 갔다. 의주에서 서울까지 명나라 사신을 영접해 오는 임무를 맡은 원접사(遠接使)의 종사관(從事官)이 된 것도 이때가 처음이다. 훗날 허균이 파직되어 재기용되기 어려운 시점에도 번번이 재기의 발판을 마련해 준 자리가 바로 원접사의 종사관이었다. 명나라 사신을 접대하는 자리에서는 고금의 역사와 문학에 대한 토론이 벌어지기도 하고 짧은 시간 동안 시를 지어 주고받기도 해야 하는데, 허균이야말로 그 적임자였다.

    1597년 허균은 문과 중시(重試)에서 장원을 차지하여 9품에서 정6품 예조좌랑으로 특진했고, 선산 김씨(김효원金孝元의 딸)와 재혼했으며, 정유재란이 일어나자 명나라에 구원병을 요청하는 사신으로 또 한 차례 중국에 다녀오는 등 바쁜 한 해를 보냈다. 쉴 틈 없는 벼슬길, 특히 중국에 사신으로 가거나 의주로 사신 접대의 임무를 맡아 떠나는 등 외지에 머문 일이 많던 허균은 늘 자신을 '나그네'라 부르며 안식처를 희구했다.

    백 년도 못 사는 인생
    외물(外物)에 얽매여 번민과 근심뿐.
    명예도 이익도 부질없거늘
    왜 빨리 그만두지 못하는 걸까.
    이번에 나랏일 마치고 나면
    벼슬 버리고 깊은 산으로 돌아가리라.

                                 —「백상루 1」 중에서

    한스러워라 영원히 쉬지 못할 내 인생

허옇게 센 머리로 오늘도 나그네 신세.

　　　　　　　　　　—「스님의 책 앞에 쓰다」중에서

「백상루 1」은 1597년 북경(北京)으로 처음 가는 길에 쓴 시이다. 그로부터 19년째 되는 1615년에도 허균은 벼슬을 버리지 못하고 북경에 다시 와 있었다.

젊은 시절 화려한 옷 입고 장유(壯遊)를 노래했거늘
거듭 오니 어느새 머리에 흰 눈 덮였네.
고향은 멀리 삼천 리 너머
지난 열아홉 해를 회상하네.
내 몸은 영예에도 치욕에도 편안하니
기쁨도 근심도 마음에 두지 않네.
집에 돌아가도 나그네인 건 나의 운명
오직 하늘에 거취를 맡길 뿐.

　　　　　　　　　　—「언제나 나그네」중에서

벼슬길에 마음을 붙이지 못하고, 그렇다고 해서 벼슬을 끊고 은거지에서 유유자적 살아가지도 못하는 자신의 처지를 허균은 "집에 돌아가도 나그네인 건 나의 운명"이라고 했다.

5

전쟁이 끝난 뒤 종5품 황해도도사(都事)에 임명되면서 허균의 파직 이력이 시작된다. 사헌부의 탄핵 명목은 허균이 관아를 자기 집에 설치하고 서울 기녀를 데리고 와 살며 무뢰배를 끌어들여 폐단을 일으켰다는 것이었다. 1602년 병조정랑 재임 중에는 상관인 심희수(沈喜壽)에게 무례를 범했다는 이유로 탄핵을 받았고, 1607년 삼척부사를 지내던 시절에는 불교 숭상을 이유로 탄핵을 받아 부임 두 달 만에 파직당했다.

허균은 삼척부사 자리가 꽤 만족스러웠다. 삼척은 부친 허엽과 장인 김효원(金孝元)이 부사를 지낸 바 있어 특히 각별한 곳이었다. 두 달도 채 못 되는 기간이었지만 삼척에서 그는 한가로운 지방관 생활을 만끽하며 지은 시를 여러 편 남겼다. 그러던 차에 불교를 숭상한다는 명목으로 탄핵을 받고 파직당했다는 소식을 들었으니 청천벽력처럼 느껴졌을 것이다.

『선조실록』에 기록된 탄핵 사유는 매우 구체적이다. 불교를 믿어 불경을 외며 평소에도 승복을 입고 염주를 건 채 부처에게 절을 했으며, 고을 수령으로서 많은 사람이 보는 앞에서 재(齋)를 열고 불제자라 자칭했다는 것이다. 이에 대해 허균은 마음을 터놓고 지내던 선배 최천건(崔天健, 1568~1617)에게 편지를 보내 해명한 바 있다.

> 저는 세상과 들어맞지 않는 사람이라서 생사와 득실에 관한 모든 것을 마음에 담아 두기에 부족하다 여겼습니다. 차츰 노장(老莊)과 불교의 무리를 추종하며 이에 의탁해 세상으로부터 달아났는데, 세월이 오래 흐르다 보니 저도 모르게 깊이 젖어 들었습니다. 특히 불경을 좋아해서 그 통달한 식견을 보면 골짜기가 갈라지고 강물이 터져 나오는 듯했고, 그 문장을 보면 황홀하고 아득해서 마치 구름을 타고 날아오르는 용을 보고도 꼬리며 갈기며 발톱이며 허물을 구별하지 못하는 듯했습니다. 불경을 읽으면 아득해져 정신이 우주 밖에서 노니니, 저는 불경을 읽지 않았다면 일생을 거의 헛되이 보내고 말았을 거라고 늘 생각했습니다. 깊이 연구하고 저변에 온축된 것까지 다 살펴보니 심성(心性)이 저절로 명료해져 깨닫는 바가 있었습니다. 때때로 소싯적에 배운 네 선생(공자·증자·자사·맹자)과 염락(주돈이, 정호·정이)의 책을 꺼내 심성에 대해 말한 곳의 같고 다른 점을 비교하며 참과 거짓이 통함을 분석하고 따져 자못 스스로 터득함이 있었습니다. 그 결과로 책을 지어 그 의미를 밝히기에 이르렀는데, 제가 부처를 섬긴다고 하는 말은 이 일을 가리키는 듯합니다.
>
> ―「최천건에게 보낸 편지 1」 중에서

불교에 꽤 깊이 경도되어 있음을 진솔하게 고백한 점이 이채롭다. 다만 불경을 탐독하며 불교 교리에 깊이 공감하는 수준이었을 뿐(훗날에도 허균은 「이탁오의 『분서』를 읽고」에서 "불교든 유교든 깨달음은 한가지거늘/세상에선 이 말 저 말 분분키도 하군"이라고 했다) 탄핵 내용은 사실과 다르다는 것이 허균의 입장이다. 탄핵 때마다 이런 식의 비교적 온건한 해명으로 일관했다면 허균의 파직 횟수는 훨씬 줄었을 것이다. 그러나 허균의 기질로는 그런 방식을 용납하기 어려웠던 듯하다. 삼척에서 파직 소식을 들은 직후에 쓴 시를 보자.

밤에 불경 읽어
집착하는 마음은 없으나
아내도 있고
고기도 먹는다네.
출세의 푸른 꿈 이미 버렸거늘
탄핵이 빗발친들 무슨 근심 있겠나.
내 운명 편안히 여기나니
서방정토(西方淨土)로 가고픈 꿈은 여전하다오.

예교(禮敎)로 어찌 자유를 구속하리

부침을 오직 정(情)에 맡길 뿐.
그대들은 그대들의 법을 따르라
나는 내 삶을 살아가리니.
벗은 찾아와 위로하고
처자식은 마음이 안 좋구나.
그래도 얻은 게 있어 기쁘다오
이백과 두보처럼 이름을 나란히 했으니.

― 「내 삶을 살아가리니」

제1수에서는 출세의 꿈일랑 이미 버렸으니 탄핵이든 파직이든 관심 없다며 부처의 청정세계로 가고 싶은 마음을 바꾸지 않겠다고 했다. 제2수는 더욱 파격적이다. 인간이 만든 예교(禮敎)로 하늘이 사람에게 내려준 정(情)을 구속할 수 없다고 했다. 한문사대가의 한 사람으로 꼽히는 이식(李植, 1584~1647)은 허균이 다음과 같은 말을 했다며 '이단(異端) 사설(邪說)의 극치'라고 꾸297짖었다.

남녀의 정욕은 하늘의 가르침이고, 삼강오륜의 분별은 성인(聖人) 의 가르침이다. 하늘은 엄연히 성인의 위에 있으니, 나는 하늘의 가르침을 따를지언정 성인의 가르침을 따르지 않겠다.

― 이식, 「아들에게」, 『택당별집』 권15

이 말은 제2수의 내용에 대한 풀이로 보아도 좋다. '나를 비난하는 너희들은 인간이 만든 법도에 따라 살아라, 나는 내 마음에 부여된 하늘의 이치에 따라 살겠다.' 이것이 허균의 생각이다. 17세기 초의 인물, 더구나 손꼽히는 명문가의 귀공자 출신으로 당대의 규범과 통념에 적절히 자신을 맞추기만 했다면 얼마든지 장밋빛 미래를 그려 볼 수 있었던 관료의 생각이라니, 놀랍지 않은가.

허균의 거침없는 언행은 당대 사대부 사회의 먹잇감이 되기에 충분했다. 『선조실록』과 『광해군일기』의 관련 기사 몇 개만 들추어 보아도 허균에 대한 온갖 악평을 만날 수 있다.

- 타고난 총명함에 수많은 책을 널리 읽었으므로 글은 잘했으나 사람됨이 경망해서 볼만한 것이 없다.-1598년 10월 13일, 허균이 병조좌랑에 임명된 데 대한 사신의 평
- 행실도 없고 수치도 없는 사람이거늘 오직 문장 재주 하나로 세상에 용납되었는데, 식자들은 조정에 함께 서는 것을 부끄러워했다.-1599년 5월 25일, 황해도도사에 임명된 데 대한 사신의 평
- 경박해서 자제하는 일이 없었다.-1607년 7월 19일, 내자시정에 임명된 데 대한 사신의 평
- 요사스럽고 음란한데 다만 글재주 하나로 진신의 반열에 끼었

다.―1609년 6월 14일, 첨지중추부사에 임명된 데 대한 사신의 평
• 문장에 능했지만 경박하고 품행이 나빴다. 간사하고 음탕하여 행동이 금수와 같았다.―1610년 3월 14일, 허성의 졸기(卒記)에 붙인 사신의 평

허균이 생을 마친 1618년에 이르면 이제 허균은 '천지 사이의 한 괴물'(天地間一怪物, 1618년 윤4월 29일, 사헌부와 사간원이 광해군에게 공동으로 올린 글), '하늘이 낸 괴물'(1618년 8월 22일, 홍문관 관원들이 광해군에게 공동으로 올린 글)이 되었다.

6

탄핵과 파직의 역사는 여기서 끝나지 않는다. 삼척부사에서 파직된 이듬해 1608년에는 공주목사를 지내다 암행어사의 규핵을 받아 파직당했다. 1610년에는 문과 전시(殿試)의 시험관이 되었다가 조카와 조카사위를 부정 합격시켰다는 이유로 파직되었다. 그러나 이항복(李恒福)이 허균 조카의 책문(策文)은 자신이 직접 뽑은 것이라 말했던 점을 보면 허균으로서는 억울한 측면이 있었다. 이때는 의금부에 42일 동안 구금되었다가 전라도 함열

(咸悅: 익산)로 유배 가서 1년 만에야 풀려났다.

　공주목사 시절 파직의 명목은 상세하지 않은데, 허균은 자신을 미워하던 토호들의 비방 때문이라고만 했다. 이 시기 허균이 서얼 문사들과 활발하게 교유했던 것도 혹 문제가 되지 않았을까 싶다. 허균은 공주에 부임한 뒤 곧바로 평생 그림자 같은 벗이었던 서얼 이재영(李再榮, ?~1623)을 공주로 불러 함께 지냈고, 서얼 출신인 심우영(沈友英)·이경준(李耕俊)과 더욱 가까이 지내는 한편 서양갑(徐羊甲)과도 친교를 맺었다. 심우영은 아내 안동 김씨의 외조부인 관찰사 심전(沈銓)의 서자로, 허균에게는 처외숙이 된다. 이경준은 병마절도사 이제신(李濟臣)의 서자이고, 서양갑은 의주목사 서익(徐益)의 서자이다. 모두 명문가의 서자들이었던 셈이다. 심우영과 이경준은 허균이 아끼던 화가 이정(李楨, 1578~1607)의 벗이기도 했다.

　이재영은 임진왜란 중 공을 세운 서얼들에게 과거 응시 자격이 주어지면서 1599년의 문과에 장원급제했고 현감 벼슬까지 지냈으나 서얼 출신을 문신으로 받아들일 수 없다는 조정의 논의가 일어나면서 문과 합격이 취소된 비운의 인물이다. 허균과 이재영은 어린 시절부터 각별한 친구 사이였던 것으로 추정된다. 뛰어난 재능을 품었지만 뜻을 펼 수 없었던 이재영을 허균은 일생 내내 걱정했다. 이재영이 허균에게 얼마나 특별한 존재였던가 하는 점은 공주목사가 된 뒤 이재영에게 보낸 편지에 잘 드러나 있다.

> 내가 수령을 맡게 된 큰 고을이 마침 자네 집과 가까우니 자네 모친을 모시고 이리 오게. 당연히 내 봉급의 반을 덜어 줄 테니, 양식 걱정은 없을 걸세.
> 자네와 내가 처지는 비록 달라도 지향이 똑같고, 자네 재주가 나보다 열 배는 뛰어나건만 세상에서 버림받기는 나보다 심하니, 이런 생각을 할 때마다 늘 기가 막히네.
> 나는 비록 운수가 기박하다지만 누차 태수 벼슬을 해서 그럭저럭 연명하고 살기에 충분하거늘 자네는 호구지책을 찾아 사방을 떠도는 신세를 면치 못하고 있으니, 이게 모두 우리 책임일세. 밥상 앞에 앉으면 얼굴에 땀이 흐르고 음식이 넘어가지 않으니, 부디 어서 오게나. 이 일로 비방을 얻는다 한들 나는 아무 관심 없다네.
> ―「이재영에게 보낸 편지 2」

공주목사에서 물러난 뒤 허균은 전라도 부안에 은거지를 마련하여 서울과 부안을 오갔고, 함열 유배지에서 풀려난 뒤에도 부안에 머물렀다. 이식은 1608년 부안에서 허균과 이재영을 만났는데, 이들이 많은 제자를 거느리고 있었다고 했다. 공주와 부안에서 이재영 등의 서얼 문사들과 함께 머물던 시절이라면 허균이 시를 남기지 않았을 리 없다. 두 달을 못 채우고 떠나야 했던 삼척에서도 여러 편의 시를 써서 『진주고』(眞珠稿)로 엮었음을 상기할 때 유배지 함열에서 고향 강릉을 그리며 쓴 『화사영시』(和思穎詩) 정도가 문집에 수록되어 있을 뿐 공주와 부안 시절 허균의 시가 『성소부부고』에 수록되지 않은 점은 참으로 의아하다. 허균은 이 시절의 시를 의도적으로 문집에서 삭제한 것이 아닐까 의심된다. 그 직접적인 이유는 몇 년 뒤 일어난 이른바 '칠서(七庶)의 옥(獄)'으로 추정된다. 이 문제는 잠시 후에 다시 언급하기로 한다.

　공주와 부안, 유배지 익산에 머물던 40대 초반 시절의 시는 거의 전하지 않지만, 문학 전반으로 보자면 이때야말로 허균이 가장 왕성한 창작 활동을 하던 시기였다. 이 시절 허균은 조선의 역대 시를 뽑고 비평을 가한 『국조시산』(國朝詩刪)을 완성했고, 『세설신어』(世說新語) 등의 책에서 속세를 떠나 은거한 고사(高士)들의 일화를 간추려 『한정록』(閑情錄)을 엮었으며, 「남궁선생전」(南宮先生傳), 「유재론」(遺才論), 「호민론」(豪民論), 「대힐자」(對詰者), 「사우재기」(四友齋記) 등의 산문 대표작을 쏟아 냈다. 급기야 1611년 자신의 글을 집성하여 『부부고사부』(覆瓿藁四部), 곧 『성소부부고』를 엮어 내기에 이르렀다. 문집의 기본

체재는 허균이 존경해 마지않던 명나라의 문호 왕세정(王世貞, 1526~1590)의 『엄주사부고』(弇州四部藁)를 본받은 것이었다. 이로써 허균의 삶은 또 한 매듭을 지었다.

7

허균의 생애에서 1612년과 1613년은 매우 중요한 해다. 1612년에는 평생의 친구였던 권필(權韠)과 맏형 허성이 세상을 떴다. 권필은 광해군의 정치를 비판하는 풍자시를 지은 일로 장형(杖刑)을 받고 죽었다. 허균은 앞으로 평생 '시를 쓰지 않겠다는 결심을 할 정도로 권필의 죽음에 충격을 받았다. 동인의 영수였던 맏형 허성이 세상을 떴다는 것은 이제 조정에 허균을 비호해 줄 사람이 사라졌음을 의미했다. 당시까지의 허균이 출세의 꿈을 좇아온 것은 아니었지만 앞으로는 어떤 난관이든 혼자 힘으로 헤쳐 나가야 했다.

절체절명의 위기는 곧바로 닥쳐왔다. 허균이 45세 되던 1613년, 서양갑·심우영·이경준·박응서(朴應犀: 영의정 박순朴淳의 서자)·박치의(朴致毅: 상산군商山君 박충간朴忠侃의 서자) 등 허균과 가까이 지내던 서얼 무리가 조령(鳥嶺)에서 상인에게 은 수백 냥을 약탈한 죄로 검거되었던 것이다. 이것이 바로 '칠서의 옥'이다. 이들 일곱 서얼은 1608년 서얼 등용을 주장하는 상소를 함께 올렸고, 이후 여주의 소양강 가에 모여 살며 강변칠우(江邊七友)라 자칭했다고 한다. 이들이 모여서 병서를 익혔다는 말, 허균과 이재영도 왕래한 적이 있다는 말이 나돌았다. 이들이 산적 노릇을 하다 잡혔으니, 허균으로서는 노심초사할 수밖에 없는 일이었다. 그런데 이 사건은 칠서의 한 사람인 박응서가 역모 계획을 자백하면서 돌연 영창대군(永昌大君)의 옹립을 꾀한 역모 사건(계축옥사)으로 확대되었다. 결국 역모를 알린 박응서만 사면받았고, 끝내 검거를 피해 행방을 찾지 못한 박치의를 제외하고는 나머지 서얼들이 모두 처형당하거나 고문받던 중에 목숨을 잃었다. 그 직후 영창대군은 폐서인되고, 인목왕후(仁穆王后)의 부친이자 영창대군의 외조부인 김제남(金悌男)마저 사형당했다. 당대인들은 이 일을 대북(大北)의 영수였던 이이첨(李爾瞻, 1560~1623)의 계략으로 판단했다. 광해군에 밀착하여 권력을 독점하고자 했던 이이첨이 눈엣가시처럼 여기던 소북(小北)의 영창대군 후원 세력을 제거하고자 박응서를 꾀어 벌인 일이라는 것이었다.

 공주목사 시절 전후로 각별한 사이였던 서얼들이 역모죄로 처형당하기에 이르렀으니 허균의 신변이 위태롭지 않을 수 없었다. 허균은 이이첨에게 의탁하는 길을 택했다. 이이첨은 허균과 생원시 급제 동기로서 1608년 허균이 공주목사에서 파직되던 때에도 허균을 도와준 일이 있었다. 허균은 1608년 8월 이이첨에게 보낸 감사 편지에서 이이첨이 자신을 아끼는 마음에 옛정을 생각하여 수많은 비방 속에서 구해 줬다며 "앞으로는 온 세상의 뛰어난 선비들이 모두 공의 문하에 있을 것"이라 한 바 있다. 허균이 권력의 핵심 이이첨의 우산 아래로 들어간 일에 대해 『광해군일기』의 사신(史臣)은 "허균이 친척에게 보낸 편지 중에 '세상을 피해 살던 완적(阮籍)도 사마의(司馬懿)의 가문에 의탁하지 않을 수 없었다'라는 말이 있다"(1613년 12월 1일, 허균이 예조참의에 임명된 데 대한 사신의 평)라고 기록했다. 죽림칠현의 대표자였던 완적이 보신을 위해 진(晉)나라 사마씨(司馬氏) 아래에서 내키지 않는 벼슬을 잠시 맡아야 했던 일에 자신의 처지를 빗대었다는 말이다. 안타깝게도 이 시절 허균의 글이 전하지 않아 허균의 속마음을 헤아리기 어렵다.

8

허균은 1614년 호조참의가 되고, 이듬해 정3품 우승지, 좌승지를 지내며 출세가도를 달렸다. 1614년부터 1616년까지는 잇달아 두 차례 명나라에 사신으로 다녀왔다. 47세 되던 1615년에 출발하여 1616년에 돌아온 사행(使行)은 허균의 마지막 중국 방문이었다. 불세출의 독서가 허균은 최후의 사행에서 은 1만 5천 냥을 들여 책 4천여 권을 구입한 것으로 알려져 있다.

여러 해 연이어 중국 가는 길 비록 힘들지만
옛사람 책 많이 얻어 오는 즐거움 있네.
가진 것 죄다 털어 책 산다고 비웃지 마오
나는 장차 책벌레가 되려고 하니.

고향집 왜란 겪고 고서를 다 잃어
세상에 보지 못한 책 얻고 싶을 뿐.
여기 와 산 책이 몇 만 권이니
등불 아래서 글 읽을 만하네.

—「책 욕심 비웃지 말라」

허균의 탄핵 사유로 주색이 자주 언급되다 보니 허균에게 두주불사 호색한의 이미지를 덮어씌우는 경우가 종종 있는데, 사실 허균은 술을 잘 마시지 못했다. 성실한 독서가, 공부벌레가 아니고서야 당대 제일의 박학가라는 명성을 얻지 못했을 것이다.

허균은 마지막 사행 당시에 지은 시를 『을병조천록』(乙丙朝天錄)으로 묶었다. 이 책은 『성소부부고』 편집 이후 별도로 편찬되어 전하는 유일한 문집이니, 현재로서는 허균의 마지막 저작이다. 『을병조천록』에서는 만년 허균의 심경 변화를 읽을 수 있는 몇 가지 징후가 발견된다.

허균은 1615년 11월 이탁오(李卓吾, 1527~1602)의 묘가 있는 북경 통주(通州)에서 이탁오의 『분서』(焚書)를 읽고 큰 감명을 받았다(「이탁오의 『분서』를 읽고」). 이탁오는 유·불·선을 넘나들며 중세의 지배적 가치 체계 일반과 허위의식을 공박하고 정욕(情欲)을 긍정했던 명말(明末)의 독특한 사상가이다. 허균이 그동안 단편적으로 이탁오를 비롯한 양명좌파(陽明左派)의 사상을 접했을 가능성은 있지만, 이탁오의 책을 제대로 읽은 것은 이때가 처음인 듯하다. 흔히 『성소부부고』에 드러난 허균의 혁신적인 생각이 이탁오의 영향을 받은 것으로 추측되어 왔으나, 이로 보자면 이탁오와 직접적인 관계 없이 불교 등 다른 영향과 자득에 의해 형성된 것으로 추정하게 된다.

그렇다면 불가와 도가에 경사된 모습을 보이던 허균이 마침내 이탁오의 격렬한 저항 쪽으로 방향을 잡은 것일까. 이어지는 1616년 1월의 시를 보면 허균의 전환은 전혀 다른 방향에서 이루어졌다.

새해 첫날 성학(聖學) 책을 처음 보고
지난날의 허튼 생각 홀연 녹아 버렸네.
평생 삼천 권을 독파했지만
책벌레로 화(化)함이 마땅하여라.

―「양명학 책을 읽고」

허균이 말한 '성학 책'은 양명학자 용우기(龍遇奇)의 『성학계관억설』(聖學啓關臆說)이라는 책이었다. 허균은 이 책을 읽고 지난 40년의 공부가 모두 헛된 것이었다고 했다. 그런데 허균이 공감한 내용은 '양명좌파'의 급진적인 생각과 거리가 먼 것으로 보인다. 양명학자 장황(章潢)의 『도서편』(圖書編) 중 '심성설'(心性說)을 읽고 쓴 다음의 시를 보면 사정을 짐작할 수 있다.

사악한 마음 끊어 재가 되고 나니
고결하고 철저한 깨달음 역시 오묘하네.

힘을 다해 간신히 인욕(人慾) 없애면
도심(道心)을 가질 수 있지 않을까.

—「장본청의 심성설을 읽고」 중에서

'인욕을 없애고 도심을 가진다'는 말에서 보듯, 허균이 가고자 한 '치양지'(致良知)의 길은 양명학 본류를 겨냥한 것이지 명말의 양명좌파를 염두에 둔 것이 아니었다. 마침내 허균은 이렇게 말했다.

가슴속 지극한 이치가 하늘과 통하니
돌아보면 분화(紛華)했던 것 일념(一念)에 공(空)이네.
요사이 꿈에는 노자(老子) 뵙지 못하니
앞으론 주공(周公)을 뵙게 될 걸세.

—「꿈이 적어져」

유가의 성인(聖人) 주공(周公)을 내세워 노장(老莊)에서 양명학으로 돌아서겠다는 다짐을 표현하고 있는 것이다.

9

 서울로 돌아온 허균은 형조판서가 되고 좌참찬(左參贊)에 올라 이이첨과 함께 폐모론(廢母論: 인목왕후 폐출론)을 주도하며 집권 세력의 핵심 인물로 부상했다. 1617년부터 허균을 둘러싼 정국이 소용돌이치기 시작했다. 서궁(西宮: 경운궁)에 유폐된 인목왕후를 옹호하는 시「경운궁을 그리워하며」(懷慶運宮)가 발견되어 소란스러웠는데, 이 시의 작자가 실은 허균이었다는 의심이 널리 퍼졌다. 허균이 인목왕후를 곤경에 처하게 할 목적으로 꾸민 흉계라는 것이었다. 경운궁 뜰에 광해군을 몰아내자는 격문이 화살에 묶여 날아왔는데, 이 또한 허균이 이이첨의 사주를 받아 꾸민 일로 의심받았다. 인목왕후 폐출을 주장하는 유생들의 빗발치는 상소 역시 이이첨과 허균의 조종 아래 이루어진 것이라고들 했다.

 폐모론에 반대하던 영의정 기자헌(奇自獻)이 유배형을 선고받자 기자헌의 아들인 예조좌랑 기준격(奇俊格)은 허균이 역모를 꾸며 광해군을 폐위하고 인목왕후로 하여금 수렴청정하게 하고자 했다고 고발했다. 이 중대한 문제에 대해 광해군은 자신의 속마음을 대변해 주고 있던 허균을 지지하여 본격적인 조사를 허락하지 않았다. 이때까지도 허균과 이이첨의 밀월 관계는 이

어지고 있었던 것으로 보이고, 허균 역시 자신의 안위를 크게 염려하지는 않았던 듯하다.

1618년으로 접어들며 허균과 이이첨의 관계에 균열이 일기 시작했다. 허균은 인목왕후를 즉각 폐위하자는 강경론을 폈으나 이이첨은 중국의 승인을 얻은 뒤 폐위하자는 속도조절론을 폈다. 그해 여름 허균의 딸이 세자 후궁의 유력한 후보로 떠오른 일 또한 이이첨의 경계심을 더했다. 당시 세자빈은 이이첨의 외손녀였다.

기준격의 고발 이후 다섯 달 만인 1618년 윤4월에 사헌부와 사간원의 공동 발의로 기준격과 허균에 대한 조사가 뒤늦게 시작되었다. 이때 북방의 급박한 정세로 나라 안이 어수선했다. 후금(後金)이 차츰 요동 일대로 세력을 확대하면서 명나라는 후금과의 일전을 피할 수 없었고, 이에 앞서 조선에 대규모 지원병 파견을 요청했던 것이다. 결국 조정에서는 7월에 강홍립(姜弘立)을 도원수(都元帥)로 삼아 1만 3천여 군사를 요동으로 파견했다. 6월부터 도성의 민심이 흉흉해졌다. 북방의 오랑캐가 쳐들어오리라는 불안감 때문이었다.

8월 10일, 남대문에 백성을 선동하는 격문이 붙는 사건이 벌어지는데, 그 주모자로 또다시 허균이 지목되었다. 8월 17일, 허균과 기준격이 함께 의금부 옥에 갇혔다. 허균은 이제 민심을 동요시키고 군사를 동원하여 광해군을 몰아낸 뒤 자신의 조카사위인 선조의 8남 의창군(義昌君)을 왕위에 세우려 한 역모 혐의를 받게 되었다. 8월 21일 허균은 기준격과의 대질 신문에서 자신의 결백을 거듭 주장했고, 그 뒤로 허균에 대한 제대로 된 신문은 이루어지지 않았다. 허균의 심복들에 대해서는 광해군의 친국이 있었다. 허균의 심복이라 할 인물 중 유생 하인준(河仁浚)만이 무자비한 고문 속에 말하기를, 역모의 또 다른 죄인인 황정필(黃廷弼)이 1월에 남대문에 붙은 격문과 비슷한 내용의 흉서(凶書)를 가지고 왔는데, 허균이 쓴 것으로 알고 있다고 할 따름이었다. 그러나 이에 대해 황정필은 인목왕후에 대한 폐출 주장을 멈추지 않으면 해를 당할 것이라는 내용의 흉서를 본 일이 있을 뿐 그 밖의 일은 모른다며 하인준의 말을 부인했다.

다음은 운명의 날인 8월 24일의 『광해군일기』 기록이다.

유희발(柳希發)이 아뢰었다.
"지금 시기를 잃고 (허균의) 사형을 집행하지 않으면 인심이 흩어질까 걱정됩니다."
(…) 왕이 말했다.
"오늘 형을 집행하지 않겠다는 것이 아니라 (허균을) 신문한 뒤에 집행하겠다는 것이다."

이이첨 이하의 신하들이 같은 말로 아뢰었다.

"지금 다시 신문하면 허균은 필시 잠깐 사이에 목숨을 건질 계책을 꾸며 어지러운 말을 늘어놓을 것이니, 도성의 백성들을 진정시킬 수 없을까 걱정됩니다."

왕은 마침내 신하들의 강압에 못 이겨 어쩔 수 없이 그들의 뜻에 따랐다.

이때 이이첨의 무리는 허균과 김개(金闓: 동지의금부사로, 옥에 갇힌 허균의 칼과 족쇄를 풀어 주었다는 명목으로 잡혀왔다)를 다시 국문하여 이들이 사실대로 아뢰면 자신들의 전후 흉계가 남김없이 드러나 다 같이 주륙당할까 두려워했다. 그래서 자기들의 심복을 시켜 허균과 김개에게 은밀히 "잠깐만 참고 지내면 반드시 벗어날 수 있다"는 말을 전했고, 또 허균의 딸이 곧 후궁으로 뽑힐 터이니 별다른 문제가 없을 것을 보장한다는 등 온갖 방법을 써서 회유하고 있었다. 그러나 이들의 실제 계책은 허균과 김개를 급히 처형하여 그 입을 막는 데 있었다. (…) 왕이 마음대로 할 수 없어 이이첨 무리의 청에 따르자 이들은 즉시 허균을 끌어내게 했다. 허균은 억지로 끌려 나가며 그제야 사태를 깨닫고 "할 말이 있소!"라고 외쳤다. 그러나 국청(鞫廳)의 모든 이들은 못 들은 척했고, 왕도 어찌할 도리가 없어 이이첨 무리가 하는 대로 내버려 둘 따름이었다.

허균이 끝내 자신의 죄를 인정하지 않았기에, 사형수의 자백이 필수적인 '결안'(結案: 사형 확정 절차) 요건이 성립하지 않았다. 기자헌조차 허균의 처형 소식을 듣고 신문과 결안 없는 사형 집행이 훗날 문제를 초래할 것이라고 했다. 허균은 이처럼 이례적인 과정을 거쳐 급작스레 참형에 처해졌다. 처형장으로 끌려 나가는 순간에야 사태를 깨닫고 "할 말이 있소!"라고 외쳤지만 부질없는 말이 되고 말았다. 실제 어떤 일이 벌어지고 있었는지, 허균은 무슨 생각을 했고 어떤 역할을 맡았던 것인지, 위의 기사 이상의 정보를 담은 자료는 아직 발견되지 않았다. 허균이 하려던 말은 무엇이었을까. 지금으로서는 상상과 픽션의 영역에 속하는 문제로 남아 있다.

2년 반 전인 1616년 1월, 허균은 마지막 사신 임무를 수행하고 있던 북경에서 귀국을 앞두고 「읽고 또 읽으리라」라는 시를 썼다. 허균은 영예와 치욕, 슬픔과 기쁨 속에 지나온 생애를 돌아보고 안락과 방종으로 나태해진 몸과 명예와 이욕에 물든 마음을 반성했다. 어떻게 하면 남은 생애 동안 내 마음을 지킬 수 있을까. 이 물음이 당시 허균의 화두였다. 허균은 이 시에서 또 이렇게 말했다.

세상의 맛은 늘그막에 쓰고

사람의 마음은 마지막이 어렵지.
문학도 벼슬도 모두 다 누리려다
한순간에 끝날 줄 그 누가 알까.

정말 모든 것이 한순간에 끝났다.

허균 연보

작품 원제

찾아보기

허균 연보

1569년(선조 2), 1세 — 11월 3일, 허엽(許曄, 1517~1580)의 3남 3녀 중 막내아들로 태어나다. 모친은 허엽의 후처인 강릉 김씨(예조참판 김광철 金光轍의 딸)이다.

1575년(선조 8), 7세 — 동서 붕당(朋黨)이 이루어지면서 허엽이 동인(東人)의 영수가 되다.

1577년(선조 10), 9세 — 누이 허난설헌(許蘭雪軒, 1563~1589)이 김성립(金誠立)과 혼인하다.

1579년(선조 12), 11세 — 경상도 관찰사가 된 부친을 따라 상주(尙州)로 이사하다.

1580년(선조 13), 12세 — 부친 허엽이 상주 관사에서 생을 마치다. 이후 모친과 서울로 돌아오다.

1583년(선조 16), 15세 — 둘째형 허봉(許篈, 1551~1588)이 병조판서 이이(李珥)를 탄핵하다가 함경도 갑산(甲山)으로 유배 가다.

1585년(선조 18), 17세 — 안동 김씨(김대섭金大涉의 딸)와 혼인하다.

1586년(선조 19), 18세 — 유배지에서 풀려나 백운산(白雲山)에 머물고 있던 허봉을 찾아가 처남 김확(金穫)과 함께 고문(古文), 당시(唐詩), 소동파(蘇東坡)의 시를 배우다. 이후 유성룡(柳成龍)에게 문장을, 이달(李達)에게 이백(李白)의 시를 배우다.

1587년(선조 20), 19세 — 『능엄경』(楞嚴經)을 비롯한 불경을 탐독하다.

1588년(선조 21), 20세 — 허봉이 금강산에서 세상을 뜨다.

1589년(선조 22), 21세 — 생원시에 급제하다. 함께 급제한 이이첨(李爾瞻)과 성균관에서 함께 공부하다. 허난설헌이 세상을 뜨다.

1590년(선조 23), 22세 — 허난설헌의 시를 정리해 시집을 만들고, 유성룡에게 서문을 받다.

1592년(선조 25), 24세 — 임진왜란이 일어나 모친, 아내, 딸과 함께 강원도로 피난하다. 7월 7일, 피난길에 함경도 단천(端川)에서 첫아들을 얻었으나, 사흘 뒤 아내와 아들을 모두 잃다.

1593년(선조 26), 25세 — 강릉 교산(蛟山)의 외가에 머물며 두보(杜甫)의 시를 공부하다. 「칠석에 회포를 읊은 시」(七夕咏懷詩)를 짓고, 『학산초담』(鶴山樵談)을 저술하다.

1594년(선조 27), 26세 — 문과에 급제하여 승문원(承文院) 부정자(副正字, 종9품)에

	임명되다. 명나라에 외교문서를 전달하기 위해 요동(遼東)에 다녀오다. 명나라 사신을 맞이하는 접반사(接伴使) 윤국형(尹國馨)의 종사관이 되다.
1596년(선조 29), 28세	─ 강릉에 머물며 강릉부사(江陵府使) 정구(鄭逑)와 함께 『강릉지』(江陵誌)를 편찬하다.
1597년(선조 30), 29세	─ 정4품 이하 문신들을 대상으로 10년마다 보이는 시험인 문과중시(重試)에서 장원을 하여 예문관(藝文館) 검열(檢閱, 정9품)에서 예조좌랑(禮曹佐郞, 정6품)으로 특진하다. 선산 김씨(김효원金孝元의 딸)와 재혼하다. 명나라에 구원병을 요청하는 사신으로 다녀오다.
1598년(선조 31), 30세	─ 임진왜란에 참전한 명나라 문인 오명제(吳明濟)가 『조선시선』(朝鮮詩選)을 엮도록 돕다.
1599년(선조 32), 31세	─ 황해도도사(都事, 종5품)를 지내다가 관아를 자기 집에 설치하고 서울 기녀를 데리고 와 살며 무뢰배를 끌어들여 폐단을 일으켰다는 명목으로 사헌부의 탄핵을 받아 여섯 달 만에 파직되다.
1600년(선조 33), 32세	─ 예조좌랑, 병조좌랑, 지제교(知製敎)를 지내다.
1601년(선조 34), 33세	─ 예조정랑(정5품)으로서 호남 향시(鄕試)를 주관하고, 해운판관(海運判官), 형조정랑을 지내다.
1602년(선조 35), 34세	─ 명나라 사신을 맞이하기 위한 원접사(遠接使) 이정귀(李廷龜)·이호민(李好閔)의 종사관이 되다. 병조정랑, 성균관 사예(司藝, 정4품), 사복시정(司僕寺正, 정3품 당하관)을 지내다. 병조정랑 재임 중 상관 심희수(沈喜壽)에게 무례를 범했다는 이유로 사헌부의 탄핵을 받다.
1603년(선조 36), 35세	─ 맏형 허성(許筬, 1548~1612)의 딸이 선조의 8남 의창군(義昌君)과 혼인하다. 파직당해 금강산을 유람하고 강릉으로 가다. 금강산 유람 중에 쓴 시를 『풍악기행』(楓嶽紀行)으로 엮다.
1604년(선조 37), 36세	─ 이달(李達)의 문집 『손곡집』(蓀谷集)을 이재영(李再榮, ?~1623)과 함께 엮다. 성균관 전적(典籍, 정6품)으로 관직에 복귀하다.

1605년(선조 38), 37세	— 허봉의 문집 『하곡집』(荷谷集)을 엮다. 수안(遂安) 군수(종4품)를 지내다가 지나친 처벌을 가하여 토호를 죽인 일로 파직당하다.
1606년(선조 39), 38세	— 명나라 사신 주지번(朱之蕃, 1564~1624)을 맞이하기 위한 원접사(遠接使) 유근(柳根)의 종사관이 되어 주지번과 친교를 맺다. 『난설헌집』 서문을 쓰고, 『서변비로고』(西邊備虜考)를 엮다.
1607년(선조 40), 39세	— 상의원정(尙衣院正, 정3품)에 이어 삼척부사를 지내던 중 불교 숭상을 이유로 사헌부의 탄핵을 받아 부임 두 달 만에 파직당하다. 내자시정(內資寺正, 정3품)으로 복귀하여 문신들을 대상으로 한 월과(月課)에서 세 차례 연속 수석을 차지하다. 조선의 역대 시를 뽑아 『국조시산』(國朝詩刪)을 엮다. 공주목사가 되어 서얼 출신인 처외숙 심우영(沈友英)을 통하여 서양갑(徐羊甲) 등의 서얼과 친교를 맺다.
1608년(광해 즉위), 40세	— 공주목사 재임 중 충청도 암행어사의 규핵을 받아 파직당하다. 부안 바닷가에 은거지를 마련하여 머물다가 도인 남궁두를 만나 「남궁선생전」(南宮先生傳)을 짓다.
1609년(광해 1), 41세	— 명나라 사신 유용(劉用)을 맞이하기 위한 원접사 이상의(李尙毅)의 종사관이 되다. 유용의 요청으로 첨지중추부사(僉知中樞府事, 정3품 당상관)에 오르다. 형조참의(정3품)가 되어 임진왜란 때 죽은 아내의 행장을 짓다.
1610년(광해 2), 42세	— 명나라에 가는 천추사(千秋使)로 뽑혔으나 병을 이유로 사직하자 광해군과 사헌부의 질책을 받다. 『한정록』(閑情錄)을 엮다. 「호민론」(豪民論), 「대힐자」(對詰者) 등의 작품을 써서 이달에게 보이다. 문과 전시(殿試)의 시험관이 되었으나 조카와 조카사위를 부정 합격시켰다는 이유로 탄핵을 받아 파직되다. 의금부에 42일 동안 구금되었다가 전라도 함열(咸悅: 익산)로 유배되다.
1611년(광해 3), 43세	— 유배지에서 『화사영시』(和思潁詩), 『도문대작』(屠門大嚼), 『성수시화』(惺叟詩話) 등을 짓다. 자신의 글을 집성하여 『부

	부고사부』(覆瓿藁四部), 곧 『성소부부고』(惺所覆瓿藁)를 엮다. 1년 만에 유배지에서 풀려나 부안에 머물다.
1612년(광해 4), 44세	─ 사명대사(四溟大師)의 문집 서문을 쓰다. 친구 권필(權鞸)이 광해군의 정치를 비판하는 풍자시를 지은 일로 장형(杖刑)을 받고 죽다. 동인의 영수였던 맏형 허성이 세상을 뜨다. 명나라에 가는 진주사(陳奏使)로 선발되었으나 곧바로 탄핵을 받아 교체되다.
1613년(광해 5), 45세	─ 자신의 문집『부부고사부』(覆瓿藁四部)의 원고를 북경(北京)의 주지번에게 보내 이정기(李廷機)의 서문을 얻다. 서양갑·심우영 등 허균과 가까이 지내던 서얼 무리가 조령(鳥嶺)에서 상인의 은 수백 냥을 약탈한 죄로 검거되다. 이 사건이 영창대군(永昌大君)의 옹립을 꾀한 역모 사건(계축옥사)으로 확대되어 인목왕후(仁穆王后)의 부친인 김제남(金悌男)이 사형당하고 서양갑·심우영 등이 처형당하자, 신변에 위협을 느끼고 대북(大北)의 영수 이이첨에게 의탁하다.
1614년(광해 6), 46세	─ 호조참의가 되다. 명나라 태자의 생일을 축하하기 위한 천추사(千秋使) 정사(正使)로 중국에 다녀오다.
1615년(광해 7), 47세	─ 우승지, 좌승지(정3품)를 지내다. 정3품 이하 문신들을 대상으로 보이는 시험인 문신정시(文臣庭試)에서 거듭 수석을 차지하다. 조선 역대 임금에 대한 잘못된 사실이 기록된 명나라 서적 내용을 바로잡기 위한 사신단의 부사(副使)로 중국에 다녀오다.
1616년(광해 8), 48세	─ 명나라에 사신으로 다녀오면서 쓴 시를 『을병조천록』(乙丙朝天錄)으로 엮다. 형조판서(정2품)에 올랐으나 다섯 달 만에 역모 죄인의 심문 기록을 열람하고자 했다는 죄목으로 파직당하다.
1617년(광해 9), 49세	─ 『한정록』을 증보하다. 서궁(西宮: 경운궁)에 유폐된 인목왕후를 옹호하는 시 「경운궁을 그리워하며」(懷慶運宮)의 작자로 지목되다. 곧이어 경운궁 뜰에 광해군을 몰아내자는 격문을 화살에 묶어 투서한 사건이 벌어졌는데, 역시 허균이 이이

첩의 사주를 받아 꾸민 일로 의심받다. 영의정 기자헌(奇自獻)의 아들인 예조좌랑 기준격(奇俊格)이 허균이 역모를 꾸며 광해군을 폐위하고 인목왕후로 하여금 수렴청정하게 하고자 했다고 고발하나 광해군은 허균을 지지하다. 이이첨과 함께 인목왕후 폐위 논의를 주도하며 좌참찬(左參贊)에 오르다.

1618년(광해 10), 50세 ─ 자객의 위협을 받다. 허균은 인목왕후를 즉각 폐위하자는 강경론을 폈으나 이이첨은 중국의 승인을 얻은 뒤 폐위하자며 의견 차이를 보여 두 사람의 사이가 벌어지다. 허균의 딸이 세자 후궁 후보가 되다. 기준격의 고발 이후 다섯 달 만인 윤 4월에 사헌부와 사간원의 공동 발의로 기준격과 허균에 대한 조사가 뒤늦게 시작되다. 8월 10일 남대문 괘서 사건(남대문에 백성을 선동하는 격문이 붙은 사건)이 벌어지다. 8월 17일 허균과 기준격이 함께 의금부 옥에 갇히다. 허균의 심복들에 대한 광해군의 친국이 있었으나 허균 자신은 제대로 된 신문 절차와 사형 확정 절차를 거치지 않은 채 8월 24일 역모죄로 처형당하다.

작품 원제

어디로 돌아갈까

- 백상루 1 —— 백상루(百祥樓) 019p
- 압록강을 건너며 —— 도강작(渡江作) 021p
- 진산강에서 —— 진산강도상우음(鎭山江道上偶吟) 023p
- 수레 위에서 —— 거련즉사(車輦卽事) 024p
- 대정강 —— 대정강작(大定江作) 025p
- 신안 —— 신안(新安) 026p
- 철산강 건너며 —— 도철산강(渡鐵山江) 027p
- 스님의 책 앞에 쓰다 —— 제승권용서담운(題僧卷用西潭韻) 028p
- 어디로 돌아갈까 —— 서회(書懷) 029p
- 천안 가는 길 —— 조향천안(早向天安) 030p
- 백상루 2 —— 백상루(百祥樓) 031p
- 타향 사는 아낙의 원한 —— 노객부원(老客婦怨) 032p
- 환희령 —— 환희령(歡喜嶺) 036p
- 만폭동 —— 만폭동(萬瀑洞) 037p
- 원통사 —— 원통사(圓通寺) 039p
- 백전암 —— 백전암(白田菴) 041p
- 잠 못 이룬 밤 —— 야숙손가둔(夜宿孫家屯) 042p
- 요양의 달 —— 입춘일제용동옥벽(立春日題龍螭屋壁) 043p
- 삼차하 건너며 —— 도삼차하(渡三岔河) 044p
- 외로운 밤 —— 즉사(卽事) 045p
- 언제나 나그네 —— 우음(偶吟) 046p
- 설날 —— 원일유감(元日有感) 047p
- 읽고 또 읽으리라 —— 잡영(雜詠) 048p
- 책 욕심 비웃지 말라 —— 우열육엄산집,「유인지원사지, 용이십백득지」, 시운 "낭중흡감삼순용, 가상신첨일속서. 단사전분상재수, 미혐모사식무어", 독지심협비원, 고인실획아심, 수보운화지운(偶閱陸儼山集,「有人持元史至, 用二十陌得之」, 詩云: "囊中恰減三旬用, 架上新添一束書. 但使典墳常在手, 未嫌茅舍食無魚." 讀之深協鄙願, 古人實獲我心, 遂步韻和之云) 050p

내 마음 따라

· 그리운 아내 —— 칠석영회시(七夕咏懷詩) 12수 중 제5수 053p
· 봄빛 —— 유회(有懷) 055p
· 비 오는 날의 낮잠 —— 초하성중작(初夏省中作) 056p
· 잉어회 한입 —— 숙우계족인김동지휴합래위(宿羽溪, 族人金同知, 携盒來慰) 057p
· 고요한 마음 —— 서헌(西軒) 059p
· 꿈에 만난 벗 —— 몽이자시(夢二子詩) 2수 중 제1수 060p
· 게으른 관리 —— 우동상작(寓東廂作) 062p
· 내 삶을 살아가리니 —— 문파관작(聞罷官作) 064p
· 우습구나 내 인생 —— 자희(自戱) 066p
· 고단한 나그네 이재영 —— 전오자시(前五子詩) 5수 중 제5수 069p
· 계랑을 애도하며 —— 애계랑(哀桂娘) 071p
· 호남의 꿈 사라지고 —— 제나주선체유감(除羅州旋遞有感) 073p
· 의금부에 갇혀 —— 대명금오유감(待命金吾有感) 074p
· 좋구나 유배살이 —— 용재석운(用齋夕韻) 075p
· 유배지에서 —— 기흥(記興) 077p
· 봄날 —— 양진당즉사(養眞堂卽事) 079p
· 꽃을 심으며 —— 접화(接花) 081p
· 이탁오의 『분서』를 읽고 —— 독이씨분서(讀李氏焚書) 082p
· 가는 봄을 원망하다 —— 황숙양체(黃叔暘體) 084p
· 늙는 건 괜찮지만 —— 유감(有感) 085p
· 양명학 책을 읽고 —— 매서인왕로, 원일증일서, 내금어사용공우기소술『성학계관』야. 공지위학조예실천, 오불감지, 독기서, 성연유득, 회수사십년소독서, 수극박극정, 기어 입도복성, 호무간예, 시내허비순설야, 기불석재! 부일절, 이참전비운(賣書人王老, 元 日贈一書, 乃今御史龍公遇奇所述『聖學啓關』也. 公之爲學造詣實踐, 吾不敢知, 讀其 書, 醒然有得, 回首四十年所讀書, 雖極博極精, 其於入道復性, 毫無干預, 是乃虛費脣 舌也, 豈不惜哉! 賦一絶, 以懺前非云) 086p
· 장본청의 심성설을 읽고 —— 독장본청심성설유감(讀章本淸心性說有感) 088p
· 꿈이 적어져 —— 근래소몽유작(近來少夢有作) 090p

변혁의 길

· 통곡의 집 —— 통곡헌기(慟哭軒記) 093p
· 호민이 두렵다 —— 호민론(豪民論) 096p
· 버려진 인재들 —— 유재론(遺才論) 100p
· 참된 학문, 참된 선비 —— 학론(學論) 104p
· 관서와 관리를 줄이자 —— 관론(官論) 108p
· 소인과 패거리 —— 소인론(小人論) 113p
· 군대에 대하여 —— 병론(兵論) 117p
· 서쪽 오랑캐를 방비하라 —— 서변비로고서(西邊備虜考序) 121p

내가 사랑한 사람

· 아내 —— 망처숙부인김씨행장(亡妻淑夫人金氏行狀) 129p
· 화가 이정 —— 이정애사(李楨哀辭) 133p
· 권필 —— 석주소고서(石洲小稿序) 139p
· 사명당 —— 사명집서(四溟集序) 143p
· 엄처사 —— 엄처사전(嚴處士傳) 148p
· 손곡산인 —— 손곡산인전(蓀谷山人傳) 152p
· 장산인 —— 장산인전(張山人傳) 157p
· 장생 —— 장생전(蔣生傳) 162p
· 네 친구의 집 —— 사우재기(四友齋記) 167p
· 이재영에게 보낸 편지 1 —— 여이여인-정유팔월(與李汝仁-丁酉八月) 172p
· 이재영에게 보낸 편지 2 —— 여이여인-무신정월(與李汝仁-戊申正月) 173p
· 이재영에게 보낸 편지 3 —— 여이여인-무신칠월(與李汝仁-戊申七月) 174p

나를 가두지 말라

· 나에 대한 찬미 —— 성옹송(惺翁頌) 177p
· 누추한 방 —— 누실명(陋室銘) 179p
· 『푸줏간 앞에서 크게 입맛을 다시다』에 붙인 서문 —— 도문대작인(屠門大嚼引) 181p

- 근원을 찾는 집 —— 탐원와기(探元窩記) 184p
- 나를 비난하는 이들에게 —— 대힐자(對詰者) 188p
- 개도 불성이 있다더니 —— 산구게(山狗偈) 195p
- 깨달음의 집 —— 각헌명(覺軒銘) 198p
- 꿈 풀이 —— 몽해(夢解) 200p
- 나의 운명 —— 해명문(解命文) 203p
- 『한정록』 서문 —— 한정록서(閑情錄序) 209p
- 최천건에게 보낸 편지 1 —— 답최분음서(答崔汾陰書) 213p
- 최천건에게 보낸 편지 2 —— 여최분음-정미구월(與崔汾陰-丁未九月) 216p

문학에 대한 나의 생각

- 글쓰기에 대하여 —— 문설(文說) 221p
- 시는 어떻게 지어야 하는가 —— 시변(詩辨) 226p
- 우리 문학의 계보와 나의 문학 —— 답이생서(答李生書) 229p
- 옛날과 지금 —— 여임무숙-경술칠월(與任茂叔-庚戌七月) 236p
- 『고시선』 서문 —— 고시선서(古詩選序) 238p
- 『당절선산』 서문 —— 제당절선산서(題唐絶選刪序) 241p
- 『명사가시선』 서문 —— 명사가시선서(明四家詩選序) 244p
- 『구소문략』 발문 —— 구소문략발(歐蘇文略跋) 248p
- 『서유기』 발문 —— 서유록발(西游錄跋) 250p
- 제자백가를 읽고 —— 독(讀) 254p

찾아보기

ㄱ

가의(賈誼) 94
각헌(覺軒) 198
갈홍(葛洪) 266
감호(鑑湖) 75, 145, 170
강도(江都) 126
강해(康海) 230
개가(改嫁) 101~103
개원(開元) 226, 245
검선(劍仙) 166
견훤(甄萱) 99
경보(京報) 213
경호(鏡湖) 77
경회루(慶會樓) 164
계생(桂生) 71, 72
고개지(顧愷之) 137
고경명(高敬命) 154, 235
『고금시산』(古今詩刪) 242, 243
고문(古文) 221, 224, 232, 261
고병(高棅) 242
고시 19수 238, 239
『고시선』(古詩選) 238, 240
고악부(古樂府) 246
『고악부』(古樂府) 239
고요(皐陶) 186, 221
고적(高適) 153, 154, 242
고종(高宗) 100, 105, 200
공손강(公孫彊) 201
공우(貢禹) 75
공자(孔子) 53, 105, 106, 180, 186,
 214, 221, 238, 257, 262
공주(公州) 173, 174, 209, 217, 254
곽재우(郭再祐) 65, 214
관선생(關先生) 118, 119
관중(管仲) 258~260, 267

교산(蛟山) 147, 302
교화주(敎化主) 241
『구소문략』(歐蘇文略) 248, 249
구양수(歐陽脩) 76, 78, 80, 81, 222,
 223, 234, 248, 249
구양현(歐陽玄) 233
국풍(國風) 241~243
군정(軍政) 108, 118
굴원(屈原) 95, 191
궁예(弓裔) 99
권근(權近) 230, 234, 235
권벽(權擘) 234
권우(權遇) 234
권필(權韠) 23, 24, 70, 74, 139~141,
 142, 156, 231, 234, 235, 263
글쓰기 150, 221, 225
금강산(金剛山) 35~40, 134, 161,
 196
금고(琴高) 57
금산(金山) 118
금시(金始) 118
기(夔) 186
길재(吉再) 106, 234
김굉필(金宏弼) 106, 107
김구용(金九容) 129, 230
김대섭(金大涉) 129
김려(金鑢) 166
김수온(金守溫) 233
김숙자(金叔滋) 234
김안국(金安國) 233
김안로(金安老) 114
김일제(金日磾) 100
김종직(金宗直) 139, 230, 234, 235
김효원(金孝元) 58

| ㄴ |

나옹(懶翁) 133, 136
나주(羅州) 73
낙하서생(洛下書生) 66
『남궁고』(南宮藁) 55
「남궁선생전」(南宮先生傳) 194
『남정일록』(南征日錄) 30
냉어(冷語) 223
노수신(盧守愼) 230, 235
노자(老子) 90, 209, 251, 257
『노자』(老子) 184, 222, 254, 255, 260
노장(老莊) 90, 213
『논어』(論語) 141, 221, 257, 263
누르하치 117, 121, 123

| ㄷ |

단(丹) 252
당구(唐衢) 94
당상관(堂上官) 131, 188, 211
당시(唐詩) 152~154, 226, 229, 241~243
『당시품휘』(唐詩品彙) 242
『당음』(唐音) 153, 242
『당절선산』(唐絶選刪) 241~243, 245
대마도(對馬島) 122
대정강(大定江) 25, 122, 172
도가(道家) 67, 73, 202, 251, 257, 258, 265
도목(都穆) 211
『도문대작』(屠門大嚼) 183
도연명(陶淵明) 167~171, 180, 186, 192
도요토미 히데요시(豊臣秀吉) 122
도홍경(陶弘景) 210
동방삭(東方朔) 67, 182

동주성(東州城) 32
동지사(冬至使) 85
두보(杜甫) 25, 65, 140, 214, 216, 229, 244, 245

| ㅁ |

마갈궁(磨蝎宮) 203~205, 207, 208
만당(晚唐) 24, 41, 143, 229, 242, 243
「만랑무가」(漫浪舞歌) 155
만폭동(萬瀑洞) 37, 38
말갈(靺鞨) 121
맹가(孟軻) 105, 181, 214, 261, 280
맹자(孟子)→맹가(孟軻)
맹호연(孟浩然) 25, 153, 154
『명사가시선』(明四家詩選) 244, 247
명주(溟州) 54, 144
모거경(毛居敬) 118, 119
모곤(茅坤) 248
모래재〔沙峴〕122, 123
몽골 118, 124
묘향산(妙香山) 20, 31, 196
무공(武公) 185, 186
무생인(無生忍) 195
『무술서행록』(戊戌西行錄) 25
무왕(武王) 105, 200
묵자(墨子)→묵적(墨翟)
묵적(墨翟) 94, 261, 262
『문선』(文選) 153
문왕(文王) 105, 200
문천상(文天祥) 150, 233

| ㅂ |

박순(朴淳) 135, 152~154, 156
박승종(朴承宗) 74

박응서(朴應犀) 135
반고(班固) 205, 222, 223
반악(潘岳) 53, 65, 67, 68
반양귀(潘良貴) 102
「반죽원」(斑竹怨) 156
반첩여(班婕妤) 71, 239
방덕공(龐德公) 210
『백가선』(百家選) 242
백거이(白居易) 71, 210, 211, 241, 242
백광훈(白光勳) 152, 154, 234, 235
백상루(百祥樓) 19, 20, 31
백전암(白田菴) 41
범성대(范成大) 234
범중엄(范仲淹) 102
법고(法古) 223
『법언』(法言) 141, 263
변공(邊貢) 246
보개산(寶蓋山) 32
봉래도(蓬萊島) 72, 73, 77
봉은사(奉恩寺) 143
부안(扶安) 72, 254
부열(傅說) 100, 105, 200
부처 64, 133, 145, 196, 197, 199, 209, 214, 256
북경(北京) 46, 47, 49, 50, 82, 83, 85, 87, 89, 90, 108, 109, 212
『북송삼수평요전』(北宋三遂平妖傳) 250
『분서』(焚書) 82, 83
불성(佛性) 145, 195, 197
비(比) 227

|ㅅ|

사고(謝翶) 233
『사기』(史記) 206, 259

사령운(謝靈運) 37, 192, 205, 210
사륙문(四六文) 236
사마상여(司馬相如) 71, 179, 236, 245, 247
사마승정(司馬承禎) 210
사마양저(司馬穰苴) 102
사마천(司馬遷) 206, 222, 223, 236, 245, 247, 259
사명대사(四溟大師) 143
사안(謝安) 66
사암(思菴)→박순(朴淳)
사우재(四友齋) 167
사유(沙劉) 118, 119
사자봉 39
살곶이 159
살리타(撒禮塔) 118
『삼국지연의』(三國志演義) 250
삼대(三代) 108, 133, 222
삼보(三寶) 196
삼차하(三岔河) 44
삼척(三陟) 58, 59, 63, 65, 209, 213 ~215, 217
상숙(常熟) 170
상앙(商鞅) 259~261
상장(向長) 210
『서경』(書經) 186, 221, 222, 238
서경덕(徐敬德) 107, 152
서릉(徐陵) 69
『서변비로고』(西邊備虜考) 126
서양갑(徐羊甲) 135, 173
서얼 70, 101~103, 135, 173
서왕모(西王母) 67, 71, 182
『서유기』(西遊記) 250~253
『서일전』(棲逸傳) 211, 212
서자충(徐子充) 242

서정경(徐禎卿) 50, 246
서주(黍珠) 251
서중행(徐中行) 246
석문(石門) 37
『석보』(釋譜) 251
『석주소고』(石洲小稿) 141, 142
선연동(嬋娟洞) 135, 136
선진양한(先秦兩漢) 249
설도(薛濤) 71
성간(成侃) 233
성거산(聖居山) 196
성당(盛唐) 37, 41, 140, 153, 154, 226, 229, 230, 242, 243
성당십이가(盛唐十二家) 153
성성거사(惺惺居士) 183
성성옹(惺惺翁) 198, 200, 209, 211
성소(惺所) 178
『성소부부고』(惺所覆瓿藁) 42, 83, 183
성옹(惺翁) 177, 178
성준구(成俊耉) 215
『성학계관억설』(聖學啓關臆說) 86
성현(成俔) 233
소동파(蘇東坡) 152, 153, 168~171, 193, 203, 206~208, 222 223, 226, 228, 230, 248, 249
소무(蘇武) 238, 239
『소미연식단』(燒尾宴食單) 182
소부(巢父) 209, 211
소소(蘇小) 72
소손녕(蕭遜寧) 118
소요산(逍遙山) 160
손가둔(孫家屯) 42
손곡(蓀谷)→이달(李達)
손곡산인(蓀谷山人)→이달(李達)
손무(孫武) 264, 265

송(頌) 178, 241
송옥(宋玉) 29, 205
송자후(宋子侯) 239
송지문(宋之問) 66, 153, 246
『수당지전』(隋唐志傳) 250
수진(修眞) 157, 252
『수진십서』(修眞十書) 157
수표교(水標橋) 165
『수호전』(水滸傳) 250, 253
숙부인(淑夫人) 131, 132
숙손표(叔孫豹) 200
순경(荀卿) 262~264
순욱(荀彧) 66, 68
순(舜)임금 156, 186, 209
순자(荀子)→순경(荀卿)
『시경』(詩經) 191, 222, 226, 238, 239, 240~243, 265
시도(詩道) 140, 226, 241
시상촌(柴桑村) 170
『식경』(食經) 181, 182
『식단』(食單) 181, 182
신광한(申光漢) 230, 234, 235
신불해(申不害) 261
신선술(神仙術) 255
신선전(神仙傳) 161
『신선전』(神仙傳) 266
『신승전』(神僧傳) 251
신안(新安) 26
신호문(神虎門) 164
심기원(沈器遠) 141, 142
심성설(心性說) 88, 89
심우영(沈友英) 135, 173
심전기(沈佺期) 246

| ㅇ |

아(雅) 241
아비지옥(阿鼻地獄) 195
『악기』(樂記) 222
악비(岳飛) 150
안동(安東) 126
안동(安東) 김씨 54, 129, 132, 135
안영(晏嬰) 259
안주(安州) 20, 125
『안평공식단』(安平公食單) 182
압록강(鴨綠江) 21~23, 43, 118, 119, 121~123, 125
야나가와 시게노부(柳川調信) 122
야랑왕(夜郎王) 244
양만리(楊萬里) 234
양명좌파(陽明左派) 83
양명학(陽明學) 86, 87, 89, 90
양사홍(楊士弘) 153
양선(陽羨) 170
양예수(楊禮壽) 161
양웅(揚雄) 141, 263, 264
양주(楊朱) 94
『양한연의』(兩漢演義) 250
양호(楊鎬) 185
『어우야담』(於于野譚) 187
엄군평(嚴君平) 184
엄처사(嚴處士) 148~151
『여씨춘추』(呂氏春秋) 266, 267
여인(汝仁)→이재영(李再榮)
여장(汝章)→권필(權韠)
여조겸(呂祖謙) 211
여진(女眞) 117, 121, 124, 150
『역경』(易經) 222
연경(燕京) 21
연평령(延平嶺) 122

열어구(列禦寇) 256
『열자』(列子) 201, 255, 256
영창대군(永昌大君) 115, 135, 215, 236
『예기』(禮記) 181, 222, 257
오광(吳廣) 97
오국륜(吳國倫) 246
「오류선생전」(五柳先生傳) 180
옥경(玉京) 202, 207
옥부(玉府) 179
『옥추경』(玉樞經) 157
『옥호빙』(玉壺氷) 211, 212
옥황상제 60, 137, 179, 202, 206, 208, 251
『와유록』(臥遊錄) 211, 212
완부(阮孚) 75
『완위여편』(宛委餘編) 182
완적(阮籍) 94, 136, 186
왕망(王莽) 264
왕부(王符) 102
왕선지(王仙芝) 97
왕세정(王世貞) 41, 182, 236, 237, 240, 244~249
왕안석(王安石) 234
왕유(王維) 140, 153, 154, 242, 243
왕자교(王子喬) 36
왕창령(王昌齡) 242
왕헌지(王獻之) 136
왕희지(王羲之) 57, 136, 155
왜(倭) 117, 121, 122
외사씨(外史氏) 150, 151, 155
요가(姚賈) 100
요동(遼東) 43, 44, 123, 126
요순(堯舜) 105, 106, 113, 209, 211, 221, 238

요양(遼陽) 43
요(堯)임금 71, 186, 209
요하(遼河) 44, 69, 227
용사(用事) 227
용우기(龍遇奇) 86, 87
우왕(禹王) 105, 148
우집(虞集) 233
우탁(禹倬) 106
『운화현추』(運化玄樞) 157
원접사(遠接使) 31
원통사(圓通寺) 39, 40
원헌(原憲) 180
위거원(韋巨源) 181, 182
위백양(魏伯陽) 266
위응물(韋應物) 153
위청(衛靑) 102
유방선(柳方善) 233
유성룡(柳成龍) 144, 232
유안(劉安) 265, 266
유영경(柳永慶) 114, 115, 213
유우석(劉禹錫) 24
유의경(劉義慶) 211
유장경(劉長卿) 153, 154
유종원(柳宗元) 24, 140, 222, 223
유하혜(柳下惠) 168
유향(劉向) 255, 256
유협(遊俠) 166
육경(六經) 222, 231, 254
육기(陸機) 69, 205
육심(陸深) 50
『육엄산집』(陸儼山集) 50
육조(六朝) 37, 69, 72, 192, 210, 211, 226, 228, 239, 240
윤원형(尹元衡) 114
『을병조천록』(乙丙朝天錄) 42

을지문덕 229
의경(意境) 235
이경준(李耕俊) 135, 173
이곡(李穀) 230
이광의(李光義) 184~187
이규보(李奎報) 230
이달(李達) 22, 25, 28, 152~156, 194, 231, 232, 235
이릉(李陵) 238, 239
이몽양(李夢陽) 230, 244, 245, 247, 249
이반룡(李攀龍) 41, 242~247, 249
이배련(李陪連) 133
이백(李白) 37, 65, 153, 155, 156, 168~171, 184, 193, 214, 243~245
이사(李斯) 263
이사성(李士星) 131
이산해(李山海) 235
이상은(李商隱) 24
이색(李穡) 230, 233, 235
『이소』(離騷) 191
이숭인(李崇仁) 230
이안눌(李安訥) 70, 142, 231, 234, 235
이언적(李彦迪) 106
이영(李瑛) 130
이원익(李元翼) 166
이유홍(李惟弘) 215
이윤(伊尹) 100, 105
이이(李珥) 39, 107, 232
이이첨(李爾瞻) 74, 115, 135, 215, 236
이익(李瀷) 242
이인로(李仁老) 230

이재영(李再榮) 69, 70, 172~174, 205
이정(李楨) 61~63, 133~136, 138,
    155, 169
이제현(李齊賢) 230
이지(李贄) 82, 83, 87
이춘영(李春英) 61, 141, 142
이탁오(李卓吾)→이지(李贄)
이태백(李太白)→이백(李白)
이필(李泌) 186
이하(李賀) 152, 191
이한(李漢) 163, 164
이행(李荇) 230, 234, 235
이호민(李好閔) 31
이화(李和) 159, 160
이황(李滉) 106
이흥효(李興孝) 133
일본 110, 117, 122, 143, 247
일상어 221, 222, 225
임숙영(任叔英) 236, 237
『임인서행록』(壬寅西行錄) 31
임제(臨濟) 140
임진왜란(壬辰倭亂) 35, 65, 99, 117,
    122, 129, 130, 132, 143, 154,
    160, 161, 165, 181, 184, 214

|ㅈ|

자법(字法) 223
자사(子思) 153, 214, 262, 263
자양(紫陽) 202
자하(子夏) 53
『잔당오대사연의』(殘唐五代史演義) 250
잠삼(岑參) 25, 153, 154
장(章) 224, 225
장도령(蔣都令) 166
장법(章法) 223

장본청(章本淸) 88, 89
장산인(張山人) 153, 157~161
장생(蔣生) 162~166
장의(張儀) 216
장자(莊子) 172, 222, 223, 256, 257
『장자』(莊子) 172, 180, 186, 255~
    257, 260, 261
장재(張載) 105
장한(張翰) 216
장한웅(張漢雄) 161
장황(章潢) 89
전기(錢起) 154
전오자(前五子) 70, 237
전칠자(前七子) 230, 244, 246, 247
점철성금(點鐵成金) 222
정곡(鄭谷) 229
정단(井丹) 136
정도전(鄭道傳) 230, 235
정몽주(鄭夢周) 106, 230
정붕(鄭鵬) 160, 161
정사룡(鄭士龍) 230, 235
정여창(鄭汝昌) 106, 107
정유재란(丁酉再亂) 24, 166, 172, 185
『정유조천록』(丁酉朝天錄) 20
정이(程頤) 105, 214
정지상(鄭知常) 229, 235
정호(程顥) 105, 214
『제위』(齊魏) 250
조광조(趙光祖) 106
조위한(趙緯韓) 70
조탁(曺倬) 74
존덕성(尊德性) 89
좌구명(左丘明) 206, 222
『좌막록』(佐幕錄) 28
주공(周公) 90, 105, 185, 257

주돈이(周敦頤) 105, 214
주지번(朱之蕃) 134, 155, 212
주희(朱熹) 105
중당(中唐) 24, 140, 153, 242
중공(曾鞏) 234
증자(曾子) 214, 262, 280
진강(鎭江) 23, 172
진관(陳瓘) 102
진덕여왕(眞德女王) 229
진사도(陳師道) 226, 228
진산강(鎭山江) 23
진상(眞常) 198
진승(陳勝) 97, 154, 155
진여의(陳與義) 140
진일(秦佚) 257
『진주고』(眞珠藁) 58, 287

| ㅊ |

『참동계』(參同契) 266
채석강(采石江) 170
채옹(蔡邕) 239
천기(天機) 140, 201
천보(天寶) 226, 245
천추사(千秋使) 85
철산강(鐵山江) 27
철원 32, 35
청도(淸都) 179
최경창(崔慶昌) 152, 154, 234, 235
최립(崔岦) 231, 235
최천건(崔天健) 213, 215~217
최치원(崔致遠) 229, 235, 236
『춘추』(春秋) 222
『춘추좌전』(春秋左傳) 200, 201, 206
『취경기』(取經記) 250, 251
측천무후(則天武后) 66, 182

치양지(致良知) 89
칠서(七庶)의 옥(獄) 135, 173
「칠석에 회포를 읊은 시」(七夕詠懷詩) 54
칠정(七情) 94

| ㅋ·ㅌ |

카단 123
탁문군(卓文君) 71, 179, 238, 239
탄금대(彈琴臺) 165
탕왕(湯王) 100, 105
『태관고』(太官稿) 68
『태복고』(太僕稿) 56
『태현경』(太玄經) 141, 263
통곡헌(慟哭軒) 93, 95
통군정(統軍亭) 23
퇴부(退符) 252

| ㅍ |

팽함(彭咸) 95
편(篇) 223, 224
편법(篇法) 223
표절 223, 226, 244, 245, 247
풍(風) 241
『풍악기행』(楓嶽紀行) 35

| ㅎ |

하거(河車) 251
하경명(何景明) 244, 245, 247
하양준(何良俊) 211
하증(何曾) 181, 182
한기(韓琦) 100
한비자(韓非子) 260, 263, 267
한석봉(韓石峯) 62, 63, 169
한유(韓愈) 203, 206~208, 222, 223, 248, 262, 263

『한정록』(閒情錄) 194, 209, 211, 212
함열(咸悅) 76, 169, 171, 183, 254
항아(姮娥) 71
해경(海瓊) 202
향로봉(香爐峯) 19, 20, 37
허봉(許篈) 39, 93, 143, 154, 232
허엽(許曄) 58, 181, 213
허유(許由) 209, 211
허자(許子) 167, 221, 238
허적(許禎) 70
허친(許寀) 93, 95
허혼(許渾) 229
현장(玄奘) 250, 251
협객(俠客) 98, 144, 166
혜구(惠球) 146
혜능(慧能) 145
호민(豪民) 96~99
홍건적(紅巾賊) 119, 124
홍경신(洪慶臣) 139

『홍길동전』 99
홍세희(洪世熹) 165, 166
홍인(弘忍) 145
홍해(紅孩) 251
『화사영시』(和思穎詩) 76
화후(火候) 251, 252
환희령(歡喜嶺) 36
황건적(黃巾賊) 97
황석산성(黃石山城) 166
황소(黃巢) 97, 99
황승(黃昇) 84
황정견(黃庭堅) 226, 234
『회남자』(淮南子) 265, 266
후금(後金) 101, 117, 121, 126
후오자(後五子) 70, 237
후칠자(後七子) 50, 236, 240, 242,
    243, 245~247, 249
「훼벽사」(毀壁辭) 194
흥(興) 227